歴史の転換期

9

Turning Points in World History

1861年
改革と試練の時代

小松久男 編

山川出版社

監修　木村靖二・岸本美緒・小松久男

はしがき

グローバルヒストリーなど世界史を広い視野から多面的に考えようとする動きが活発な今日、最新の学問的な知見を踏まえ、さまざまな時期の「世界」を新しい切り口で提示してみたい——本シリーズはこのような考えに基づいて企画されました。世界の歴史の大きな転換期となった年代を取り上げ、その年代に各地域の人々がどのように生活し、社会の動きをどのように感じていたのか、世界史の共時性に重点をおきながら考えてみることがこのシリーズの趣旨です。

グローバルな視点から世界史像を描く試みは、今日ではすでに珍しいものではなく、本シリーズもそのような歴史学界の集合的努力の一環といえます。ではそのなかで、本シリーズの狙いと特徴はどこにあるのか。このはしがきでは、それをいくつかの面から述べてみたいと思います。

第一に、「転換期」ということの意味についてです。今日の時点から振り返ってみれば、それぞれの時期の「転換」の方向性は明確であるようにみえます。地域により、早い遅いの差はあれ、また独特の特徴はあれ、歴史はある一定の方向に向かって発展してきたのではないか……。しかしこのような見方は、のちの時代から歴史を振り返る人々の陥りやすい、認識上の罠であるともいえます。その後の歴史の動きを知っている私たちからみると、歴史の軌道は自然に「それしかなかった」ようにみえてしまうのです。それでは、「今日から当時の社会を振り返る」のでなく、「当時の社会から未来をみようとする」立場に立ってみたらどうでしょうか。今日の私たちのなかで、数十年後、百年後の世界がどうなっているかを自信をもって予測できる人はほとんどいないと思いますが、それは過去の人々も同様です。

当時の世界各地に生きる人々の生活に即してみれば、彼ら彼女らは「世の中が大きく変わっている」ことを体感しつつも、彼ら彼女らを押し流すこの潮流がどこに行くのか予測できないまま、不安と希望のなかで日々の選択をおこなっていたといえるでしょう。そのような諸地域の人々の具体的経験をかさね合わせることで、歴史上の諸「転換期」は私たちに、今日の視点から整序された歴史の流れに比べてより複雑な、そしていきいきとした歴史の姿を開示してくれるのではないでしょうか。

第二に世界史的な「共時性」についてです。本シリーズの各巻は、それぞれ特定の一年を西暦表示でタイトルに掲げています。これについては、当然疑問がわくことと思います。その前後数十年間、あるいは百年間をみれば、世界各地で大きな変化がみられ、その意味で一定の相互連関を見て取ることができるとしても、そのような転換は特定の一年で一気に起こるものではないだろう。いくつかの地域では大きな転換が起こったとしても、そのほかの地域では起こらないということもあるだろう。とくに、グローバル化が進んだ十九世紀・二十世紀ならともかく、古代・中世についてそうした世界史的「共時性」(シンクロニシティ)を想定することは意味がないのではないか、と。もちろん、本シリーズの編者、執筆者もそうした厳密な共時性を強引に主張しようとしているのではなく、各巻の諸章の対象を、その年のみについて論じているわけではありません。また、世界史上の「交流」や「衝突」など、地域を超えた動きやそれを担った人々を特別に取り上げてそれだけを強調しようとしているのでもありません。少なくとも十八世紀以前において、絶対多数の人々は、自らの生きる地域や国の外で何が起こっているのかをほとんど知らなかったでしょうし、本シリーズの多くの章においては、そのような普通の人々が主人公になるでしょう。それにもかかわらず、特定の年に焦点をあてて世界各地の状況を眺めてみることには、なお一定の意味があるように思われます。それは、当時のそれぞれの地域の人々が直面していた問題とそれへの対応の多様性と共通性を、ばらばらでなく、広い視野から分析する可能性を開くということです。広域的な気候変動や疫病のように、さまざまな地域が同じ時期に直接に「同じ」問題に直面することもあるでしょう。また、情報や技術の伝播、商品の流れのように、時間差をもちながら世界各地に影響を与えてゆく事象もあるでしょう。なお、問題が類似していたとしても、各地域が同じ対応をするとは限りません。ある地域の対応が隣接した地域の逆の対応を招くこともあるでしょう。類似の状況に直面しながら、ある地域ではそれが既存のシステムを大きく揺るがしたのに対し、他の地域ではほとんど影響を受けない場合もあるでしょう。そのような対応の違いがみられた場合に、それはなぜなのかを考えてみることは、それぞれの社会の特質に対する理解を深めることにも繋がるでしょう。遠く離れた地域で生まれ、相互に何らの情報ももたなかった人々を「同時代人」と呼ぶことは普通はないかもしれませんが、それでも彼ら彼女らがコン・テンポラリーすなわち同じ時のなかに生きていた、ということの面白さを味わってみたいと思います。

第三に「世界史」とは何か、という問題です。今日、グローバルヒストリーという標語を掲げる著作はたくさんありますが、「一国史」の枠組みを超えるという点ではほぼ共通するとはいっても、その方法はさまざまです。気候変動・環境や疫病など、自然科学的方法を加味したアプローチによって広域の歴史を扱うものもあります。また、比較史的方法にせよシステム論的方法にせよ、アジアに重心をおいてヨーロッパ中心主義を批判するものもあります。さらに、多言語史料を駆使した海域・交流史をグローバルヒストリーと称する場合もあります。本シリーズは「世界史的」視野をめざしつつも、必ずしもグローバルヒストリーという語は用いず、それぞれの執筆者に任意の方法で執筆していただき、また対象についても自由に選んでいただく方針をとりました。世界史といっても、ある年代の世界をいくつかの部分に分割してそれぞれの部分の概説を書いていただくというかたちではなく、むしろ範囲は狭くても可能な限りヴィヴィッドな実例を扱っていただくようにお願いしました。したがって、それぞれの巻は、その年代の「世界」を網羅的に扱うものには必ずしもなっていません。その結果、一見したところ、いくつかのばらばらのトピックの寄せ集めとみえるかもしれません。しかし、各巻の諸章の対象を一国あるいは一地域の枠のなかに押し込めず、世界に向けて開かれた脈絡のなかで扱っていただくことも、執筆者の方々に同時にお願いしたところです。「世界」をモザイクのように塗り分けるのではなく、いわば具体的事例を中心として広がる水紋のかさなり合い、ぶつかり合いとして描き出そうとすることが、本シリーズの特徴だと考えています。「世界史」とは、一国史を集めて束ねたものでないことはもとよりですが、「世界」という単一の枠組みを前もって想定するようなものでもなく、むしろ、それぞれの地域に根ざした視点がぶつかり合い対話するところにそのいきいきした姿をあらわすものである、と考えることもできるかと思います。

以上、三点にわたって本シリーズのコンセプトを簡略に述べました。歴史の巨視的な動きも、大政治家、学者から庶民にいたる諸階層の人々の模索と選択のなかで形成されていきます。本シリーズの視点はグローバルであることをめざしますが、それは個々の人々の経験を超越した高みから世界史全体を鳥瞰するということではなく、今日の私たちと同様に未来の不可測性に直面しながら選択をおこなっていた各時代の人々の思考や行動のあり方を、広い同時代的視野から比較検討してみたい、そしてそのような視点から世界史的な「転換期」を再考してみたい、という関心に基づいています。このような試みを通じて、歴史におけるマクロとミクロの視点の交差、および横の広がり、縦の広がりの面白さを紹介することが本シリーズの目的です。

本シリーズの巻別構成は、以下のようになっています。

1巻　前二二〇年　帝国と世界史の誕生
2巻　三七八年　失われた古代帝国の秩序
3巻　七五〇年　普遍世界の鼎立
4巻　一一八七年　巨大信仰圏の出現
5巻　一三四八年　気候不順と生存危機
6巻　一五七一年　銀の大流通と国家統合
7巻　一六八三年　近世世界の変容
8巻　一七八九年　自由を求める時代
9巻　一八六一年　改革と試練の時代
10巻　一九〇五年　革命のうねりと連帯の夢
11巻　一九一九年　現代への模索

各巻には、各章の主要な叙述以外に、「補説」としてやや短い論考も収録されています。各巻の巻頭には、全体像を概観する「総論」を設けました。見返しの地図、巻末の参考文献も、役立てていただければ幸いです。

『歴史の転換期』監修　木村靖二・岸本美緒・小松久男

1861年　改革と試練の時代

改革と試練のなかの一八六一年

小松久男

ロシアと中央アジア

一八六一年、サンクトペテルブルクの新聞『北の蜜蜂』に一つの論説が掲載された。それはつぎのように始まる。

かつてマケドニアのアレクサンドロス大王やティムールの戦いの舞台となった、またその昔ヨーロッパに侵入してこれを震撼させた諸部族の揺籃の地である中央アジアの大平原を、いまやロシアとイギリスが分割しつつある。いずれもこの世界最古の地の再興を委ねられているのである。両者がこの地域で直接に事を構えることは予想できないが、いずれも近い将来、もっぱら通商の手段を用いてここトゥランの地に自己の影響力の確立をめざすであろうことは疑いない。けだし、中央アジアの都市や集落は、ロシア商業の発展にとって広大にして独占的な市場である。アム川以南の市場はイギリス商品で満たされているものの、これらは容易なことではトゥラン北部の都市には浸透してこない。

著者はトゥランという古典的な地名でも知られる中央アジアの歴史に通じているだけではない。ユーラシア規模で展開されていたグレートゲーム、すなわちロシアとイギリスとの勢力拡大競争の一局面を中央アジアに見出しているのである。さらに、その眼は南のインドをもとらえていた。

なぜなら、この地のアジア人の政権や住民は、インドの例のように早晩イギリスに屈して大英帝国の属領になることを恐れ、イギリスとそのエージェントを信頼してはいないからである。インドにおけるイギリス人の振る舞いに関するムスリム狂信者たちの誇大な言説は、中央アジア人がファランギーことヨーロッパ人にいだいている嫌悪の念を少なからずかきたてている。

時まさにインドではインド人傭兵の蜂起にはじまる大反乱(一八五七〜五九年)が鎮圧され、ティムール朝の継承国家といえるムガル帝国が名実ともに滅亡し(一八五八年)、イギリスの直接統治が始まっていた。この間のインド人ムスリムの経験は、さまざまな経路をたどって、ときに誇張されながら北方の中央アジアにも伝えられていたことがわかる。このような中央アジア人のイギリスに対する反感を確認したうえで、著者はこう指摘する。

これからも明らかなとおり、トルキスタンに必要不可欠の商品を供給するロシアは、イギリスよりもはるかに容易にここに影響力を確立することができる。すべては、ロシアの選択する手段と方法にかかっており、問題はこれらの方法が地域や住民の全体的な特徴にかなっているかどうかである。もちろん征服は論外であり、論ずべきでもない。この地域への遠征は、地理的な隔絶とそれを取り囲むクズルクムとカラクムの水無し砂漠のために、わが方から多大の出費を要するばかりであり、支出に見合った利益をもたらすこともないからである。

中央アジアにおけるロシアの優位は明らかだが、ここに影響力を確立するにはしかるべき方法を検討する必要があり、軍事的な征服は論外だと著者はいうのである。それではどうすべきなのか。

中央アジアにわが国の影響力を確立・強化するには、やがてわれわれに巨大な利益をもたらすこと

チョカン・チンギソヴィチ・ワリハノフ

のできる別の方法、すなわち通商の発展という手段を採用すべきである。（中略）中央アジア諸国との通商を強化する、あるいはこれらの国を介してその南方や南東に位置する国々との中継貿易を開くには、ロシアが〔ヒヴァ、ブハラ、コーカンドの〕三国すべてに常駐ないし臨時の代理人をおく必要がある。彼らは、かの地の君主や貴顕にロシアへの信頼感を植えつけ、わが国の通商の将来にとって有益な情報を提供するとともにロシア商人の利益を擁護することができるはずである。

（ワリハノフ著作集）

ロシアは通商の発展によってこそ中央アジアにその影響力を確立することができる、これが著者のいわんとすることであった。この「中央アジアの諸ハン国――ヒヴァ、ブハラ、そしてコーカンドとそのロシアとの関係」と題する論説を書いたのは、チョカン・チンギソヴィチ・ワリハノフ（一八三五〜六五）、父称が示すとおり、かのチンギス・ハンの血を受け継ぐ高貴な生まれのカザフ人と推定されている。

彼の幼少期、現在のカザフスタンにあたる広大なカザフ草原の大半は、すでにロシアの統治下に編入され、彼の祖先が代々受け継いできたカザフ遊牧民を統《す》べるハンの権力も過去のものとなっていた。それでも名家にふさわしい地位を得るにはロシアの軍人になることが一つの方法であった。彼はシベリア陸軍幼年学校に学び、ロシア軍将校となる。中央アジアの言語をはじめ地域事情に通じた彼は、イリ・カシュガル方面などへの調査旅行をおこなっては地誌の作成や軍事情報の作成にあたり、知られざる中央アジア地域の地理や歴史、民族学の領域で多大な業績をあげた。帝立ロシア地理学協会の正会員に選ばれたのはこのためである。彼はまたシベリアに流刑されていたドストエフスキーと親交を結んだことでも知られている。一八六一年、ワリハノフはサンクトペテルブルクで参謀本部と外務省アジア局に務めていた。彼はロシアの軍と政府の動きをよく知っていたはずである。先のような論説を書いたのはなぜだろうか。

辣腕の外交官

一八六一年、ロシアの官界では二人の人物が重要なポストに就いた。一人は陸軍大臣ドミトリー・ミリューチン、もう一人は外務省アジア局長ニコライ・イグナチエフ(一八三二〜一九〇八)である。ミリューチンについては本書の第三章で詳述されるので、ここではイグナチエフの活動をたどっておくことにしよう。彼は本書の多くの章に登場し、いわば横糸となるキーパーソンだからである。

イグナチエフは、軍人の家に生まれ、その名づけ親はニコライ一世(在位一八二五〜五五)であった。

二十歳で近衛連隊に入隊した彼に与えられた最初の任務はトルコ語の習得であった。黒海からボスフォラス・ダーダネルス海峡を通って地中海に出ることはロシアの宿願であったが、この要地を押さえているのはオスマン帝国であり、オスマン政府との交渉はロシア外交にとって枢要の課題であった。若いイグナチエフもこうした外交交渉の一つに参画したが、それは不調に終わり、ロシアはクリミア戦争(一八五三〜五六年)に突入する。しかし、ロシアは英仏およびオスマン帝国の連合軍に敗れ、戦後のパリ条約では黒海の非武装化、軍艦の両海峡通過の禁止などを受け入れざるをえず、地中海への進出は遠のくことになった。パリの和平会議に出席したイグナチエフは、バルカン半島の地理に関する該博な知識によってオーストリアの領土要求を退け、ロシアの失地を最小限にとどめることに成功した。彼は事実上のロシア代表となっていた。けれども敗戦の打撃は大きく、ロシアのかかえる欠陥があらわとなった。ロシアは新しいツァーリ、アレクサンドル二世(在位一八五五〜八一)のもとで帝国の再生をはかるべく、農奴解放(一八六一年)や軍制改革などからなる「大改革」に向かうことになる。ミリューチンとイグナチエフもまさに大改革の担い手であった。

能力の高さを買われたイグナチエフは、その後駐英ロシア大使館の武官としてロンドンに赴き(一八五六〜五七年)、イギリスの軍事、政治的な意図を実地に研究する機会を得た。彼はイギリスのロシアに対する攻撃的な態度を感じ取り、イギリスは南ではペルシア湾から、東ではアフガニスタンからロシアに攻撃をしかけようとしている、と本国に繰り返し警告した。帰国したのち、外務大臣アレクサンドル・ゴルチャコフらに語った内容を、彼はつぎのように要約している。

イギリスと断絶した場合、われわれがいささかかの成功の望みをもって戦えるのはアジアだけで

1861年前後の
ニコライ・イグナチエフ

ある。平時にあってイギリスがアジアで引き起こす問題、またロシアとイギリス領とを隔てている国々におけるわが国の影響力の増大は、イギリスとの和平を維持するには最上の保証となることだろう。

われわれの通商活動に残されているのはアジアだけである。なぜなら、わが国の産業はあまりにも弱く、イギリス、フランス、ベルギー、アメリカおよび他の諸国との競合には勝てないからである。

（エヴァンス『使節行』）

クリミア戦争で明らかとなったように近東ではイギリスに太刀打ちできないとすれば、アジアでこれを出し抜き、脅かすことが次善の策である。イグナチエフは対中央アジア、中国に対する強硬策を唱えることになる。一八五八年四月、彼が外務省アジア局から中央アジアのヒヴァ・ハン国およびブハラ・ハン国への使節行の命令を受けたのは偶然ではなかった。ツァーリの裁可を受けたこの使節の目標は以下の三点であった。⑴中央アジアの複雑な情勢を調査すること、⑵ブハラとヒヴァにおけるロシアの影響力を強化して、ロシアとの通商を拡大し、通商の条件を改善すること、⑶中央アジアに浸透してこれを手なづけようとしているイギリスの有害な干渉を排除すること。さらにこの使節団にはアラル海の小艦隊が同行していた。アム川の航行が可能かどうかは未知であったが、ロシア船がアム川を航行することができれば、通商の面でも軍事の面でもロシアの影響力は上流のアフガニスタンまでおよぼすことが可能になるからであった。ちなみにロシア艦艇がアム川の水深測定のためにおこなった大砲の連射は、沿岸の住民に世界の終末を確信させるほどの衝撃を与えたという。

イグナチエフは、ヒヴァとブハラにいずれも六週間ほど滞在して交渉にあたったが、正式の協定を結ぶにはいたらなかった。しかし、七カ月にわたる任務を終えて帰還したイグナチエフは、一つの結論を得ていたようである。この使節行を記した後年の著作のなかでイグナチエフはつぎのように述べている。

われわれの一八五八年における対中央アジア使節団のおもな成果とは、諸ハン国をロシア政府の目から隠してきた霧をはらい、ついに政府はヒヴァやブハラとの「外交関係」の本当の価値を認識、理解するようになったことである。われわれの使節団が収集した情報とかつてわれわれが諸ハン国にいだいていた「幻想」の打破とは、この不実で背信的な隣人といかにつきあうべきか、われわれの見解の明確な転換を迫るものであった。われわれの使節行は、ハンの権力基盤に関するより完全な理解と分析を可能ならしめ、それによってわれわれは将来これにより的確に対処することができるだろう。

（エヴァンス『使節行』、セルゲーエフ『グレートゲーム』）

後年の記述とはいえ、イグナチエフは実地での経験と収集した情報に基づいて、中央アジアにロシアの影響力を確立するうえで外交はもはや有効ではないと判断していたのだろう。こうした考え方は陸軍大臣ミリューチンや中央アジアを南に望むオレンブルクと西シベリア両軍総督の将軍たちにも支持されていた。さらに一八六三年、おりからのポーランド蜂起にイギリス、オーストリア、フランスが介入し、ロシアに軍事行動の停止とポーランドへの自治権付与を要求すると、ポーランド問題を国内問題とするロシアの政府と世論はこれに強く反発した。このような情勢は、かねてから中央アジア南部オアシス地域への侵攻を企図していた軍人たちを刺激せずにはおかなかった。六三年夏、チェルニャエフ大佐は上官の黙認のもとコーカンド・ハン国北辺のスザク要塞を占領したが、この独断的な行動も政府は是認する。この頃、ミリューチンはロンドン駐在のロシア大使にこう訓示し続けていたという。中央アジアでいかなる攻撃をかけようと〔イギリスの〕首相に謝罪する必要はない。彼らにしても海外の都市や島を占領しようとするときわれわれに通告したことはなく、われわれも説明を求めたことはないからだ、と。

こうしてみると、先述の一八六一年にワリハノフが書いた論説は、対英関係にも配慮して中央アジアに対する軍事的な攻勢に歯止めをかけていた外務大臣ゴルチャコフらの立場に与《くみ》するものであったことがわかる。六四年、ワリハノフは中央アジア南部への侵攻作戦を進めるチェルニャエフ少将のもとにいた。この時チェルニャエフは、「和平提案を拒まず、現地住民と予備交渉にあたること」が命じられており、このような交渉にあたるために特別に派遣されたのが、「極めて教養のあるアジア人で、ロシア語とタタール語〔中央アジアの現地語のこと〕にたけた」参謀付大尉ワリハノフであった。しかし、指揮官

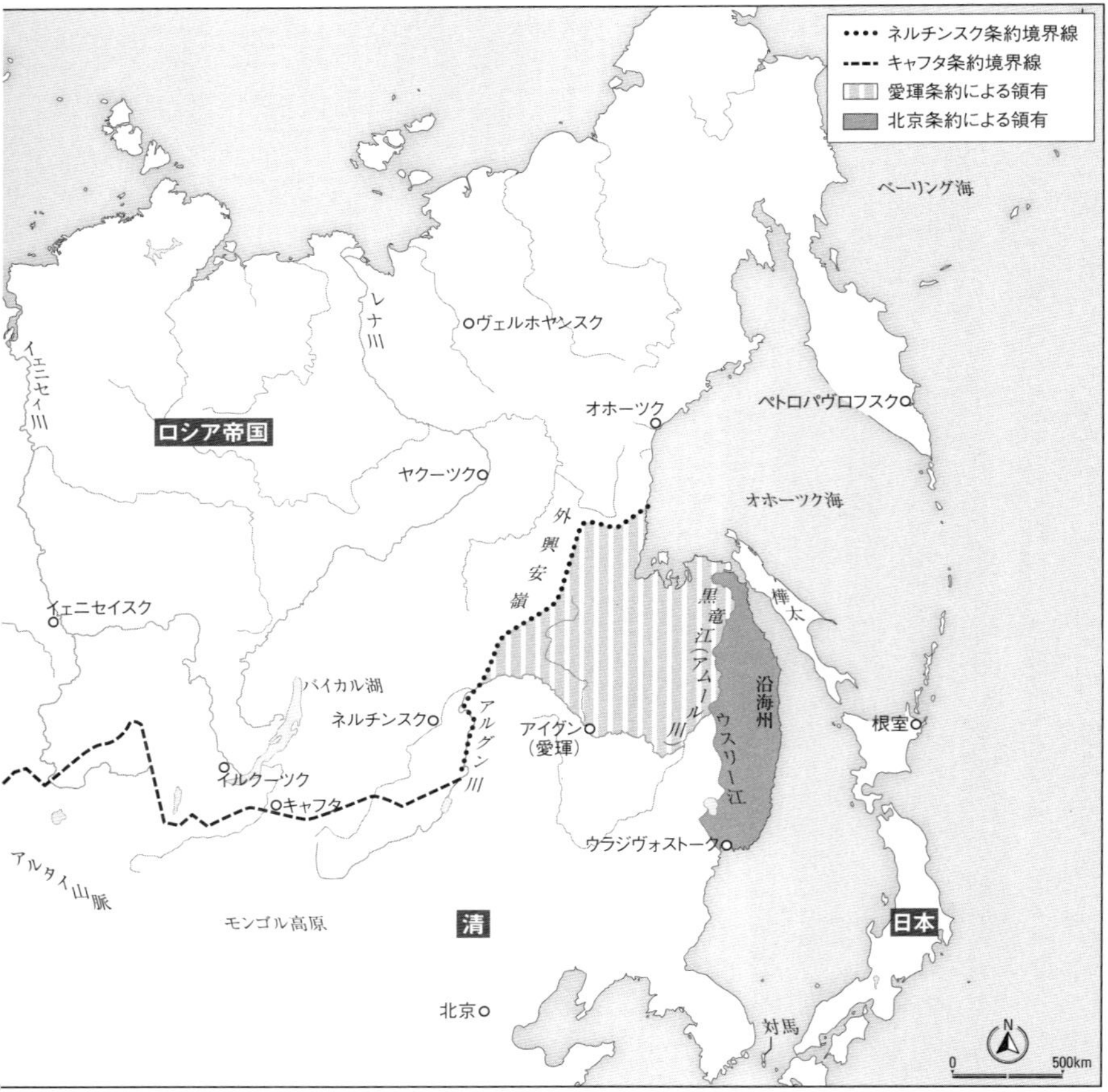

ネルチンスク条約境界線
キャフタ条約境界線
愛琿条約による領有
北京条約による領有
ベーリング海
レナ川
ヴェルホヤンスク
イェニセイ川
ロシア帝国
オホーツク
ペトロパヴロフスク
ヤクーツク
オホーツク海
外興安嶺
黒竜江（アムール川）
樺太
沿海州
ウスリー江
イェニセイスク
バイカル湖
ネルチンスク
アルグン川
アイグン（愛琿）
根室
イルクーツク
キャフタ
ウラジヴォストーク
アルタイ山脈
モンゴル高原
清
日本
北京
対馬
N
0
500km

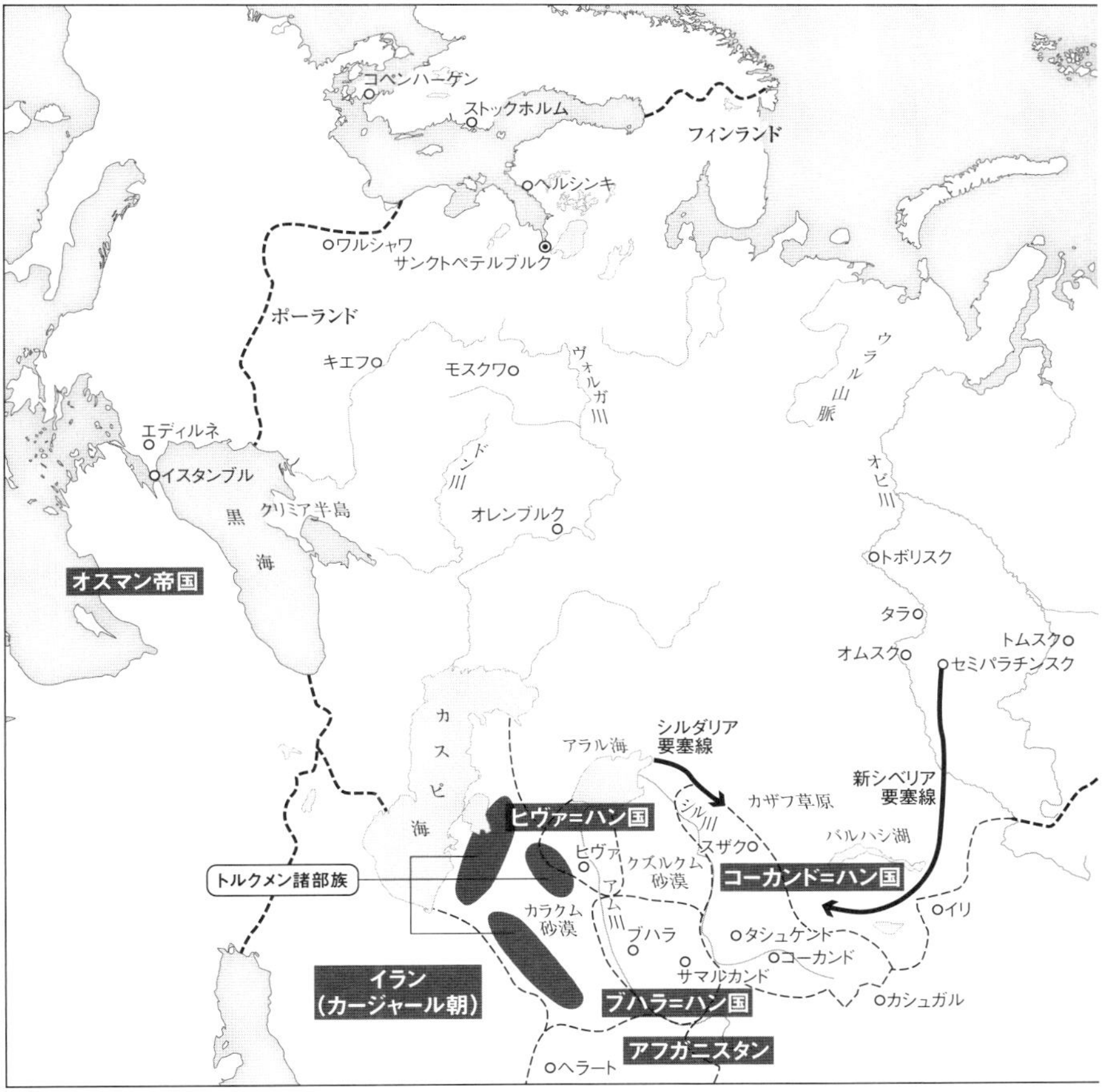

1861年頃のロシア帝国

の残虐な行為に耐えかねたワリハノフらの将校グループは前線を離れたという。彼が結核で夭逝した二カ月後の六五年六月、チェルニャエフは中央アジア最大の商業都市タシュケントを攻略する。ここにロシア領トルキスタンの基礎が築かれ、そこはアメリカ南部にかわってロシアに原料綿花を供給することになる。アメリカ南北戦争(一八六一〜六五年)のために綿花輸入の危機を経験したロシアの木綿工業にとって、領土内に生産地域を確保したことは大きな意味をもっていた。

北京条約

イグナチエフが中央アジア使節行の功績で陸軍少将に昇進した頃、東方の清朝は第一章に描かれているとおり、上海をうかがう太平天国軍の脅威に加え、第二次アヘン戦争での英仏軍の侵攻という二重の危機に直面していた。これはロシアも注視するところであり、イグナチエフの前任者として外務省アジア局長を務めていたエゴル・コワレフスキー(在任一八五六〜六一)は、こう指摘している。

わが国の(中国に対する)関心は、他のヨーロッパ大国の関心とはかなり異なっている。(中略)ヨーロッパ人による北京の占領は、イギリス人によるヘラートの占領と同じく、われわれにとっては等しく敏感にならざるをえず、いかなるときも無関心な傍観者となることはできない。前者は太平洋とアムール川沿岸におけるわれわれの企図を封じるものであり、後者は全中央アジアをイギリスの支配下におくことになるからである。(セルゲーエフ『グレートゲーム』)

たしかにロシアは東シベリア総督ニコライ・ムラヴィヨフ=アムールスキーの精力的な活動によってアムール川(黒竜江)以北に権益を拡大し、一八五八年五月の愛琿《アイグン》条約ではアムール川以北の広大な領域をロシア領とすることに成功した。露清関係の研究者吉田金一は、康熙《こうき》帝時代にネルチンスク条約が結ばれた「一六八九年と一八五八年では力のバランスが逆転し、愛琿では清国がロシアの圧力に屈したのである」と書いている。愛琿条約ではウスリー川以東、海にいたるまでの沿海州の地域は当面両国の共有地とすることも定められていた。こうして極東におけるロシアの展望は大きく開かれ、朝鮮は目前にあった。

このように清朝の北辺に地歩を築いた以上、ロシアは清朝がイギリスに屈することがないように、これを支える必要を認めた。ツァーリの命令で組織された「極東問題に関する特別委員会」は、小銃一万丁と大口径の大砲五〇門の供与ならびに五人の軍事顧問の派遣からなる軍事支援を清朝に与えることを提案する。この軍事使節の指揮を命じられたのが、中央アジアから戻ったばかりのイグナチエフであった。サンクトペテルブルクからこれだけの軍需物資を輸送することは、それ自体が難事であり、七六〇頭の馬に引かれた三八〇台の荷馬車がイルクーツクに着いたのは、一八五九年四月のことである。当地でムラヴィヨフと会ったイグナチエフはともに国境のキャフタに向かったが、ここで彼らは愛琿条約は清朝皇帝の裁可を得ていないこと、裁可しなければ武器の供与は停止するとロシア側が脅しても清朝側は動ぜず、武器の受け取り自体を拒否したことを知る。ここでロシアの企図は頓挫したかのようにみえたが、イグナチエフは外交交渉に活路を求め、わずかな随員とともに北京に向かうことになる。

ロシアは第二次アヘン戦争では英仏の軍事行動に加担せず、清朝との条約改正交渉だけに参加する立場をとっており、前年の一八五八年には英仏軍が前進した天津で、上海などでの海路貿易の開始、最恵国待遇の獲得、治外法権の特権などを内容とする条約を調印していた。北京に着いたイグナチエフは、愛琿および天津条約に規定された露清関係のあらゆる問題に決着をつけることを考えていたが、この時は清軍が太沽《タークー》砲台で英仏軍を撃退した直後でもあり、清朝側の交渉相手、重臣の粛順《しゅくじゅん》(一八一五〜六一)らは愛琿条約は無効として一歩も譲らなかった。交渉は長引き、およそ一年におよんだ。この間イグナチエフは北京に滞在する唯一のヨーロッパ人外交官であり、在北京のロシア正教伝道団を除けば孤立無援であった。しかし、英仏軍の再攻勢が現実化するにつれて状況は変化する。清朝側はロシアに英仏との仲介を期待するようになり、本国の外務大臣ゴルチャコフもまたイグナチエフに仲介者の役割を求めていた。ただし、英仏の大使が北京に到着すれば、双方の直接交渉が始まり、イグナチエフの立場は弱いものとなる。六〇年五月、彼は北京を出て上海に向かう。そこで英仏の全権大使と交渉するためである。清朝の最新情報をもつイグナチエフは、彼らにとっても重要な存在であった。

一八六〇年八月、二万の英仏軍は天津を占領し、北京をうかがった。二年前に交渉した天津条約の批准をしいるためである。しかし、清朝はこれを拒否したため、英仏軍は北京への進撃を開始した。その先で起こったのが円明園《えんめいえん》の破壊である。第一章にあるとおり、ときの皇帝咸豊《かんぽう》帝はこれを避けて粛順らの重臣とともに熱河《ねっか》の離宮へと逃れる。このように劇的な状況のなか、北京に迫りながら交渉相手が見つからない英仏は、イグナチエフに清朝との仲介を求め、彼は一足先に北京にはいる。一方、咸豊帝から対外交渉を委ねられて北京に残った弟の恭親王《きょうしんのう》は、英仏軍による北京占領という差し迫った脅威から逃れるために講和の交渉をイグナチエフに求めた。その見返りに清朝はロシアの要求を受け入れるという条件であった。ここでイグナチエフは仲介者としての役割を存分に発揮する。彼は英仏を説得して北京から撤退させるとともに、清朝には英仏と新たな北京条約を結ばせることに成功する。それは、先の天津条約を補強するもので、天津や漢口以下の新たな開港、外交使節の北京常駐、アヘン貿易の合法化などの条項からなっていた。対等の外交儀礼を認めることにより、諸外国を「夷」とみなす体制にほころびを生んだとはいえ、清朝の存続は確保され、李鴻章《りこうしょう》らによる改革が始まることになる。

こうして仲介者の役割をはたしたイグナチエフは、一八六〇年十一月、ロシアを代表して清朝とのあいだにあらためて北京条約を締結する。それは愛琿条約の内容をさらに推し進めたものであり、ロシアはウスリー川東方の沿海州を手に入れることになった。条約は中央アジア方面にいたる西方境界線も定めており、中心都市カシュガルにはロシアの領事館が開設されることになった（その後に起こった西北ムスリム大反乱などのため、最初の領事ペトロフスキーが着任したのは一八八二年のことであった）。この時のことを彼は後年つぎのように回想している。

じつをいうと、われわれロシア人にとっては（英仏の）同盟国が断固たる行動をとってくれることが必要であった。すなわち、中国人を決定的におびえさせ、しばらくのあいだ彼らの尊大さと頑固さをくじき、しまいには彼らをしてわれわれのことを思い出させ、そして城壁の一部でも奪取することである。ただし、すぐには市内にはいらない。こうした状況にあってはじめて、私は北京にはいり、絶好の時にいくばくか中国人の頼りとなり、おそらくわれわれにとっては好ましい国境問題の決着をつけることができたのである。（セルゲーエフ『グレートゲーム』）

それにしても、この条約でロシアが獲得した権益は巨大であった。極東の沿岸部に広大な領土を得たロシアは、早くも一八六〇年に海軍基地ウラジヴォストークの建設に着手する。イグナチエフという外交官をどのように評価するにせよ、この北京条約締結を導いた頃が彼のキャリアのなかでは最良の時代ではなかっただろうか。第二次アヘン戦争の推移を冷静に読みながら、イギリスを見事に出し抜いたことは疑いがない。

コンスタンティノープル駐箚大使

北京で赫々《かくかく》たる功績をあげたイグナチエフは、侍従将官に任命され、一八六一年はじめてコンスタンティノープル、すなわちオスマン帝国の首都イスタンブルを訪問する。新スルタン、アブデュルアズィズの即位を祝うためである。その後、先にもふれたようにこの年の八月から外務省アジア局長という要職に就く。当面の課題は、イギリスの抗議をかわしながら中央アジアへの進出をはかること、もう一つは先のパリ条約で課された制約を解き、東方問題のなかでロシアの権益を確保、拡大することであった。おそらくこの間にオスマン帝国に関する知見を蓄えたことだろう。手腕を買われたイグナチエフは、六四年にコンスタンティノープル駐箚《ちゅうさつ》大使に任命される。彼はこの東方問題の要地にあって七七年まで長期にわたって在職するが、これはオスマン帝国に対するロシアの圧力がこれまでになく強まった時期とかさなっている。そして、これに対抗しながらオスマン帝国の内政改革に奮闘したのが第二章の主人公ミドハト・パシャにほかならない。

一八六一年、ミドハト・パシャはドナウ川南岸のニシュ州に総督として赴任する。ここはロシアに扇動された匪賊《ひぞく》集団が横行する難治の地であったが、彼は巧みな社会・経済政策を打ち出して地域の安定を取り戻すことに成功する。そして六四年、このニシュ州と隣接する二州を合わせて巨大なドナウ州が編成されると、総督に任命された彼はここでもみごとな行政改革をおこなって安定をもたらし、タンズィマートを推進する政府中枢から高い評価を得た。しかし、ここに確固としたオスマン帝国の直轄州が存在することは、スラヴ系諸民族の保護者として南下政策を進めるロシアにとって障害以外の何ものでもなかった。九七頁にあるとおり、新任のロシア大使イグナチエフは、ロシアとの協調を志向するマフムト・ネディィム・パシャらの要人を抱き込んでミドハト・パシャの解任すら画策することになる。

やがて大宰相となったミドハト・パシャに関するイグナチエフの評価は辛らつである。後年の回想録で彼はこう書いている。「総じていえば、ミドハト・パシャは、私が予見したとおりより大きな仕事の管理には不慣れであり、与えられた役割において真価を発揮することはできなかった。州の行政でみせた資質も、大宰相の職務には不十分であった」と。そのうえで、興味深いことにこうも記している。

私はスルタンの眼を開かせることに成功した。つまり、彼の筆頭大臣は仮面をかぶった革命家にほかならず、スルタンの権力を制限しようとしており、もし彼がこのまま諸事を取りしきれば、ロシアとトルコの関係は危険にさらされるであろうことを理解させたのである。（イグナチエフ『覚書』）

スルタン・アブデュルアズィズのもとでミドハト・パシャが大宰相の任にあったのは、一八七二年の七月から十月の短期間にすぎないが、これにはイグナチエフの「助言」もあったことがわかる。

一八七五年、ボスニア・ヘルツェゴヴィナに農民反乱、続いて翌年にブルガリアで独立を求める蜂起が起こると、バルカン半島は危機的な状況に陥った。しかも、この間に起こったムスリム非正規兵によるブルガリア人の虐殺は誇大に報じられ、ヨーロッパ諸国における反トルコ感情を激しくあおることになった。これはスラブ諸民族の解放を唱えるロシアの汎スラブ主義者にとっては格好の介入の機会となる。例えばタシュケントの攻略で名をあげながら、その後の独断的な行動のために本国に召還されていたチェルニャエフは、セルビア人の軍事行動を指揮すべくロシア当局の制止をかいくぐってベルグラードに渡った。これはセルビア人義勇軍ばかりでなく、ロシアの民族主義者をも鼓舞することになった。

セルビアの戦火はおさまりかけたものの、ロシアはバルカン半島におけるオスマン統治の改革を求めて譲らず、一八七六年十二月イグナチエフの主導のもと、イスタンブルでバルカン問題に関する列国会議が開催されることになった。十二月二十三日、まさにその会議の最中に一〇一発の砲声がこだました。何事かといぶかる列国代表にオスマン帝国の外務大臣は、これは新スルタンのアブデュルハミト二世が憲法を発布した祝砲であると説明し、つぎのように述べたという。憲法の発布によりオスマン帝国内のイスラーム教徒とキリスト教徒両臣民のあいだに違いはなくなり、双方の待遇を改革するための一連の対策がとられることになる、したがってもはやこの会議においていかなる改革の提案や奨励もおこなう必要はなくなった、と。ときに再び大宰相の職にあったミドハト・パシャは、バルカン統治の改革を口実になされる列強の干渉をくじくには、自らが丹精してきた憲法をこのタイミングで発布することが有効と考えていたに違いない。

しかし、ロシアがこれを受け入れることはなかった。ここでもイグナチエフは外交的な手腕を発揮する。彼は、ベルリン、パリ、ロンドンそしてウィーンをめぐって列国にロシアのバルカン問題調停案を説明し、ペテルブルクでは在コンスタンティノープル大使館から送られたオスマン軍に関する情報をもとに作戦の準備が進められた。一八七七年四月、ロシアがオスマン帝国に宣戦を布告して露土戦争は始まる。ドナウ川を越えて侵攻したロシア軍のなかには中央アジアでのコーカンド・ハン国制圧戦で功名をあげた将軍スコベレフの姿もあった。彼の部隊は勇将オスマン・パシャの守る孤塁、プレヴナ要塞の

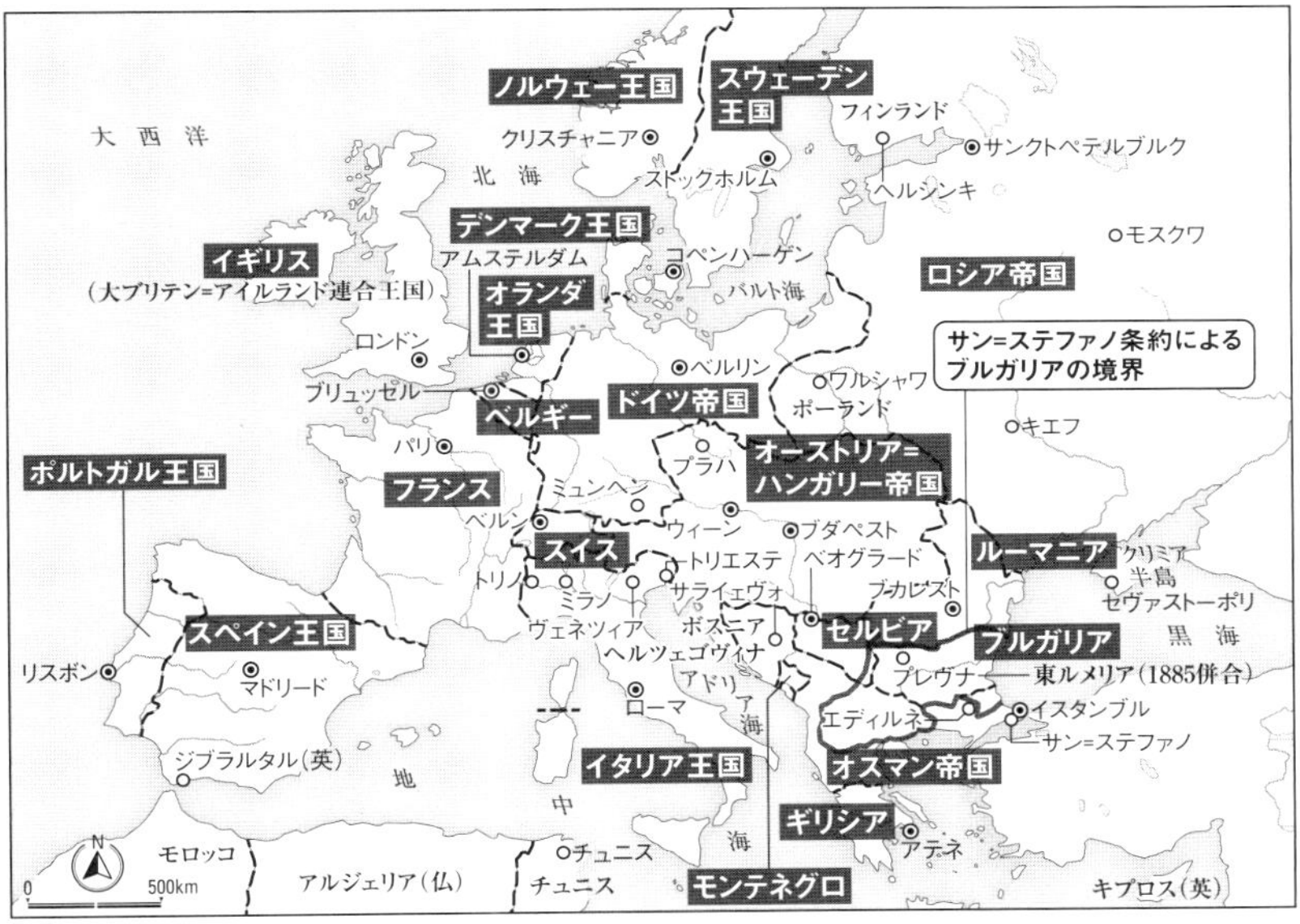

ベルリン会議(1878年)の頃のオスマン帝国関係地図
ベルリン会議では以下について決定された。
(1)セルビア・モンテネグロ・ルーマニアの独立
(2)ブルガリアがオスマン帝国内自治国となる
(3)オーストリアによるボスニア・ヘルツェゴヴィナの占領・行政権獲得
(4)イギリスによるキプロスの占領・行政権獲得

攻略にあたったのち、帝都を指呼のあいだに望むイェシル・キョイ(サン・ステファノ)まで猛進することになる。

戦時中イグナチエフは国家評議会の一員としてツァーリの側にあったが、休戦がなるやアドリアノープル(トルコ語ではエディルネ)に赴き、ロシアの全権代表としてサン・ステファノ講和条約の交渉にあたった。一八七八年三月に締結された条約は過酷なものであり、オスマン帝国はバルカン半島の領土をほぼ喪失するに等しかった。ブルガリアはロシアの後見のもとに高度の自治権をもつと同時に、ドナウ川からエーゲ海におよぶ広大な領土を獲得し、ルーマニア、セルビア、モンテネグロの諸公国は完全な独立を達成することになったからである。さらに帝国はアナトリア東部でもロシアに領土を割譲しなければならなかった。ここにロシアの南下政策は成功したかにみえた。しかし、ロシアの突出を恐れた列強はただちにこれに介入し、「公正な仲介者」ビスマルクを議長として開かれたベルリン会議は、ロシアの成果を大幅に削減する。ロシアが列強との協調に傾くなか、失意のイグナチエフは同年五月退職となった。後年、彼は回想録に書いている。もし、露土戦争において自分の提案が採択されていたならば、

トルコ軍の壊滅とわが軍のトルコ領内への進駐はかくも強い印象を与え、ヨーロッパ列強はイギリスも例外ではなく、ただちにトルコに対して、わが常勝軍のさらなる攻撃をとめるにはロシアの最後通告にある要求をのむように勧告したことだろう。そうすればわれわれは長期の破滅的な戦争とベルリン会議を免れる一方、東方におけるロシアの光輝と影響力は完全に復活するのみならず、この上なく高められたことだろう。

(イグナチエフ『覚書』)

かろうじて危機を脱したオスマン帝国は、アブデュルハミト二世の専制期を迎えるが、改革の歩みがとまることはなかった。そこにミドハト・パシャの姿はなかったが、未来のトルコ共和国への道は整えられてゆく。

幕末の日本とイタリア

ロシアとイギリスのグレートゲームは、北太平洋でも展開されていた。一八五四年東シベリア総督ムラヴィヨフは、北太平洋におけるイギリスの狙いは、カムチャツカ半島の占領か、あるいはロシアを極東から遮断するために半島の港を破壊することにあると読んでいた。そうなればイギリスは中国と日本の沿海部を支配下におくことになるだろう、と。実際、クリミア戦争のさなかの五四年、英仏艦隊は半島のペトロパヴロフスク港を攻撃している。有名なプチャーチン提督の日本来航は、このようなイギリスに対抗するロシアの戦略のなかで構想されたと考えられる。彼は北京におけるロシア外交においてはイグナチエフの前任者であり、北京条約で沿海州を獲得すると、極東におけるロシア海軍の動きは活発化する。六一年、ロシア軍艦ポサドニック号による対馬の海岸占拠事件は、こうした背景のもとで起こった。

第四章で説明されているとおり、幕府はこの事件を自力で解決することはできず、ロシアとイギリスとの外交交渉に委ねるほかはなかった。しかし、だからといって事件の対応にあたった幕臣の力量を過小評価することは適切ではないだろう。『幕末外交談』の著者田辺太一は、同時代人として二人の幕臣に言及している。まず、小栗忠順《おぐりただまさ》について、小栗は英名果断の性質で有為の才に富み、かつてアメリカに使節として派遣されて、外国の事情を見聞してきた人物だ。岩瀬肥後守、水野筑後守と並称して幕末の三傑とよばれている人物である。しかるに、この瑣事《さじ》を解決することができずに、空しく江戸に帰ったのである。

小栗の対応を疑問に思った田辺も、ことの真相を知るにはいたらなかったようである。もう一人、老中の安藤信正についてはこう書いている。

安藤閣老は、この事件以来、外国軍艦がわが守備薄弱に乗じて勝手な振舞いをするのに苦慮し、下の関以内の中国地方海岸を航行するのを不法として、アメリカ、イギリスなどの公使に対して抗議するところがあった。またオランダの医師シーボルトを幕府で雇って、これを顧問とした折であったので、この件でシーボルトに西洋の国際上の例などを検討させたこともあったが、ついに在職中にその志を果たすことができなかった。

田辺は、瀬戸内海に外国の軍艦を入れないようにした安藤を、明治の人士に先んじて「国防上の用意が周到であった」と高く評価するのである。これは明治初期の外交を支えた旧幕臣の心情のあらわれかもしれない。ちなみに、田辺は一八六二年、ロシアに幕府の使節を迎えて樺太の国境画定の交渉に臨んだアジア局長イグナチエフの姿を伝えている。田辺によれば、ここで松平石見守らは北京条約で上首尾をあげた「天晴な外交家」を相手に負けじと談判するのだが、ときの幕府にはその成果を活かす見識も余裕もなかったのである。

ポサドニック号事件と同じ一八六一年、第五章で描かれているように、イタリアはサルデーニャ王国の拡大というかたちで統一される。ただし、これは終わりというよりはむしろ始まりであった。「イタリアはつくられたが、イタリア人をつくるのはこれからだ」という当時の標語に象徴されるように、イタリアはこの時から国民国家の形成という課題に取り組むことになる。外交の面ではすでにサルデーニャ王国の時から英仏と並んでクリミア戦争に参戦し、七八年のベルリン会議にも列席しているが、国民の統合はなお進行中のことであった。このイタリアに特徴的なのは、国家の統一と時を同じくして多数のイタリア人が移民として国外に出て行ったことである。北イタリアの出身者はおもに他のヨーロッパ諸国へ、南イタリア出身者はほとんどすべて南北アメリカに渡っていった。増大する移民についてはさまざまな議論が展開されたが、やがて「移民のための植民地」を獲得しようとする主張が生まれ、これは一九一一年、オスマン帝国領北アフリカ(現在のリビア)への軍事侵攻として実現されることになる。

このようなイタリアの動向は、明治維新後の日本ともかさなるところが少なくない。富国強兵と殖産興業をめざす明治日本にとっても国民意識の涵養は重要な課題であった。イタリアほどの規模ではないにしても、明治の初期からハワイや南北アメリカへの移住は始まっており、さらに朝鮮、台湾、満洲、ロシア極東から東南アジア、南洋諸島へと移住先は拡大していった。とりわけめだつ共通点は、両国の急速な帝国主義化であった。イタリアがアフリカをめざしたとすれば、日本は日清・日露の戦争によってまず東アジアを射程におさめた。一隻のロシア軍艦の狼藉に苦慮していた国が、半世紀後には海外植民地を有する帝国に変貌する。

本巻の主人公は、一八六一年という時代の空気を吸っていた人々である。人々はまだ自分たちの歴史の行く末を知らない。本書で取り上げた清朝、オスマン帝国、ロシア帝国という三つの帝国は、いずれも革命によって姿を消すとはいえ、まだ半世紀は持続する力をもっていた。そして、日本とイタリアは先行する帝国を急ぎ足で追いかけることになる。一八六一年、人々はまもなく始まる「長い二十世紀」のとば口に立っていたのである。

一章　危機のなかの清朝

吉澤誠一郎

1　太平天国とその好敵手

時代の鳥瞰

一八六一年八月二十二日の朝、咸豊《かんぽう》帝は熱河《ねっか》の離宮にて病死した。北京から北東に向かって長城を越えていった場所にある熱河には、かつて康熙《こうき》帝や乾隆《けんりゅう》帝が北京の暑い夏を避けて好んで滞在した。咸豊帝の祖父にあたる嘉慶《かけい》帝も熱河滞在中になくなった。

しかし、咸豊帝は、必ずしも夏を過ごすために熱河を訪れたのではなく、前年の九月に北京から逃れてきたのであった。世にいう第二次アヘン戦争により、イギリス軍・フランス軍が北京まで攻めてきたためである。皇帝の住まう北京まで外国軍が進撃してきたのは、まったく驚天動地の事態といえる。

しかし、清朝にとっては、ほかにも巨大な敵がいた。このころおもに江南地域を本拠としていた太平天国である。一八六一年の前後、太平天国は西から清側の反攻を受けつつも、名将たる李秀成《りしゅうせい》の働きにより江南地域で東に向かって支配地域を広げ、上海に迫ろうとする勢いを示していた。

この年の清朝は、危機のただなかにあったといって過言ではない。しかも、咸豊帝がなくなった後、幼少の皇帝をいただいてだれがどのように政権を運営していくのかをめぐり、宮廷の権力闘争が繰り広げられようとしていた。

とはいえ、このような危機に直面しつつも、清朝は決してそのまま衰亡していったわけではなく、それを乗り越えて体制を立て直すことができた。例えば、その後二十年をへた一八八〇年代の清朝は、フランスと戦って善戦し、また朝鮮にも覇権をおよぼそうとして日本と対峙した。また、ロシアとのあいだで条約を結んでイリ地方を取り返し、新疆省を設置して中央アジア分割の一翼を担った(これは中央アジアのムスリムによる国家形成を阻んだことになる)。たしかに、中央アジアではかつての最大領域と称する地区まで清朝は手に入れることはできなかったし、清仏戦争はフランス側の優勢勝ちに終わった。しかし、東トルキスタンにおいて失われつつあった支配地域を大きく回復し、また清仏戦争の陸戦における清軍の戦いぶりがフランス第三共和政のジュール・フェリー内閣を退陣に追い込む結果となった点は、見逃せない。

このように清朝が体制の再建にある程度成功したのは、なぜだろうか。

限られた紙幅のなかでこの大きな問いにきちんと回答することは難しいが、一八六一年前後の危機を清朝が乗り越えていく過程のなかに、いくつかの手がかりが含まれているのではないだろうか。

李秀成の風貌

太平天国は、プロテスタントの教えをとり入れながら独自の信仰を説く洪秀全《こうしゅうぜん》をいただき、清朝の打倒をめざす国家であった。一八五〇年に広西省で軍事活動を始めたあと急速に勢力を拡大し、湖南・湖北・安徽《あんき》と進軍し、ついに五三年には江蘇省の南京を陥落させて都の天京《てんけい》とした。

その後、江南地域は太平天国の拠点となり、清軍とのあいだで戦闘が続いていた。一八六一年頃には、太平天国は東に向かう動きを強め、蘇州《そしゅう》や寧波《にんぽう》といった重要な都市を占領していった。この作戦を指揮していたのが、太平天国の忠王《ちゅうおう》の地位にあった李秀成である。冒険好きのイギリス人オーガスタス・リンドレーは、一八六〇年頃に李秀成に会った時の印象をつぎのように回想している。

彼はおよそ三十五歳ぐらいだったが、心身ともに苦労をかさねてきたせいで、やや疲れて、それより年上にみえた。彼の姿は軽やかにして活発、そしてしなやかな鋼のようで、とても恰好良かったが、身長は中国人の平均よりも低かった。彼の物腰は高潔と尊厳に満ち、歩き方は早いながらも堂々としていた。顔のつくりはとても個性的で感情に満ちており、そして美しかったが、中国人の見方では美男子というのでなく、彼らが良いと思うよりも少しヨーロッパ風の顔立ちだ。中国人のなかでは鼻筋が通っているほうで、口は小さくて繊細といってもよく、あご全体のかたちと、きりりとした唇も加わって、勇気と決断力に富むことを示していた。彼は浅黒かったが、その眉毛と目をみればただちに「これは非凡な男だ」とわかるのだった。というのも、彼の特別に高くて広い額に加えて、普通の中国人のように斜めに吊り上がっていない眉毛と目は人並みではなかった。両目はほぼ一直線に並び、瞼《まぶた》のかたちだけが中国人らしかった。そして眉毛は目よりずっと上にあってほぼ水平で、その眉毛の外側ではなくて内側の端が少しだけ上にあがっていた。その特徴がこれほど目立つ中国人は、ほかにみたことがない。それに少し似た湖南人を何人かみたことはあるが、忠王は中国人らしからぬ容姿だったのだ。

李秀成
オーガスタス・リンドレーの著書に掲げられた
李秀成の肖像画２点（かぶっているものが異なる）。
李秀成を理想化して表現しているのかもしれないが，
リンドレーの文章による描写と一致しているとみて良い。

リンドレーの冒険譚には、必ずしも全面的に信用できない内容が含まれていることが、多くの研究者によって指摘されている。また、リンドレーは李秀成を偉大な太平天国革命《タイピン・レヴォリューション》を進展させる指揮官として称賛する立場にあったから、以上のように描かれた李秀成の容貌には、いくぶんかの美化が含まれているかもしれない。また欧米で戯画的にとらえられたような「目の吊り上がった中国人」と比べているのも、適切な描写かどうかという疑問は残る。にもかかわらず、つぎのようなリンドレーの観察には、やはり相当に鋭い点が含まれているように思われる。

　彼の大きな両目はいつも輝き、瞼はつねにぴくぴく動いていた。とても精力的な顔のつくりや絶え間なく落ち着きのない体の動きからは、彼が戦場で完全な冷静さを保つことができるとは想像できまい（彼の体のどこかはつねに休みなく動いていた。脚を組んだり組むのをやめたり、足が地面を蹴ったり、両手を握り合わせたりほどいたり、そわそわ動いたり、突如動き出したりした)。しかし、一見すると興奮しやすそうでありながら、その後、私が彼の行動をみてきたところ、よく自己を抑制して沈着であり、その声にしても、もっとも危険な瞬間に速くて断固たるものになるのを例外とすれば、変化することはなかった(彼の声は、つねに低くて柔らかく、言葉が音楽のように流れてくる。ただし、一八六〇年の八月に上海近くでイギリスの榴弾《りゅうだん》の破片で受けた傷から、少し影響をうけている)。

リンドレーの物語に批判的な考証を加えた学者の一人羅爾綱《らじこう》も、李秀成の自伝に関する研究書の巻頭に、右に引用した文章を載せている。このリンドレーによる描写は、やはり迫真の力をもっているといえよう。

李秀成の生い立ち

リンドレーについては、後でまたふれるとして、まず李秀成の生い立ちをみておこう。そのために参照すべき史料は、彼の自伝である。この自伝は、特別な状況のもとで記された。一八六四年六月、太平天国の最高指導者であった洪秀全の死にともない、政権の崩壊は時間の問題となった。李秀成は洪秀全の息子をつれて逃亡しようとしたところ、清軍によってとらえられた。獄中にあって李秀成がまとめたのが、この自伝である。

冒頭部分に「曽国藩《そうこくはん》様が来訪くださり、これまでの経緯について尋問があったので、その日はおよその有様を逐一お答えしたものの、十分に説明しつくすことはできませんでした。そこで、さらに悩み憂いつつ、細部まで明瞭に書き記します」とあるように、自分の記憶に基づいて、清朝側に対して、太平

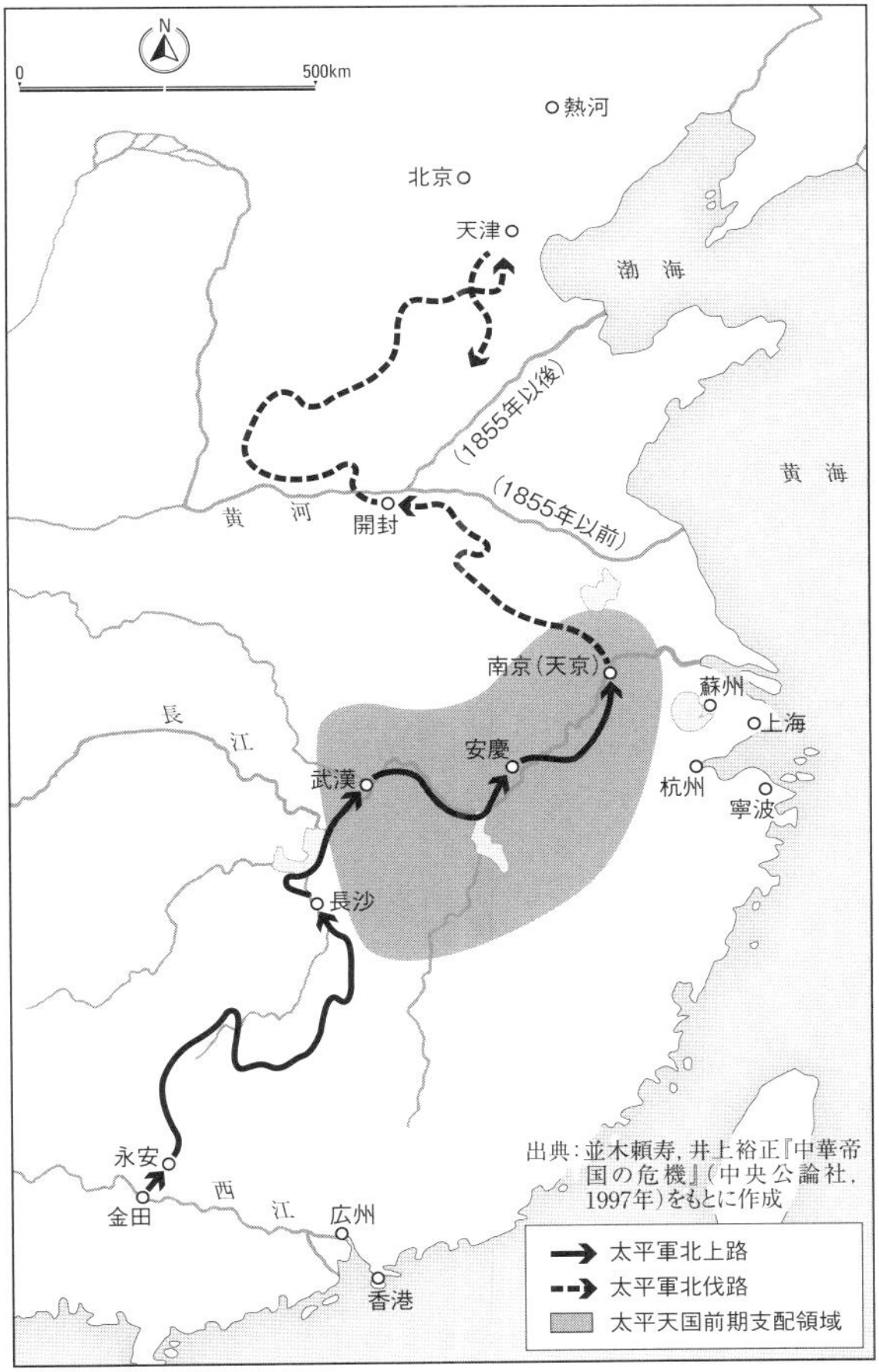

出典：並木頼寿，井上裕正『中華帝国の危機』(中央公論社，1997年)をもとに作成

太平天国の勢力拡大
太平天国の軍事活動の起源は，1850年，
広西省の金田村に教徒が結集していったことにある。
李秀成の郷里は，金田と永安のあいだにある。
太平軍は湖南をへて北上したあと，おおむね長江沿いに進み南京にいたった。
その後，太平軍は北京に向けて派兵したが，この作戦は失敗した。

天国興亡の経緯を供述したものである。そのような成立事情から、自伝といっても特殊な点が多い。彼自身が見聞していない太平天国蜂起当初の状況から書き起こしていることも、そうである。

このような背景をもつ史料なので、記憶の間違いが含まれることは当然として、さまざまな意図・配慮から事実をまげて記している可能性が高いことに注意しなくてはならない。さらに、この自伝を読む場合の最大の困難は、特殊な当て字や方言による表記が混じっている点にある。ここでは、この自伝について多年にわたり研究をかさねた羅爾綱による整理と注釈に頼ることにしたい。

李秀成の郷里は、広西省の山地にある藤県《とうけん》にあった。彼によれば、太平天国が蜂起したのち、その軍勢は陸路と水路に分かれ、永安州をめざして進んでいった。

> この時、私はまだ家にいて、陸路の軍勢がみな私の家のところを通過すると知りました。それは悟《ご》州《しゅう》藤県五十七都大黎里《だいれいり》で、〔彼らは〕永安に向かうのです。私の家は貧しく、父母が私と弟を育ててくれました。（中略）家の貧窮ぶりは、毎日の暮らしは苦しく、毎月過ごしていくのはさらに難しいというぐあいで、山の野良仕事や雇われ仕事をして食べていました。八歳から九歳・十歳にかけて、母方のおじから文字を学びました。十歳以降は、自分も父母とともに食うために働くことで過ごすばかりでした。二十六歳か二十七歳の時になって、洪〔秀全〕先生が上帝を信仰するように教えていることを知りました。それを信じるようになってから、少しも教えに背くことはなく、ひたすら信仰したのは、ひとえに蛇や虎に襲われるのを恐れたからです。（中略）西王と北王〔いずれも太平天国の指導者〕は陸路の兵を引き連れて大黎里に五日間駐屯し、大黎里内の穀物・衣類・食料などを村々から奪い取りました。村人たちが穀物を山奥に運んで隠しても、やはりもっていかれたので

す。西王は、私の家に近い村に駐屯し、およそ上帝を信じる者は逃げるにはおよばないとのお触れを出しました。それによれば一家みなで飯を食えるので逃げる必要はないとのことでした。わが家は貧乏で、食べ物があるならばと思い、逃げませんでした。駐屯地を移動させるとき、およそ上帝を信じていた者は、家に火を放って燃やさなければなりませんでした。家が貧しく食べ物がなかったがゆえに、彼らについて行ったのです。

ここには、李秀成が太平天国軍に加わっていく経緯が述べられている。まず、洪秀全らの初期の布教により、藤県まで上帝についての教えが伝わっていたという前提がある。これを信仰すれば災難から逃れることができ、とくに蛇や虎に咬まれずにすむという考えから、人々は入信していったという。それキリスト教において、蛇は特別の象徴的な意味をもつ。創世記でエバを誘惑したのが蛇である。それをおくとしても、山で野良仕事をするような貧しい人々にとって、蛇や虎は恐ろしい脅威であり、そのほかにもさまざまな病気や災難が彼らの生存を危機にさらしていた。李秀成によれば、このような危険からの救済をもたらす教えとして、洪秀全の上帝信仰は受け入れられていった。「こうして、一人が十人に伝え、十人が百人に伝え、百人が千人に伝え、千人が万人に伝えました。いくつかの県の人々のなかには、それを信じた者も信じなかった者もいました。一つの村で百戸または数十戸のなかから、数戸とか、または八戸とか十戸とかが入信したのです。そして読書人で教養のある士人は信じず、信じたのはみな農夫の家、貧窮の家で、大勢の人数にのぼりました」という。

そして、たまたま李秀成の家の近くを太平天国軍が通過したことが彼の人生に大きく作用した。太平天国軍は、必要な物資を途上で徴発しながら進んでいたのだが、貧窮のなかで暮らしていた李秀成にとっては、この軍勢に加わることが生き延びていく一つの手段であった。李秀成の証言は、洪秀全の説く信仰が山がちな地区に広がっていき、また蜂起した後の太平天国軍が急速に勢力を拡大していった理由の一端を説明しているといって良いだろう。

その後、太平天国は清軍と戦いながら、軍勢を移動させていき、ついに江蘇の南京を都にした。李秀成は、このような軍事作戦のなかで頭角をあらわし、また太平天国の初期の指導者が戦闘や内部対立によって命を落とした後は、太平天国の軍事作戦を指揮する司令官の地位を占めるまでになる。

太平天国を撃つ

太平天国と死闘を繰り広げることになる曽国藩は、湖南省の出身である。少し時代を遡って、曽国藩がそのような役回りとなる経緯についてみておこう。

曽国藩は、一八三八年に科挙の試験をへて進士の地位を得たのち、北京の中央政府でエリート官僚の道を歩み始めた。

一八五一年、即位してまもない咸豊帝に対して上奏し、国家の全体にかかわる大きな課題として、財政の危機と兵士の質の低下があることを指摘した。曽国藩は、兵士の実情をつぎのように理解していた。

兵隊たちの実情は、省ごとに異なります。福建では乱暴者の兵士が大集団で相互に武闘するのが常です。貴州や四川では無駄飯を食う兵士が盗賊とぐるになっています。そのほか、アヘンにふけったり、集まって賭場を開いたりするのは、各省にみられます。概して、平時にはぶらぶらしていて乱暴放題、有事の際には無頼の者を雇って代役にしますし、賊をみれば急いで逃げ出し、賊が去れば民を殺して〔その遺体を賊だと主張し〕恩賞にあずかろうとするのです。このことは、すでに何度も上奏され、皇帝陛下の命令も何度もなされているのに、その習慣は固まってしまい少しも変わりません。

曽国藩によれば、このような無用の兵士が多く雇用されているため、財政的な負担も巨額にのぼっているという。そこで、あえて兵士の人数を減らして、精鋭から成る軍隊にしていくべきだと提言したのである。

この上奏文は、広西省で太平天国と清軍が戦っていることにもふれているが、曽国藩はまだ自分が実際に軍務に従事する可能性を視野に入れていたとは思われない。当時の問題点について真剣に論じてい

曽国藩
正確な年代はわからないが，高齢になってからの風貌であろう。曽国藩は，太平軍と対峙しようとして湘軍を編成したときは40歳すぎだった。

たにしても、いってみれば中央政府のエリートによる綺麗ごととみなされても仕方ないだろう。

翌一八五二年、曽国藩は江西省でおこなわれる科挙試験の実施責任者として出張する途中、母が死去したという知らせに接した。清朝の規定によると、父または母が死去した場合には、一定の期間、喪に服するため官職を解かれることになっていた。そのまま湖南に帰郷することになったので、北京の家にいる息子の曽紀沢《そうきたく》宛ての書簡で留守宅の対応を依頼した。

私は、安徽省太湖県の小池駅に着いたところで、母の逝去の悲報を受け取った。私は徳が身についておらず、学問の実質はなくて虚名だけはあったので、きっと何か災いを受けるものと考えて、多年にわたり恐れていた。何と、天は災いをわが身にくださず、災いは母におよんだ。振り返れば、普段の私の隠された大罪は数えきれない。この知らせに接して、本当に自分を許せない気持ちになった。(中略)家を出て仕官してから早くも十四年、母の声を耳にし尊顔を拝することは、もうかなわない。こんな悲痛が他にあるか。不孝の罪はそのまま引き受けなければならない。

このような道徳主義的な発言をするのが、曽国藩の常であった。そもそも儒教においては統治者の倫理的振る舞いこそが社会の全体の気風に影響するという発想があり、曽国藩は大まじめにそれを受け取るようなところがあった。しかし、現実にはいつも彼は道徳律に反する行動ばかりして、日記のなかで反省を続けるのである。

さて、その後に曽国藩がさらに曽紀沢に送った書簡からは、早く帰りたいと思いつつも、必ずしも最短距離で帰郷したわけではないことがわかる。その理由は、太平軍の勢力が湖南におよんでおり、それに遭遇しないように慎重に経路を選ぶ必要があったからである。

何とか郷里にたどり着いたものの、曽国藩は静かに服喪していることはできなかった。咸豊帝から曽国藩あてに、湖南巡撫《じゅんぶ》(湖南省を管轄する高官)を助けて団練《だんれん》をおこなえという命令が届いたからである。

団練というのは、各地ごとに地元の有力者が編成した自衛武装のことである。団練は、十九世紀の初め、四川省などで白蓮《びゃくれん》教徒の反乱を鎮圧するのに役立ったというだけでなく、アヘン戦争のときに広東省の三元里《さんげんり》でイギリス軍を破ったとして喧伝されており、中央政府はその方式で地域防衛をさせようとしたのである。

しかし、曽国藩はたんなる団練ではなく、新しい軍隊を創出することを考えていた。たんに地元を自衛するだけでは太平軍と対峙することは難しいと判断したからであろう。つぎのように上奏している。

戦いが始まってから二年あまり、対応する時間的余裕は十分にあり、軍費も多くつぎこみ、多数の軍勢を集めたというのに、往々にして賊をみれば逃走してしまい、一度たりとも決死で戦った事例を聞きません。往々にしてうしろから追尾するだけで、一度たりとも正面から戦いを挑んだ事例を聞きません。使う兵器についていえば、大砲や小銃を遠くから発射するばかりで、槍や刀で白兵戦をおこなったという事例を聞きません。それはなぜでしょうか。総じて兵士たちは訓練をへておらず気概にも武芸にも欠けているので、敵に対して及び腰なのです。今もし改めて立て直しをはかるならば、まずは兵士を訓練することが肝心です。

このような問題意識に基づいて、曽国藩が編成したのが湘軍《しょうぐん》である。湘とは湖南省を意味する。すなわち、湖南省の同郷性に基づいて指揮官と兵士を集めていくのだが、その際に身元のはっきりした者を新規に採用していくこととした。指揮官は書生つまり科挙のため勉強している人々から成り、しかもなるべく縁故関係を利用して信頼できる者を集めようとした。兵士は、軍隊経験のない農民から募集するように努めた。

このように指揮官・兵士ともに軍歴に乏しい素人をあえて集めたことは、曽国藩が既存の軍隊をいかに嫌悪していたかをよく示している。曽国藩自身、科挙官僚であって軍務に従事した経験はなかったのである。

湘軍の奮戦

曽国藩は、明の時代の名将であった戚継光《せきけいこう》の編成を参考として湘軍を創設した。戚継光は十六世紀の人物であり、その頃の明朝にとって軍事的脅威であった北虜南倭《ほくりょなんわ》、つまりモンゴル軍や倭寇に対処した。もちろん曽国藩が改良を施した点もあっただろうが、そもそも三百年も前の編成が参照できたのは、なぜだろうか。

それは陸上の戦いにしろ水上の戦いにしろ、太平天国という敵の軍事的な装備は、十六世紀のものと隔絶したものではなかったからであろう。十六〜十七世紀は東アジアにおける戦争の時代であって、銃砲についても当時のヨーロッパの技術を取り入れて開発競争がなされた。戚継光も当時として最先端の軍事技術を念頭においていた。しかし、十八世紀は相対的に平和な時代であったため兵器開発は停滞しており、清軍にしても太平軍にしても、当初用いた火器は十七世紀のものと大差はなかったといって良い。

曽国藩が重視していたのは規律ある軍隊であり、そのためには儒教の道徳が強調された。少し後のことになるが、曽国藩は「勧誡浅語《かんかいせんご》」（一八六一年）という文章で、指導者のあるべき自覚を促すために平易な教訓を説いた。軍の指揮官への訓戒のなかでは、兵士の指導にあたっては、点呼をとるなどして兵営の規律を保つほか、兵士を家族のように思うことが必要だと述べている。

女郎屋通いや賭博をするな、遊惰を戒めよ、発言に慎重になれ、目上のものを敬えというのは、父兄が子弟を教育するときの家庭の教訓である。指揮官たる者、兵士を子弟のように遇するべきで、各人が良く学んで手柄を立てるようにさせれば、兵士たちはそれを感じ取るのだ。

このような一種の精神教育を、曽国藩は重視していた。それこそが既存の軍隊に欠けている問題点だと、彼は痛感していたからであろう。指揮官と兵士のあいだに情緒的なつながりがあってはじめて、一つの戦闘集団として機能するという考え方でもある。

一八五四年、湘軍はいよいよ水陸の両路から太平軍との戦いを開始した。それにさいして曽国藩が自らの戦争目的を述べた檄文《げきぶん》でも、儒教倫理の擁護について強調している。

〔太古の聖王である〕堯《ぎょう》・舜《しゅん》や〔理想王朝の〕夏《か》・殷《いん》・周《しゅう》の時代以来、歴代の聖人は名分に基づく儒学の教えを守り人倫を尊んできて、君臣・父子・上下・尊卑は秩序だって、あたかも冠と履き物とを逆さまにできないようなものだった。広東の匪賊〔太平軍〕は、外国の夷人の伝えてきたものを盗み取って、キリスト教を崇めている。偽の君主、偽の大臣から兵卒、下働きにいたるまで、いずれも兄弟と呼ぶ。天のみを父と呼んでよく、そのほかすべて父親も兄弟、母親も姉妹なのだという。（中略）中国数千年の礼儀・人倫や経典・制度は、一朝にしてすべてなくなってしまう。これは、わが大清の危機にとどまらない。天地が始まって以来の名教の一大危機なのだ。

このようにして誕生した湘軍は、必ずしも順調に太平軍から失地を回復できたわけではない。また、その精神教育による規律維持にも、限界があった。曽国藩は、しばしば手痛い敗北を蒙った。

他方の太平天国では、一八五六年、天京において諸王の権力闘争による武力衝突が発生し、大きな混乱があった。そのような事情もあり、湘軍は武昌をはじめとして少しずつ長江にそった城を攻略しつつ、天京に近づいていった。

しかし、清朝にとって、またもや強敵がやってくることになる。イギリス軍・フランス軍の侵攻である。

2 皇帝の死から政変へ

英仏軍の到来

第二次アヘン戦争は、一八五六年に広東で起こったアロー号事件を端緒としていることは、よく知られている。清朝の官憲は、英国船籍と称するアロー号を海賊の疑いで捜査した。このことについて、英国の広州領事であったハリー・パークスが抗議したことから、紛争が拡大して、軍事衝突にいたったのである。またフランスも、カトリック宣教師が殺害された別の事件を理由として、イギリスとともに出兵した。

たしかに、アロー号事件が発端なので、この戦争をアロー戦争と呼ぶことには一定の理由がある。しかし、アロー号事件そのものは、たんに戦争のきっかけを与えたにすぎないと考えれば、アロー戦争という呼び名は、むしろ誤った理解を与える恐れがある。これを第二次アヘン戦争と呼ぶのは、アヘン戦争(一八三九〜四二年)でも不十分なまま残された貿易秩序の再編という課題を、イギリスが再度の戦争を通じて解決しようとしたものととらえる見方によるのである。

第二次アヘン戦争は、いったん一八五八年の天津条約で終結するかにみえたが、あらためて紛争が再燃し、ついに六〇年には英仏軍が北京まで侵攻するにいたった。

一八六〇年の当時、病気療養を理由として高官を辞職し北京に住んでいた翁心存《おうしんそん》は、すでに満六十九歳ぐらいで、ときに体調不良に悩まされつつ、暑い夏を過ごしていた。彼の郷里は江蘇省常熟《じょうじゅく》県であるが、江南方面では太平軍が積極的に攻勢を試みているという知らせがつぎつぎとはいってきた。さらに英仏軍が天津から北京に迫ってくるという事態に直面することになったのである。

彼は北京から一時的に避難することにし、九月二十八日には西南方面に少し離れた房山《ぼうざん》県に移った。十月十四日、北京の留守宅から手紙が届き、北京の状況を知ることができた。それによれば、すでに外国軍は北京城内に駐屯しているという。しかし、北京の町々は落ち着いており、商売も変わりなくおこなわれていた。「何ということか。古来無かった事態だ」と彼は日記に書き付けた。

その頃、翁心存の息子である翁同龢《おうどうわ》は、北京城内にはいって様子をうかがっていた。十月十一日、翁同龢の観察では、繁華なはずの前門という地区でも「商店のうち戸を閉めているものが、四割か五割にのぼった」とみえ、やはり異常な状態にあった。彼は、高官の沈兆霖《しんちょうりん》に会い、外国側と清朝政府の交渉の進展についても、知ることができた。

じつはこれより先、咸豊帝は九月二十二日に北京を離れ、熱河に向かっていた。清朝政府を代表して英仏側と交渉にあたっていたのは、咸豊帝の弟である恭親王奕訢《きょうしんのうえききん》であった。

奕詝と奕訢という兄弟

ここで、咸豊帝(名は奕詝《えきちょ》)と奕訢との関係について少し時代を遡ってふれておこう。奕詝は道光帝の第四子、奕訢は第六子であった。二人の生母は異なる。

清朝の皇位継承制度には長子を優先する考え方はないうえに、かなり独特な点がある。かつて康熙帝が皇太子の所行に悩まされたことから、つぎの雍正《ようせい》帝からは、あらかじめ皇太子を立てておかないことにした。息子たちのだれを皇太子にするか、一応は決定しても公表せず、息子たちが立派な態度で行動しているかどうかを見定めようというのである。そうすれば、皇太子となった者が驕り高ぶることはなくなり、皇帝が秘密裏に決定しておいた皇太子にもし問題が見つかれば、皇帝はこれまた密かに皇太子を変更することができる。

道光帝の場合にも、つぎの皇帝の名を紙に記して箱に入れ保管させていた。一八五〇年、道光帝は死に臨んで奕詝を皇太子に指名することを明らかにし、その箱も開けられた。今日なお残されているその後継指名の文書には、奕詝を皇太子にすると同時に、奕訢を親王とすることが記されている。皇太子を指定する文書のなかに、直接関係ないはずの奕訢についてもあわせて任命の文言があるのは、非常に特殊といえる。ここから推測できるのは、道光帝は二人のどちらをつぎの皇帝にするか迷ったすえに、そ

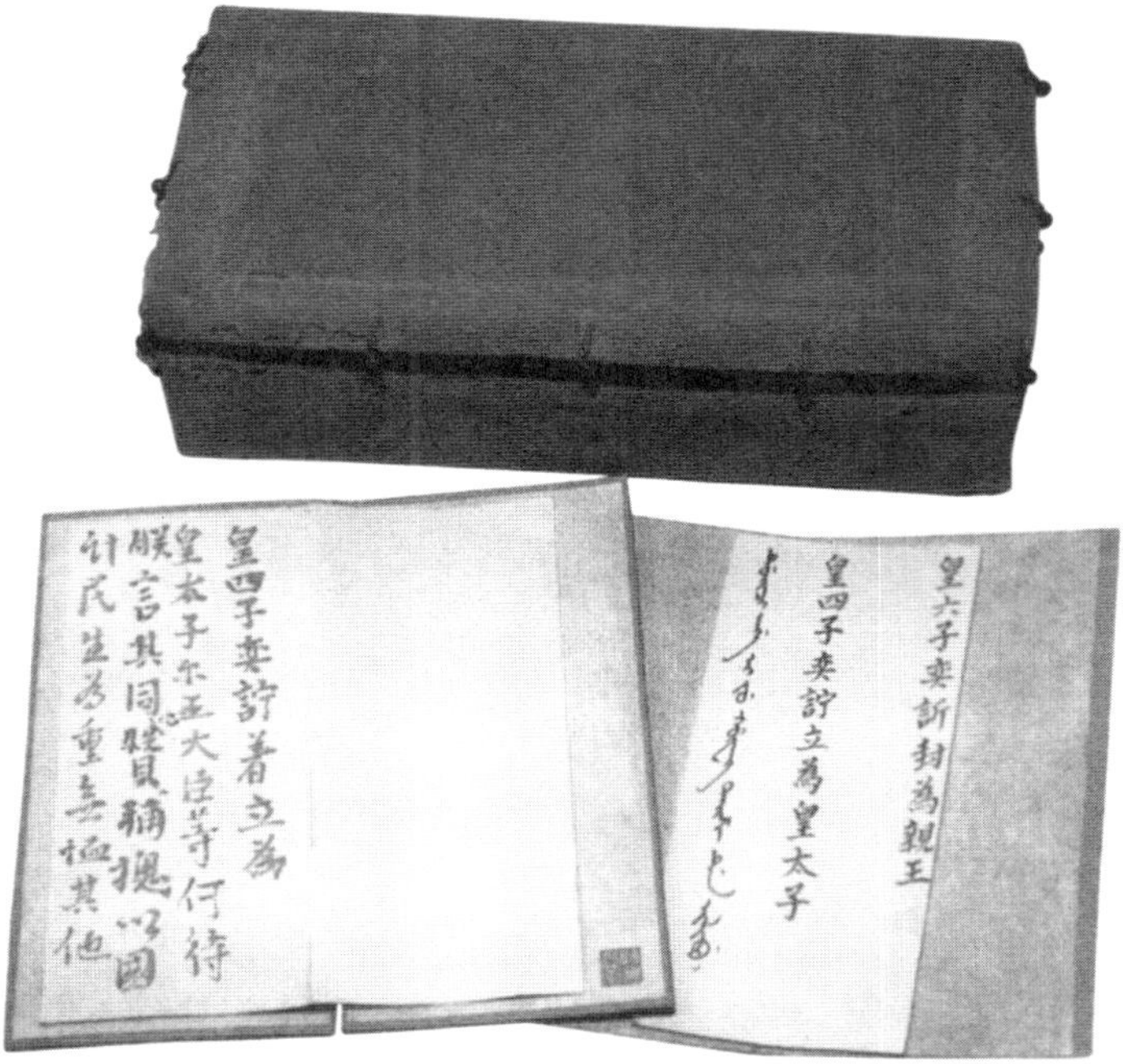

道光帝の後継者選び
道光帝は，４番目の息子奕詝と６番目の息子奕訢のどちらに皇位を継承させるかについて悩んだすえ，1846年に決断して奕詝を皇太子とした。しかし，同時に奕訢を親王にすることも定めた。この文書は箱におさめられ，道光帝の死期が迫ったときにその内容が明らかになった。

恭親王奕訢
写真家フェリックス・ベアトが1860年の北京条約締結の際に撮影したもの。咸豊帝が熱河に逃れたのち，北京に英仏軍が侵攻してきたが，ベアトもその遠征軍とともにやってきた。

のような決定をくだしていたということであろう。

即位した咸豊帝奕詝は、弟の恭親王奕訢を重用し軍機大臣などに任じた。しかし、奕訢の生母が死去するにあたり尊号をどうするかという問題で、奕訢は咸豊帝の不興をこうむって政務から遠ざけられた。こうした経緯を踏まえるならば、英仏軍が北京に迫り咸豊帝が熱河に逃げようとするとき、奕訢が外国との交渉を委ねられたのは、満二十七歳で政治の舞台に再登場したことを意味していたのだった。

外国軍と対処することを求められた奕訢は、大臣の桂良《けいりょう》(奕訢の妻の父)および文祥《ぶんしょう》の協力を得ながら、英仏と条約を結んだ。北京条約と通称される。都まで攻め込まれて結ぶことになった条約であるから、賠償金の増額など清側にとっては不本意な内容を含む。とはいえ、奕訢は英仏軍を北京から撤兵させ、中央政府の機能を維持するという難しい仕事をやり遂げたのである。それまでの交渉は実際の政治経験が豊富だったとはいえず、この時点の外交交渉でも、例えば仲介を装うロシアのイグナチエフに翻弄されるなど、失敗とみるべき点もあるかもしれない。しかし、この大役をはたしたことで、彼自身も経験を積み、とくに中央政府で対外交渉を取り仕切ることのできる最重要人物として外国人からも認められたことになる。

咸豊帝の死

さて、それでは熱河に逃れた咸豊帝はどうしていただろうか。それまで重臣として活躍していた粛《しゅく》順《じゅん》は熱河まで随行し、ますます咸豊帝の側近の地位を固めていた。北京にいるときから、粛順と結んで、怡親王《いしんのう》載垣《さいかん》、そして鄭親王《ていしんのう》端華《たんか》（粛順の兄）が大きな権勢をふるっていた。この三人はいずれも、皇帝の一族である。前に日記を紹介した翁心存にしても、じつは北京における粛順の権勢のもとで、政権から退かざるをえない状況に追い込まれていたのだった。

咸豊帝は病気をわずらっていた。今日でいう肺結核と考えられている。それでも皇帝は、毎日届けられる上奏文に目を通して、それぞれに指示を与えなくてはならない。一八六一年六月二十五日、咸豊帝が体調不良のため、ある政務を延期したいといってきたのに対し、載垣たちは、それに同意したうえで、「軍事報告や上奏文については、どうか陛下はゆっくり御覧になってください。たとえ一日か二日、我々に指示をくだすのが遅れても、仕事がたまるということはなく、お体は過労を避けられます」といたわった。

ここで引用した『上諭《じょうゆ》檔《とう》』という史料は、政権の中枢をになう軍機処が皇帝の命令文を整理したものである。七月二十九日には、上奏文を載垣らが受け取って、おそらく軍機大臣たちと一緒に読み、具体的な指示の原案をつくったという記事がある。さらに、八月三日、今日は載垣と端華が軍機大臣とともに上奏文を読み、明日は景寿《けいじゅ》(咸豊帝の姉の夫)と粛順が読むというように、輪番で担当するように命じられた。もちろん、軍機処が皇帝の意を受けて命令文を作成することは通常のことであったが、この措置により、すべての上奏文にまず載垣らが目を通し、「知道了」(了解した)というような簡単なコメントまで皇帝に提案するようになったことがわかる。

咸豊帝の男子は幼い載淳《さいじゅん》一人だけであったが、間近に迫る咸豊帝の死後にはどのように政権を支えるのかということが焦点となりつつあった。結局、咸豊帝は粛順たちに後事を託することにした。一八六一年八月二十一日の深夜、死期を悟った咸豊帝は近臣たちを寝室に集めて、載淳を皇太子とすることを述べた。加えて、載垣・端華・景寿・粛順、ほかに四人の軍機大臣に対し、心をつくして載淳を輔弼《ほひつ》し、一切の政務を「賛襄《さんじょう》」(補佐)せよと命じた。

この頃、はるか南方で太平天国との死闘を繰り広げていた曽国藩は、安徽省の安慶《あんけい》で右の遺言の上諭を受け取った。九月十四日のことである。伝達に二〇日以上も要しているのは、戦乱によって通信網が寸断されているためであろう。曽国藩は日記に「これほど多難の時、天下を統《す》べる皇帝が不在となった。ここに内外の臣下・人民は不幸にもこの大変事に直面することになった」と書きつけた。

朝廷の権力をめぐる闘争

こうして咸豊帝はなくなり、満五歳の載淳が皇帝に即位したが、政務を処理する具体的な方法が問題となる。臣下からの上奏文は、政務を賛襄する八人の王・大臣が受け取って、対応を指示する皇帝の命令文を作成することになったので、事実上、粛順らが皇帝の判断を代行したことになる。これは、咸豊帝の病気が重くなった時期の政務のあり方を継続した側面が強いといえるだろう。ただし、それだけでは、命令文の正当性が確認し難いことから、二つの印章を元の皇后と幼少の新皇帝がもっていて、それぞれ命令文の冒頭と末尾に押すという措置をとることにした。

咸豊帝の皇后は、鈕祜禄《ニオフル》氏であった。ただし皇后に男子はなく、載淳を生んだのは第二位の序列にある那拉《ナラ》氏であった。この二人は咸豊帝の死後には皇太后の地位におかれ、二つの印章によって、皇帝の命令文を正当化する役割を担うことになったのである(幼い皇帝が押すことになっていた印章は、事実上、母の那拉氏が管理していたと考えられる)。

このような二つの印章を押すという特殊な措置は、誰の考案によるものだったのか。それを明確に示す史料はない。しかし、その二つの印の文言が「御賞」「同道堂」であったことは、一つの示唆を与えてくれる。二つあわせると「皇帝は同道堂を愛《め》でる」という意味になる。

同道堂とは紫禁城の内廷(皇帝の居住区域)にある一つの建物である。故宮博物院の研究員であった朱《しゅ》家溍《かしん》が一九八〇年代の様子を記しているのによれば、咸豊帝がここで過ごしていた痕跡が残っており、「同道堂」と記した額も咸豊帝の御筆だという。さらに注目すべきことに、同道堂には、「襄贊壼儀《じょうさんこんぎ》」(后妃たちによる内助の功)と咸豊帝が記した額が掲げられていた。こうしてみると、同道堂と鈕祜禄氏・那拉氏とを結びつける暗号めいた意味づけを思いつくことのできる人物は咸豊帝だとみるのが、もっとも自然に思われる。むろん、皇太后たちも同道堂について愛着はあったのだろうが、二つの印を押す方式を皇太后たちが自ら発案して承認されたとは考えがたい。

これまで、この印の文言の意味について考察した学者はいないようだが、もし以上の推測が正しいとすれば、咸豊帝は死期が近づいたとき、幼い息子を粛順たちに補佐させるだけでなく、鈕祜禄氏・那拉氏の「襄賛」（賛襄と同じ）も期待したということになるだろう。

実際には二人の皇太后だけでは、粛順の一派に対抗しきれなかったかもしれない。しかし、北京には粛順に敵対する有力官僚たちがおり、また新帝の叔父にあたる恭親王奕訢は北京で困難な外交交渉を落着させたにもかかわらず、粛順らによって政権から排除されそうな形勢になっていた。恭親王は、弔問のため熱河に赴き、皇太后たちに会って対策を練った。

これに前後して、董元醇《とうげんじゅん》という中央政府の官僚が、上奏文を北京から熱河に送った。おそらく反粛順の一派の意向を受けたものと考えられる。そのなかではまず、「皇帝陛下は幼少であっても、皇太后が暫定的に朝廷の政務を代理で処理し、側近たちが関与できないようにする」ことを提案していた。このように皇太后が政務にあたることを、御簾《みす》を垂《た》れてそれを隔てて臣下に相対するという意味から、垂《すい》簾《れん》ないし垂簾聴政という。「わが清朝には皇太后が垂簾をおこなった先例はありませんが、情況から判断して、この便宜的な措置をとらざるをえないのです」。さらには、政務を賛襄している者たちに加えて、親王のなかから人選して、一緒に政策を担当させれば、権力の集中が避けられるとも建議した（『清代檔案史料叢編』第一輯による）。実質的には恭親王を政権中枢に加えよという趣旨にほかならない。この上奏文は粛順らの政権掌握を正面から批判するものであり、厳しい言葉で却下された。皇帝の命令は粛順らが作成しているのだから、これは予想できる結果だった。

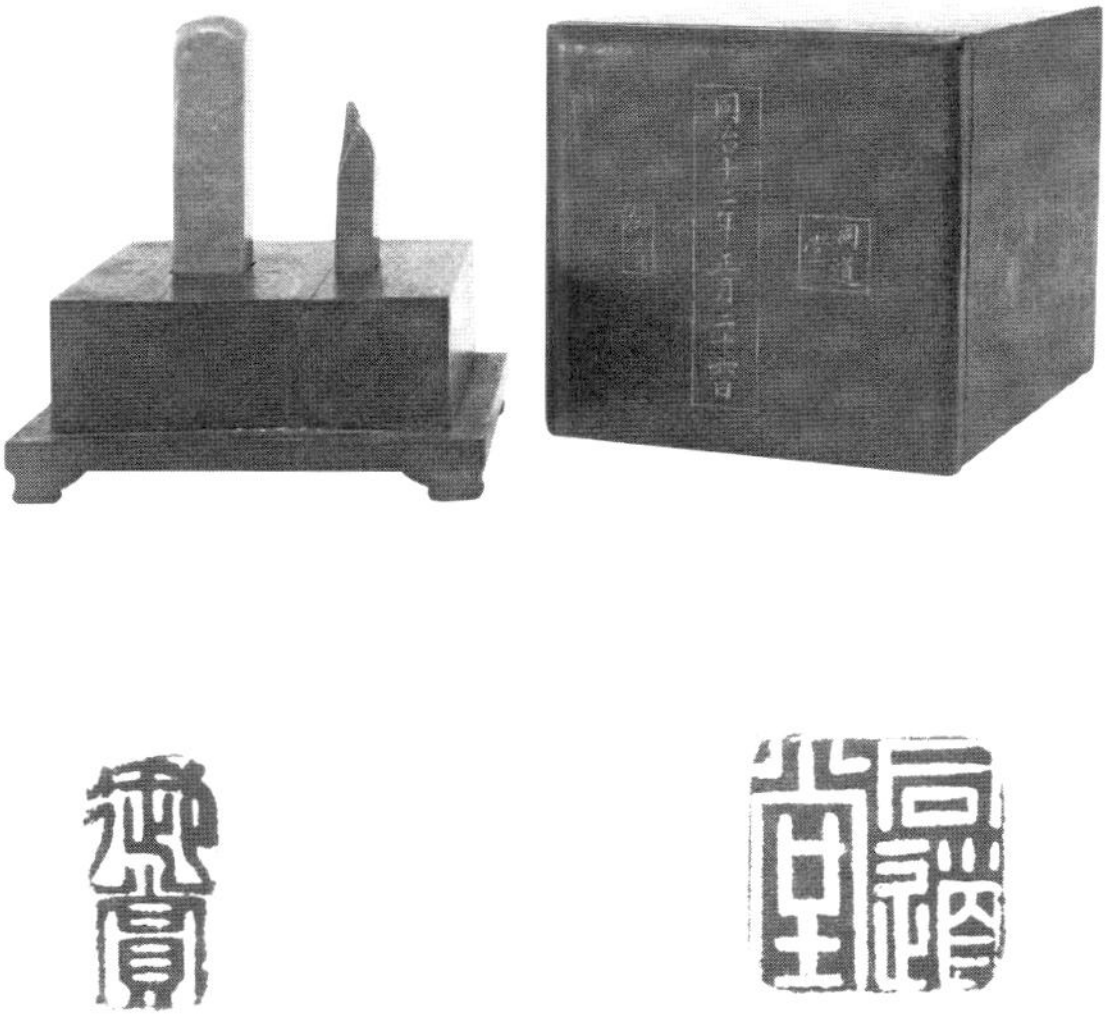

「御賞」「同道堂」の印章
咸豊帝が死去したのち，皇帝の命令文は大臣たちが作成することになったが，
それはこの二つの印が押されてはじめて有効とされた。
命令文の冒頭には元の皇后が「御賞」と押印し，
末尾には皇帝(実際にはその実母)が「同道堂」の印を押した。

政変起こる

おそらく、粛順の一派は油断していた。咸豊帝の遺体が北京に移されることになったおり、二人の皇太后は幼い皇帝をつれて一足早く北京に戻った。そして皇太后は、恭親王たちと協力して、政変を起こしたのである。

まず、あらかじめ準備してあった皇帝名義の命令文が発表された。粛順ら一派が咸豊帝の生前に不適切な政策をとったことを批判し、また董元醇の上奏文への対応を議論するときにも人臣のとるべき礼を欠き、皇帝の意思に背いて勝手に命令文を書き換えたというのである。こうして粛順たちは罷免され、そして皇太后がどのように垂簾をおこなうべきかについて、北京の主要官僚が意見を述べるように指示された。これをみると、当初はあまり有効とはみえなかった董元醇の上奏文が、じつは政変の重要な布石となったことがわかる。

続いて、粛順の一派は逮捕され、その処分が議論された。彼らの悪事の証拠として決定的な意味をもったのが、二人の皇太后の証言であった。

先帝が口頭で皇太子の指名をおこなったとき、彼ら〔載垣・端華・粛順〕は偽の命令を伝え、政務を賛襄するという名目をでっちあげました。それ以降、なにごとによらず陛下に伺うことなく自由勝手に振る舞い、私たち皇太后が口頭で指示しても、まったく従おうとしませんでした。御史《ぎょし》の董元醇がいくつか提案を上奏したときも、〔私たちは〕わざわざ載垣たちを呼び出して、その提案を採用するように指示したのに、彼らはいうことを聞かず、「私どもは皇帝陛下を賛襄しているので、皇太后様の命令には従えません」といってのけました。そして「私どもが皇太后様に上奏文をみていただくのも、要らぬことですね」とも述べました。その面会の場では吠えるかのような感じで、皇帝陛下を怯えさせるほどでした。彼らは怒りをあらわにしつつ袖をはらって退出しましたが、まったく君主をないがしろにすることばかりでした。面談のたびごとに「親王たちと面会されるのは駄目です」とあらかじめいってきて、つねにひそかに、〔恭親王と皇太后たちとの〕仲をさこうとしていました。

（『上諭檔』）

この話は、政変後に恭親王などが二人の皇太后に会って直接聞き取ったものである。粛順たちに対する皇太后の強烈な不満が感じられる。この証言では、粛順らが咸豊帝の命令を偽造して、政務を賛襄するという名目をつくり上げたとされている。この偽造説は信じがたいが、賛襄の内実をめぐって厳しい政治的対立があったことを反映している。

結局、載垣・端華・粛順は共謀して大逆を働いた罪に問われ、載垣・端華は自害を命じられ、粛順は斬首された。

新しい体制では、二人の皇太后が垂簾をおこなうことになった。かつての皇后であった鈕祜祿氏は「東太后」と呼ばれることがあり、これに対して新皇帝の生母にあたる那拉氏は「西太后」である。とくに、西太后のほうは政務を掌握する能力に秀でており、実質的には西太后が（実子である）幼少の皇帝を後見しつつ政権において大きな役割を担っていくことになる。また恭親王は、議政王という特別な地位を与えられ、また軍機大臣を兼務した。もちろん、対外関係を司る総理衙門《がもん》は恭親王が主導する組織である。

政務の処理はつぎのようにすることと定められた。上奏文は皇太后がまず目をとおした後、恭親王や軍機大臣たちの審議に委ねられる。その日のうちに恭親王・軍機大臣は皇太后のところに参上して相談したのち、皇帝名義の命令文をつくる。翌日、その文書を皇太后たちにみてもらった後で、しかるべきところに送る。こうして、恭親王たちと皇太后が協力して政権を運営することになった。

咸豊帝の死後まもなく新皇帝の元号は「祺祥《きしょう》」と定められていた。これは粛順の一派によって選ばれたことが政変後に嫌われて、新しく「同治《どうち》」に改められた。同治とは「ともに治める」という意味であり、明瞭な説明がなされたわけではないが、何となく垂簾の体制を示唆している感じがあっただろう。

政変によって粛順がいなくなり、翁心存も再び重臣に返り咲いた。一八六一年十二月十二日の日記には、まず皇帝に挨拶した後、皇太后たちに謁見した様子をつぎのように記している。

この日はお二人の皇太后が垂簾を開始して初めて大臣に面会した。恭親王は前に跪き、私がそれに続き、さらに宝佩珩《ほうはいこう》が続いた。御簾のなかのお言葉はとても低く、私は耳をどんなに澄ましても、ほとんどお答えすることができなかった。恭親王が伝言してくれるのに頼って何とか返答して退出したが、立ち上がる時も両手を床についてようやく立つことができた。老いを恥じるばかりで、陛下が幸いにもお咎めにならなかっただけだ。

西太后の時代へ

ここまで、一八六一年に起こった政変について述べてきた。使われなかった元号から「祺祥政変」と呼ばれたり、または、この年は辛酉《かのととり》にあたったので「辛酉政変《しんゆう》」と呼ばれたりする。この政変は、皇帝の代替わりにさいして起こった宮廷の権力闘争ではあっても、やはり清朝の政治を大きく規定した歴史的意味があると考えられる。

その理由としては、その後ほぼ半世紀近く続く西太后の権力の出発点をなすということをまずあげるべきだろう。もちろん、その半世紀のあいだにもさまざまな政情の変化があったが、この一八六一年の政変で不可欠な一翼を担ったことに示されるように、政局を読みきる高度な西太后の判断力は、その後も遺憾なく発揮されることになる。

ここでは、西太后の政治についての評価を全面的におこなうことはできないが、過去の論評が過度に西太后に否定的であったことの問題性だけは、簡単に指摘しておいたほうが良いだろう。西太后への批判は、おそらく女性が政務に関与することを望ましくないとする伝統的発想に由来していた。それは、本来、皇帝こそが政権を掌握すべきだという考え方とも結びついていた。しかし、例えば青年に達した皇帝が自由に政策を決定したほうが、西太后が関与するより望ましいと考えるのは、短絡的であろう。

また、西太后が自己の権力の維持に強い関心をもっていたことばかり批判するのも適切ではない。政治を担当する者にとって権力の維持は当然の関心事というべきだからである。むしろ西太后は権謀術数を駆使しつつ朝廷の体制を安定させようと努力していたとみることが可能であり、そのような中央政府の安定のもとでさまざまな漸進的な改革が進んでいった。もちろん、二十世紀初めの革命思想の立場からいえば、清朝の体制存続そのものが諸悪の根源とされるから、西太后が非難されるのも自然のなりゆきである。しかし、一八六一年に注目する本書の観点からは、そのような革命至上の見方に従うことはできない。

さて、「祺祥政変」のもつ歴史的意義としては、もう一点、恭親王の政権掌握に注目しなければならない。恭親王は、欧米諸国との交渉を担う総理衙門を立ち上げた。それまで清朝の中央政府には、欧米諸国との折衝をおもな任務とする官庁はなかったことを考えると、対外関係の大きな変更である。しかも、恭親王が交渉した北京条約によって、外国の公使たちが北京に駐在することも承認された。もしも粛順らが政権を掌握し続けたとしたら総理衙門がそのままのかたちで存続できたかどうかはわからない。少なくとも恭親王が政権中枢の人物となり、彼と気脈を通じた官僚たちが総理衙門を運営したことで、同治帝の時代において諸外国との関係を比較的順調に深めていくことができたということはできるだろう。

3　清朝の再建に向かって

上海の攻防

北京にいた翁心存は、ちょうど「祺祥政変」が落着したころ、悲痛な知らせを受け取った。彼の郷里である常熟《じょうじゅく》は、前年に太平軍に占領されていたが、交際のある呉一族も犠牲になったというのである。呉鴻綸《ごこうりん》が翁心存の息子たちに宛てた書簡によれば、呉氏は常熟が陥落した際に二十数人が殺害され、「今や上海も危ない」という(一八六一年十一月十六日の日記)。このように、一八六〇年から六一年にかけて、太平軍は江南地域においておおいに勢力を拡大していた。

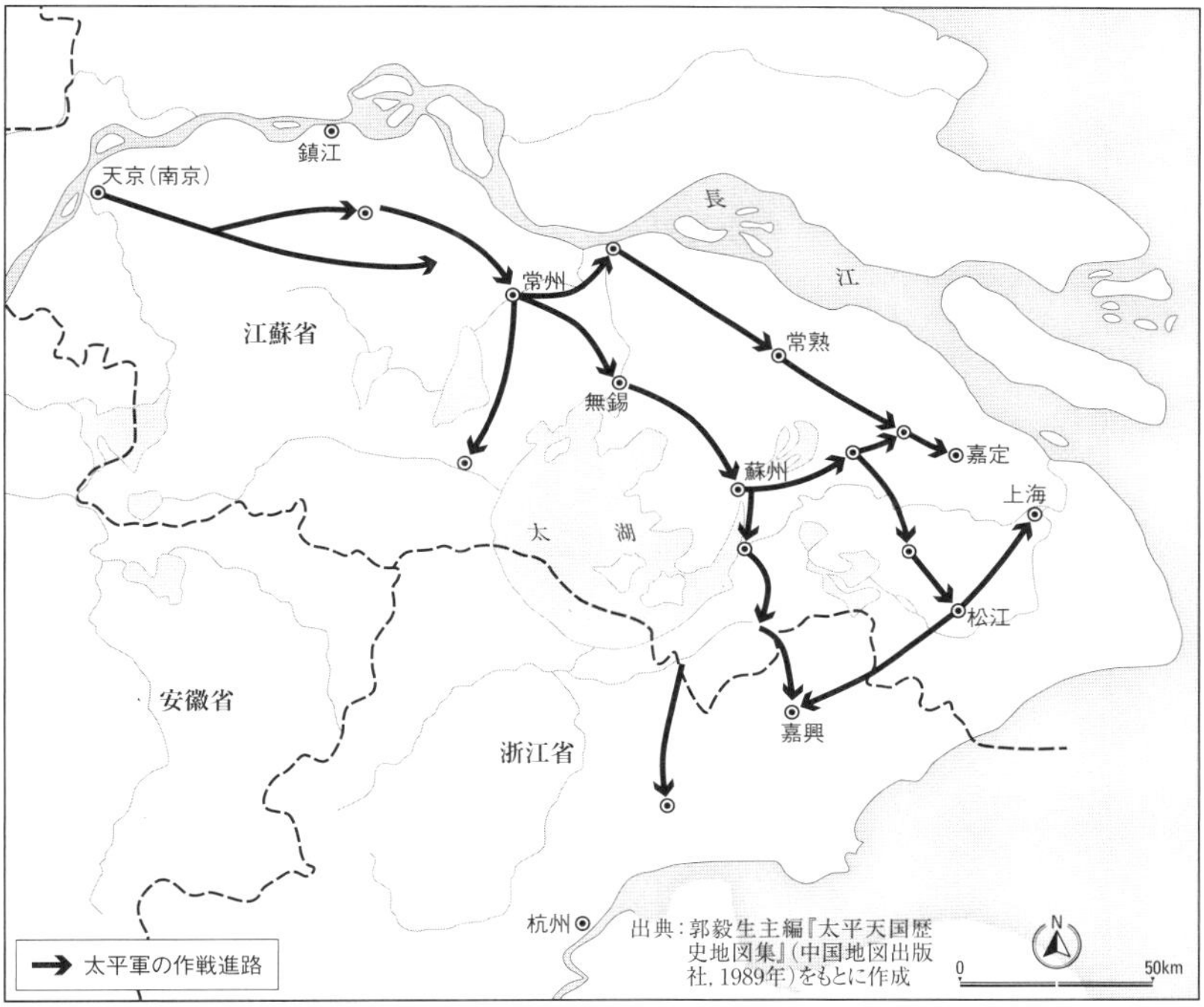

太平天国後期の江南での軍事作戦
李秀成らは，1860年に江南地域で作戦を展開し，上海に迫っていった。
これは上海に利害関係を有するイギリスなどを刺激した。

ウィリアム・サンダーズ「上海バンド」
上海に居を構えて活動した写真家ウィリアム・サンダーズが1870年頃に撮影。この写真は，太平軍に攻撃された時期より10年ほど後のものだが，黄浦江にそった通りであるバンドの様子をよく示している。
福岡アジア美術館所蔵

一八六〇年、李秀成の率いる太平軍が無錫《むしゃく》や蘇州を占領すると、つぎは上海の攻防が焦点となった。上海は一八四二年の南京条約に基づいて開港され、貿易港として急速に発展を遂げていた。外国人の居留区域が設定され、イギリスなどにとっても多くの利権が集まっていたし、清朝財政にとって上海での貿易から得られる関税収入は重要なものとなりつつあった。とすれば、太平天国にとっては、もし上海を獲得すれば戦局を有利に転換できる可能性があった。

イギリス・フランスなど諸国は、清朝と太平天国との戦いに対しては、局外中立の立場をとることを原則としていた。とはいえ、上海が太平軍に占領されることで、貿易に混乱をもたらしかねないことも恐れていた。上海に駐屯する清軍があまり頼りにならないとすれば、どうしたらよいか。イギリスの公使や領事、軍の司令官にとって、悩ましい課題となった。しかも、第二次アヘン戦争が進行するなかで、英仏と清とは敵対しているはずの状況にあった。

ついに一八六〇年八月、李秀成は上海を攻撃したが、イギリス軍・フランス軍によって撃退された。李秀成は、イギリス領事などに対して、その姿勢を責める書簡を送った。同じキリスト教を奉じるにもかかわらず友好関係を破棄したことを非難したうえで、今後は態度を改めることを求めたのである。

たしかに、イギリス側の姿勢は、わかりにくいものであった。同じ八月、天津に近い太沽《ターク―》砲台を守る清軍を英仏軍が攻めて占領するという戦いが進んでいた。これに対し、上海の英仏軍はむしろ清朝側に有利な軍事作戦をとっていたからである。

その後も上海の危機は続いた。一八六二年、幕府の貿易船である千歳丸《せんざいまる》が長崎から上海に赴いた。この一行に加わっていた長州の高杉晋作《たかすぎしんさく》は、上海の繁華と外国人の優勢から強い印象を受けつつ、日記に「払暁《ふつぎょう》、小銃の声、陸上に轟《とどろ》く。皆いわく、これ長毛賊《ちょうもうぞく》と支那人と戦う音なるべし。予すなわちおもえらく、この言《げん》まことなるは実戦を見ることを得《う》べし。心ひそかに悦《よろこ》ぶ」と記している(表記を読みやすく変更した)。長毛賊とは、辮髪をやめた太平軍を指している。軍事に関心を寄せる彼にとっては、戦争の実態を観察することを期待していたのであろう。

ウォードの登場

フィリバスターという英語がある。私兵を率いて外国での軍事行動に従事する者のことである。しばしば内乱に介入するかたちで軍事力を用い、一時的に政治権力を掌握したこともある。もっとも典型的なフィリバスターとされるのは、ウィリアム・ウォーカーというアメリカ人である。メキシコでの活動をへて、一八五五年、ウォーカーは中米ニカラグアの内戦に介入し、その後、実権を掌握して同国の大統領にまでなった。ニカラグアを追放された後、今度はホンジュラスで軍事作戦を展開して失敗し、一八六〇年に処刑された。

必ずしもフィリバスターには分類されていないが、イタリア統一の英雄として有名なジュゼッペ・ガリバルディも、若き日にはフィリバスターに似た行動を示している。彼は、ブラジル南部やウルグアイにおいて、兵を率いて領土紛争に加わっていた。ガリバルディがイタリア統一の時、赤シャツ隊の指導者として大きな役割をはたすことができたのは、私兵の統率者という経験の集大成であったとみることもできる。

清朝に仕えて常勝軍を率いたフレデリック・ウォードも、フィリバスターの一人といってよいだろう。太平天国を支持するリンドレーは、ウォードのことをフィリバスターと呼んで罵倒している。しかし、もしリンドレーが自分で述べるように太平天国のために兵を率いて戦ったというのが事実ならば、リンドレー自身もフィリバスターと似た存在だといってよい。

ウォードは、一八三一年、アメリカ北東部マサチューセッツ州セイラムに生まれた。十九世紀初めのセイラムは東洋貿易の拠点であったから、ウォードが中国に関心をもったのも自然の勢いであったかもしれない。ただし、セイラム出身の文豪ナサニエル・ホーソーンが『緋文字《ひもんじ》』(一八五〇年)の序章にあたる「税関」で風刺的に描写しているように、十九世紀半ばにいたると、貿易の繁栄はすでに過去のものとなっていた。

ウォードは海外での軍事的冒険にあこがれていたようである。正確なことはわからないが、ウォードは中南米におけるウォーカーやガリバルディの活動にも参加したり、クリミア戦争でフランス軍の士官を務めたりしたという話もある。ウォードが自称するフィリバスター風の経歴に多くの誇張や虚偽が含まれているとしても、軍事作戦を指揮する経験を海外のどこかで積んだことは、ほぼ間違いないだろう。

ウォードは、一八五九年に上海にやってきたとき、太平軍側に参加したいという考えをもっていたら

フレデリック・ウォード
ウォードはフロックコートやチュニックを好んで着ていたという。この写真の服は後者であろう。日本の男子学生服やのちの中国の中山服に似た服である。

しい。しかし、太平軍側と連絡をとるすべがないまま、上海の商人たちが用心棒として雇った汽船で働きはじめた。

その後、ウォードは上海の有力商人である楊坊《ようぼう》から軍事作戦を請け負うことになり、松江《しょうこう》を太平天国から取り戻せたら報酬を与えるという約束をした。そこで、外国人の水夫など雑多な兵力を集めて松江を攻撃した。ひとたびは失敗しながらも、マニラからきた者(今日でいうフィリピン人)を集め、士官としてアメリカ人のフォレスタおよびバージェヴィンを雇って再び攻めたところ、一八六〇年七月、松江を獲得することができた。

当時、上海の近辺まで太平天国の勢力下にあったなか、松江を奪い返したことは、ウォードの傭兵隊に対する期待をやや高め、楊坊らによる支援が続けられた。しかし、アメリカ領事館は、中立性の違反となることを嫌い、またイギリス軍としては水兵が冒険へのあこがれや略奪による一攫千金への夢から脱走してウォードの配下となることが許せなかった。こうして、一八六一年五月、イギリス海軍の在華司令官ホープ少将はウォードを逮捕したが、ウォードは清朝に帰化したと主張し、まもなく逃亡した。

ウォードは、やはり楊坊の後援のもと、自軍を立て直そうとした。これまでの方針を改めて、今度は中国人を雇って外国人のもとで訓練を施すのを主力とした(マニラの人々は、引き続き雇用した)。

ウォードにとって幸いなことに、イギリス軍の態度は変化していった。その背景には、北京において恭親王がイギリス・フランスと交渉し、関係を修復したことがある。しだいにイギリス側は、実質的に清朝に肩入れして太平天国に敵対する姿勢を強めていった。一八六一年は、ウォードにとっても大きな転機となったといえるだろう。

一八六二年、ウォードの軍隊は、清朝側から常勝軍《じょうしょうぐん》と名づけられて、清朝地方官の監督のもと、楊坊とウォードが指揮するという位置づけが正式になされた。こうして、ウォードは上海近辺や浙江省で太平軍と戦いを続けたが、総じて一進一退といった戦況であった。六二年九月、寧波府に属する慈渓《じけい》の攻城戦でウォードは太平軍から銃撃され、死去した。

李鴻章は、ウォードの勇敢な戦いぶりを朝廷に報告し、「中国の臣民」になったことを踏まえて、彼を中国の服装にして松江に葬ることとした。また李鴻章の提案に基づき、寧波と松江の二カ所にウォードを記念する祠《ほこら》を設けて「忠魂を慰める」ことも朝廷から許可された。

ウォードの訃報は、アメリカ公使バーリンゲイムによってワシントンにも報告されたが、アメリカ本国では特段の話題となった形跡はない。当時のアメリカは南北戦争のさなかであり、リンカン大統領がウォードのことを気にかけるはずもなかろう。とはいえウォードは、南北戦争に加わるのではなく、常勝軍を率いて太平軍と戦ったがために、歴史に名前を残したという見方もできるのである。

バーリンゲイムはウォードが合衆国への忠誠を失っていなかったと本国宛てに述べているが、清朝の側では自国に帰化しただけでなく生命を捧げてくれた軍人として扱った。ウォードの忠誠心が実際にどのようなものだったのかを明確にするのは難しい。

ウォードの死後、李鴻章によって常勝軍の指揮を任されたのは、ウォードの副官だったバージェヴィンである。しかし、バージェヴィンは李鴻章と対立して、あろうことか太平軍に亡命してしまった。このように、欧米出身のフィルバスター風の人物が清軍と太平軍のあいだを移動する事例はほかにも多少みられる。

ウォードが清軍、リンドレーが太平軍についたのは、はじめは偶然のなりゆきであったかもしれないが、その後、それぞれ自分の活躍の場を与えてくれた陣営に帰属意識をもったのは自然なことのように思われる。しかし、他の冒険者風の外国人のなかには、待遇が悪いなどの理由で他の陣営に鞍替えしようとする者もまた存在したのである。

李鴻章としては、バージェヴィンの例に懲りたのか、英国軍人を出向させてもらうようにイギリス当局に頼み込んだ。こうして、英国陸軍のゴードンが常勝軍を指揮することになる。

外国からの兵器の導入

かつてアヘン戦争においてイギリス軍が活用した兵器は、大きな威力を発揮した。イギリス軍の大砲は、相当正確に清朝側の標的を攻撃することができたし、インドの技術を改良したコングリーヴ・ロケットは燃えやすいジャンク船を狙った。ただし、イギリス軍はたんに兵器の優越のみで清軍を圧倒したわけではなく、清朝側の軍備や戦場の地形的特徴に対する的確な認識に基づいて作戦を立てたということにも注目する必要がある。

例えば銅版画で有名なネメシス号をはじめとする汽船という新兵器も、地勢にあわせた作戦の必要に応じて投入されたのである。広東の珠江《しゅこう》三角洲での戦いでは、風が無くとも汽船を使って主力艦(帆船)を曳いて動かすことができた。長江を遡って大運河の入り口を押さえるという軍事作戦は、清朝を屈服させる決定打となったが、これも汽船がなければ不可能だったであろう。これに対し、例えば十九世紀前半の最大の海戦というべきトラファルガー沖の戦い(一八〇五年)では、英仏軍ともに何十門もの大砲を備えた帆船が主役となっており、それは広々とした大洋で艦隊が会戦して雌雄を決するという状況ゆえのことであった。アヘン戦争では清朝は海沿いや河口付近の拠点を砲台と軍船で防衛するのを基本戦略としたので、大型帆船だけではイギリス軍による攻撃は困難であったと思われる。イギリス軍は、すでに第一次ビルマ戦争(一八二四〜二六年)で、汽船でイラワジ河(エーヤワディー河)を遡る作戦を展開したことがあり、このような経験の積み重ねも大きな意味をもっていた。

さて、アヘン戦争は、清朝の官僚たちに軍事への関心をいだかせるきっかけとは必ずしもならなかった。むろん、魏源《ぎげん》など西洋の軍事技術の研究を進めた者もいたが、概して危機意識は希薄であった。清朝の朝廷でも、敗戦によってイギリス側に多少の譲歩を迫られたという認識にとどまり、体制の危機を感じる者はほとんどいなかったようである。そもそもこの時期のイギリスの基本的な意図も貿易の推進にあって、清朝の政治体制を転覆する企図などもっていなかったのだから、清朝の為政者たちの多くがイギリスとの条約に大した脅威を感じなかったのは、不思議ではない。幕末日本の薩摩・長州のように、対外政策を契機として権力奪取を狙う勢力も、清の国内には存在していなかった。

南京条約の締結から十年もたたないうちに、太平天国の反乱が起こった。ただし、初期の太平天国は、旧来の銃砲や船しかもっておらず、これと戦う湘軍の装備も似たようなものですんでいた。ところが、一八六〇年頃になると状況が変わってくる。すでに述べたように太平軍は李秀成の指揮のもとに江南地域で攻勢に出て上海に迫った。太平天国側は、リンドレーのような冒険的西洋人を利用し、上海などを通じて外国の武器を入手するようになった。

一八六二年十月、イギリス海軍のホープ司令官は本国への報告のなかで、あるアメリカの会社が武器・弾薬を太平天国に密輸している現状について述べている。上海の近くで密輸に従事したかどでとらえた船を捜査したところ、過去の取引を記した手帳が見つかった。そこには、二七八三丁のマスケット銃、三一一万三三五〇〇個の雷管など、大量の火器・弾薬類が記されていた。また、李秀成の部下が発行した通行許可証も発見された(イギリス議会文書による)。

外国製の武器といっても、最新式のものとは限らない。むしろ、欧米で時代遅れとなって処分された銃砲が上海などに売られてきたと考えられる。しかし、清朝では十八世紀後半以降の平和のなかで銃砲技術の進歩は停滞しており、やや型落ちの欧米の銃砲であっても、従来の兵器よりも優れているとみなされたのである。おりしも、十九世紀には、雷管の利用による点火法、銃身・砲身の弾の通り道に螺旋《らせん》状の溝をほるライフル方式、弾を先込めから後込めに変えて連射を容易にした火器など、新しい銃砲技術がつぎつぎと登場し、欧米では兵器のモデル・チェンジが進んでいったので、型落ちの銃砲が放出される機会も多かったと考えられる。

右にあげたアメリカの会社の事例にみえるマスケット銃は、欧米では新式のエンフィールド銃などに置き換えられて不要とされたものであろう。このような中古兵器の市場規模についてわかっていることは少ないが、幕末の日本に多く輸入された銃砲も同様の由来をもっていると考えて良い。

外国製兵器に注目する李鴻章

一八六一年、北京で「祺祥政変」が起こっているとき、曽国藩は、長江に臨む安徽省安慶を拠点として、太平軍と対峙しようとしていた。彼は、江蘇・安徽・江西の三省を管轄する両江総督の地位にあったが、その本来の任地である南京は、依然として太平天国の都の天京とされていた。曽国藩の一つの懸念は、朝廷の権力の動向にあったと推測されるが、この点について彼が力を発揮できる余地はなかった。むしろ、彼を悩ましていたのは、湘軍が当初の清新な気風を失って戦意を欠きつつあるような気がしていたことである。また、多年の募集のあとなので、良質な人材をさらに湖南省から採用するのも難しくなっていた。

既存の清軍も頼りなかった。このころ上海城を守っていた清軍の状況を、一八六二年に高杉晋作が観察している。

その兵法をみるに、戚南塘《せきなんとう》〔明代の戚継光〕の兵法に似て非なる者なり。銃隊は金鼓《かねつづみ》を以て令《れい》となし、あやつりて引き、あやつりて進ましむるをなす。その余は変化なし。銃砲はことごとく中国制にして、はなはだ精巧ならず。兵法と器械とみな西洋たるなく、ただ陣屋は西洋を用う。

江南地域の郷紳たちは、地元が太平軍に占領されたことから、多数が上海に逃亡していた。上海防備に不安を感じていた江南の有志たちは、太平軍が迫るという危機に直面して、曽国藩に援軍を求めてきた。そこで、曽国藩は安徽省において新たな軍事力を編成して上海に派遣することを構想した。これが淮軍《わいぐん》であり、曽国藩はその仕事を安徽省出身の幕僚であった李鴻章《りこうしょう》に担当させた。李鴻章は、科挙合格をへて進士となり、高級官僚の予備軍となった経歴をもつ。しかし、非常事態ゆえに、安徽省で太平軍対策にあたるように命じられていたのである。

一八六二年、上海で雇われたイギリス船は安慶で淮軍を乗せて長江をくだり、上海に戻った。途中、長江に臨む天京のわきを通ったが、太平軍はイギリス船に手出しをしようとはなかった。こうして淮軍を率いて上海にきた李鴻章は、上海の郊外に駐屯した。

李鴻章はイギリス軍・フランス軍や常勝軍がもつ新式の兵器に強い印象を受けた。李鴻章はその導入を急務と考えたが、曽国藩はそれをなかなか理解しようとしなかった。この点について歴史家の羅爾綱が論じているので、その成果に拠りながら、両者の観点について考えてみよう。

外国軍と協力して太平軍と戦いながら、李鴻章は曽国藩宛ての手紙(一八六二年四月三十日)で驚きを語った。「〔我々は〕日々、南翔《なんしょう》から嘉定《かてい》へと進軍しています。外国兵は数千人で、銃と大砲をともに用いて向かうところ敵なしです。地面に落ちて爆発する弾は、まことに神業です」。砲弾に火薬をつめ、落下と同時に爆発するような榴弾《りゅうだん》は、ヨーロッパの砲兵隊にとっては不可欠のものとなっていたが、清軍にはまだ知られていなかったのである。

しばらくののち、李鴻章は曽国藩に対して兵器の導入を提案している(一八六二年九月八日の書簡)。ウォードの戦いぶりは、まことに勇猛であり、外国人の優れた兵器も彼はすべて持っています。近頃私は全力で彼を籠絡しようとしていますが、一人の心をとらえることで各国との好みを通じたいのです。ウォードはわれわれのために外国の金物職人に頼んで爆裂する弾をつくらせたり、外国製の銃を購入してくれたりするのを承知しました。もし一つでも二つでも外国の長所を習得するならば、軍事と通商の大勢にとって少しは有益でしょう。貴殿はどのようにお考えになりますか。

しかし、曽国藩は李鴻章に宛てた書簡(一八六三年一月二十日)で、新式兵器の導入に対して消極的な態度を示した。

私はかねてから、用兵で大切なのは人であって武器ではないだろうと思っています。逆賊李秀成が南京の清軍陣営を攻めたときも榴弾を撃ってきたので、やはり西洋人を賊軍のなかに雇っているのでしょうが、官軍はその弾に震え驚くことはありませんでした。〔南京の太平軍と対峙する〕弟の曽《そう》国荃《こくせん》も対抗して榴弾で押さえこもうとしたのですが、敵方もそれで大して動揺することはなかったのです。

ここには、太平軍に参加して新式の大砲を用いる西洋人の存在が指摘されているものの、その威力に対する曽国藩の評価は低い。

李鴻章はそれでもなお曽国藩への説得をやめなかった（一八六三年二月二日の書簡）。

用兵で大切なのは人であって武器ではないというのは、もちろん正しい御指摘です。私はかつてイギリスとフランスの提督の軍艦に行ってみたところ、その大砲や砲弾は精巧であり、機器は立派で隊列が整っていて、まことに中国のおよばないところと思いました。彼らの陸軍には長所はないとはいえ、城や陣営を攻撃するときにいつも使う火器は中国には存在しないものであって、浮き橋・雲梯《うんてい》（城壁を乗り越えるための梯子《はしご》）・砲台にしても、そのつくり方・使い方のうまさが特別にあって、やはりみたこともないものです。ただ〔外国兵は〕野営のテント暮らしができず、さらには敵を目の前にすると慎重すぎて剛胆さに欠けます。これは中国の良い兵士にはおよびません。逆賊李秀成が西洋人を雇っていたのは、じつは無頼の徒にすぎず、本物の榴弾を買い求めることはできなかったはずです。南京や竜游《りゅうゆう》の作戦で使われた榴弾もたぶん良質なものでなかったのでしょう。外国の領事たちによれば、英仏両国の君主は榴弾や大砲が中国に輸入されるのを禁じたとのことです。イギリス領事は以前に私と常勝軍について議論したときに、イギリスは人員を派遣して指揮に加わらせることはしないので、たとえ外国の火器を持って帰ったとして常勝軍は使いこなせないだろうといっていました。しかしそもそも常勝軍が一応の戦功を立てたのは、ただ何門かの砲火に頼ってのことであり、ホープやウォードがかき集めてつくった軍であってその兵士たちは決して精強ではありません。常熟で〔清側に〕降伏した賊も〔太平軍に攻められて〕つぎつぎに上海に救援を求めていますが、外国兵数百人と榴弾砲数門を寄こしてほしい、そうすれば敵は包囲をといて立ち去るだろうというのです。賊も榴弾砲と聞くとただ震え上がるということです。私としても〔外国の〕よこしまな教えを尊んで、われわれに役立つというつもりはありません。ただ中国の兵器が外国よりはるかに劣るのを心より恥じるのみで、日々将士たちに訓戒し、恥を忍んで虚心な姿勢で西洋人の一つ二つの秘方を習得し、さらに改良を加えれば、西洋人と戦うこともできるでしょう。

以上のやりとりには、軍隊の精神的なまとまりを重視する曽国藩と、現実的な軍事技術に注目する李鴻章の相違がよく示されているようにもみえるが、とくに上海付近の戦闘では外国から輸入された兵器が多く用いられる傾向があったという地域差が関係しているかもしれない。いずれにしても、李鴻章は欧米の兵器の優秀さを高く評価しており、その導入に強い関心をもっていたのである。

淮軍は湘軍を模倣して編成されたので、両者の類似点は多いが、大きく異なるのは淮軍が洋式の火器を標準装備としたことである。そして、訓練も外国人を雇って兵器の管理と使用について兵士に教育を施した。これは、じつのところウォードの常勝軍を参考にしたものであった。

李鴻章は、太平天国の鎮圧後も、兵器や艦船の装備に対して強い意欲を示すことになる。とくに、この十九世紀の後半は、つぎつぎと兵器の技術革新が進む時代であった。型落ちの武器は安価に購入することができたし、また新技術を追いかけるようにして導入して清朝みずから国内製造をめざす動きも本格化した。

ただし、曽国藩の問題意識、つまり軍隊はある種の理念によって一致団結してこそ規律ある戦いをすることができるはずだという考え方は、必ずしも旧弊にとらわれたものといえない。二十世紀初め、湖南省から日本の陸軍士官学校に留学した経験のある蔡鍔《さいがく》は、あらためて曽国藩の主張を参照しながら、軍隊の組織について考察しようとした。もちろんその際に課題となったのが、国民意識の涵養による近代軍の組織化である。

李秀成の遺言、リンドレーの分析

先に述べたように、一八六四年、天京は陥落し、逃亡しようとした李秀成はとらえられた。李秀成は、その供述書のなかで、太平天国の由来と自身の戦歴について述べたあと、これからは太平軍の残党に対して投降するように勧めたいと曽国藩に提案している。

さらには、清朝の軍備に対しても、意見を述べている。

いまやわが太平天国のことは片がついたので、もうお力を費やすこともないでしょう。外国からの防衛のほうが肝心です。これは本当の話です。今まだ彼らが動かないうちに、貴殿は速やかに計画を立て、まず広東に行って密かに彼らの大砲を多く買ってきてください。大砲を買ったら、その火薬や砲弾も多く蓄えてください。そして要害の地で防衛するのです。砲座は大きいことが必要で、外国の砲架を買うべきです。大砲があっても砲架がなければ駄目です。

ここでいう外国の砲架とは、回転してさまざまな方角に照準を合わせられるような仕組みをもったものであろう。李秀成は、このように外国製品を買うだけでなく、それを自分たちで模造すべきだとも提言している。

李秀成の供述書は「いまとらわれの身となったのは、天意による結果でないとしたら、前世の因縁かもしれません。天下には何人もの英雄・才人がいるにもかかわらず、どうして私以外はこのことをおこなわなかったのか、じつに私にはわかりません。もしわかれば」という言葉で終わっている。何となく宙に浮いた終わり方なので、さまざまな解釈がなされてきたが、たんに供述書の最後の一頁が破れて今日に伝わらなかっただけだと考えておきたい。

一八六四年八月六日、曽国藩は、李秀成の供述書を読み、自ら尋問をおこなった。その翌日に李秀成は処刑された。曽国藩は、数日かけて李秀成の供述書について文字の修正を進め(これは一種の改竄である)、清書・製本して北京の軍機処に送った。供述書の原本は、曽国藩の子孫のもとに残されて、今日まで伝わっている。

李秀成を英雄視するリンドレーは、イギリスに帰国した。自分の体験をもとに、脚色の多い冒険譚も加えつつまとめると同時に、イギリス議会文書や英字紙の報道を集めて太平天国の立場を弁護する著作を著した。『太平天国――著者の個人的冒険譚を含めた太平革命の歴史』(一八六六年)という二冊本である。これは強い政治的主張を込めた著作である。

リンドレーによれば、太平天国こそがキリスト教精神に基づき、外国に対して開かれた交易を進めることができる政権であったのに、イギリスは腐敗した清朝に味方して内戦に介入し、太平天国の没落を

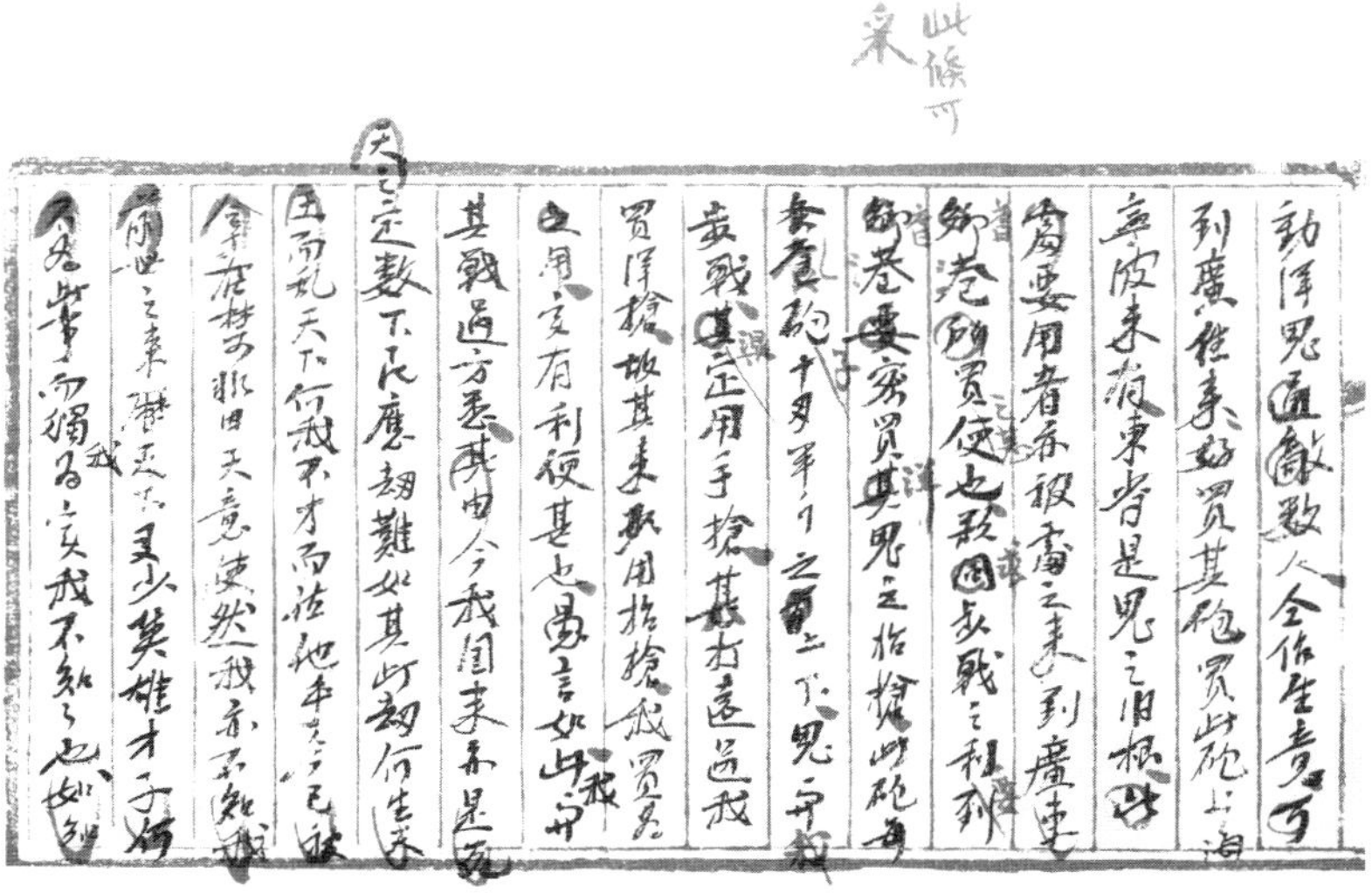

李秀成の供述書
李秀成が獄中で自ら記したと考えられている。
これに対して，おそらく曽国藩が朱筆で字句を修正したり，
ときに改竄を加えたりしている。
また「この項目は採用すべきだ」と上のほうに付記したのも，
曽国藩であろう。

促したというのである。

リンドレーの著作の最後の章は、国際情勢の分析にあてられている。そのなかでは、イギリスのアジア政策の失策を批判しつつ、ロシアが中央アジアを掌握してインド方面に勢力を伸ばしてくることに警鐘を鳴らすのである。

英国の意思にかかわらず、ロシア〔のインド方面への南下〕をとどめることはできない。でも、もしかりに英国が太平天国を滅亡させていなかったとしたら、太平天国がアジアの大国となって、英国の力強い友人・仲間となっていたかもしれないのだ。英国は身勝手で不正、そして短慮の政策をとり、アジアに巨大なキリスト教帝国が建てられるのを手助けするという、栄光ある機会を失った。この方針は、つぎの理由からいっそう軽率だったといえる。もし英国が太平天国を援助していたら、ロシアが東洋に絶え間なく蚕食してくるのに対抗するような均衡をつくり出せたし、英領インドの隣に強力な友好国を生み出すことができたからである。

これはリンドレーの夢想にすぎない。現実にイギリスが採用したのは、清朝政権の安定のもとで貿易が順調に進むようにする穏便策であった。清朝においても、恭親王が中心となった総理衙門、総税務司としてイギリス人ロバート・ハートを雇用した海関《かいかん》といった新設の機構が、対外的な関係を構築していった。また、曽国藩や李鴻章は捻軍《ねんぐん》など引き続く反乱の鎮圧に努めながら、地方の大官として秩序の回復をはかった。

いずれにしても、以上のような過程をへて、清朝は一八六一年前後の危機を乗り越えて、体制を再建することに相当程度に成功したといってよいだろう。それを前提として、一八八〇年代には、清朝は朝鮮の政情に介入し、日本と対立していくことになるが、この点からも、むしろ意欲的に近隣へと勢力を拡張しようとする清朝の姿勢を見て取ることができるだろう。

日清戦争で清軍の主力をなしたのは、李鴻章が育てた淮軍と北洋艦隊であった。その戦争に敗北することで、康有為《こうゆうい》などの体制改革案が出されるとともに、軍隊の再編も課題とされるにいたるのである。

二章　岐路に立つタンズィマート

佐々木　紳

1　ミドハト・パシャとその時代

近世から近代へ

とある人事が、この国の転換期を画そうとしている。一八六一年二月、オスマン帝国の首都イスタンブルで発行されていた新聞の第一面に、つぎのような記事が掲載された。

ニシュ州総督、幸いなるオスマン・パシャ閣下の辞任が出来《しゅったい》したため、前の高等法制審議会《メジュリスィ・ヴァーラー》首席書記官ミドハト・エフェンディ閣下を、前述の州総督職ならびに二等官宰相《ヴェズィール》位に叙任する。

（『ジェリーデイ・ハヴァーディス』第七十一号）

ここにみえる「ニシュ州」とは、当時、オスマン領バルカンの一角をなしていた行政州の一つである。現在のセルビア南東部の町ニシュ(セルビア語でニーシュ)を首邑としたため、州名にもこの町の名が冠された。「高等法制審議会」とは、三八年に設置された国政諮問会議のことである。立法、行政、司法を統轄する同審議会は、その翌年から始まるオスマン帝国の近代化改革「タンズィマート」(トルコ語で「再編」「立て直し」の意)の指令中枢となった。そして、この時ニシュ州総督に任命された「ミドハト・エフェンディ」とは、これを契機に一躍タンズィマートの最前線に立ち、七六年にいわゆる「ミドハト憲法」を制定してオスマン憲政の樹立に貢献した改革派の官僚にして政治家、アフメト・シェフィク・ミドハト・パシャ(一八二二〜八四)にほかならない。

本章では、オスマン帝国にとっての「歴史の転換期」として「一八六一年」を考えるにあたり、ミドハト・パシャのニシュ州総督就任に注目する。それにしても、なぜ、この人事がオスマン帝国史上の転換期を画するできごとといえるのか。この疑問に答えるには、当時のオスマン帝国が時代の大きな転機にさしかかっていたこと、その転機のなかでも「一八六一年」がタンズィマートの岐路にあたっていたことを説明しなければならない。

アフメト・シェフィク・ミドハト・パシャ

西暦一三〇〇年前後に西北アナトリアで成立したオスマン侯国は、十五世紀後半の君主メフメト二世の時代に地中海世界屈指の地域大国に成長した。続く十六世紀には、英主スレイマン一世のもと、アジア、アフリカ、ヨーロッパの三大陸にまたがる一大帝国となり、「黄金期」を迎えた。だが、その後のオスマン帝国は、一般に衰勢に向かったとされる。

たしかに、「黄金期」に続く十七世紀から十八世紀にかけて、すなわち「近世」のオスマン帝国では、君主の廃立や近衛常備歩兵軍団イェニチェリの反乱があいついだ。ヨーロッパ諸国との戦争でも守勢にまわる場面が増え、領土も縮小した。中央政府の求心力は低下し、地方社会では十八世紀以降、アーヤーンと呼ばれる地方名士層が台頭する。これらは、いずれもオスマン帝国の「停滞」や「衰退」や「没落」を証し立てているかのようである。

ところが近年、こうした「衰退史観」を批判し、オスマン近世の実相を再検討しようとする研究が進みつつある。例えば、オスマン近世史研究者のバーキー・テズジャンは、この時期に生じた君主の廃立や反乱を、絶対君主化したスルタンをウラマー(イスラーム法学者)やイェニチェリが掣肘しようとする政治プロセスの極点で生じたできごとと解釈する。つまり、ちょうど同じ頃革命と復古に揺れていたイギリス近世がそうであったように、オスマン近世でも「絶対主義」と「立憲主義」がせめぎ合っていた、というのである。

このせめぎ合いの構図は、例えば十八世紀末に即位したセリム三世の廃位事件にもみてとれる。セリム三世は、「ニザーム・ジェディート」(トルコ語で「新体制」「新秩序」の意)と呼ばれる軍制・行財政改革に着手したことで、一般にはオスマン帝国における近代化改革の先駆者と評される。ところが、この

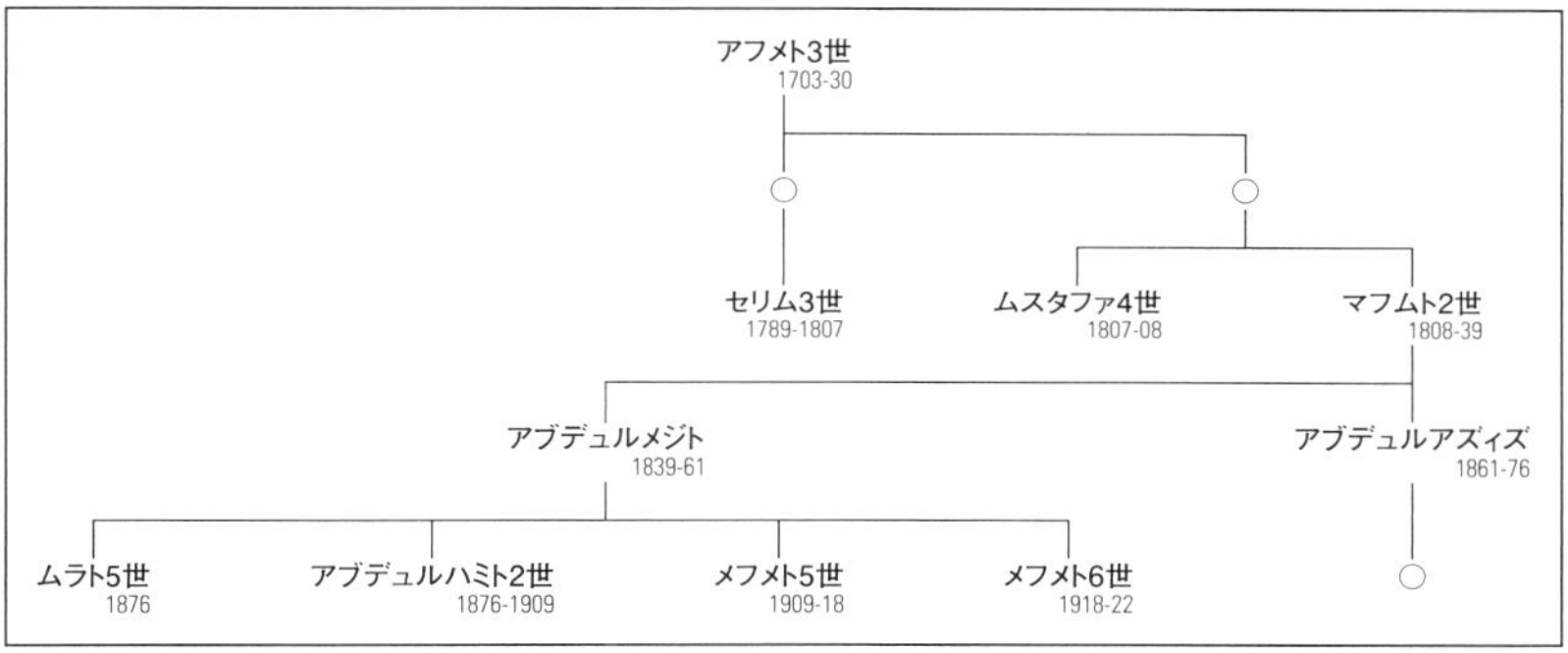

オスマン朝略系図（数字は在位年）

ような改革も、オスマン近世の既得権益保持者にしてみれば、絶対君主による強権の発動にほかならなかった。それゆえ、一八〇六年にはバルカン半島のアーヤーンが示威行動を起こし、〇七年にはイスタンブルでイェニチェリが決起した。ここにいたってセリム三世は退位を余儀なくされ、翌年には殺害されてしまう。こうしてみると、オスマン近代の先導者とされるセリム三世も、じつはオスマン近世の政治システムの枠内で落命していることがわかる。

この近世的政治システムに終止符を打ったのは、セリム三世の従弟にあたるマフムト二世であった。セリム三世の轍を踏まぬよう、慎重に機をうかがいながら、マフムト二世はまずアーヤーンの勢力削減に努めた。ついで、一八二六年にイェニチェリを廃止した。その直後には、ワクフ（イスラームの宗教寄進財）を国家の管理下におくことで、それを財政的支えとしてきたウラマーもねじ伏せた。ここに、オスマン近世から続いた立憲主義の伝統は断絶し、君主とそれを支える官僚層が突出した権力をふるう余地が生まれた。三九年に始まるタンズィマートは、以上にみた近世から近代への大転換を背景にして、はじめて可能となったのである。では、その大転換期のさなかに進行したタンズィマートとは、いかなる改革だったのだろうか。

岐路に立つ改革

トルコ語の名詞「タンズィマート」とは、もともとアラビア語の動詞「ナザマ」(「並べる」「整える」の意)から派生した言葉である。同じく「ナザマ」の派生語である「ニザーム」(「秩序」「制度」の意)を立て直すことを意味している。一八三九年十一月、ときのスルタン、アブデュルメジトは、タンズィマートの開始を告げるギュルハーネ勅令を発した。その冒頭に謳われている改革の基本方針は、まさに「ニザーム」の立て直し、すなわち法治主義に基づく秩序再編にほかならない。

周知のとおり、朕の崇高なる国家〔オスマン帝国〕の開闢《かいびゃく》以来、クルアーンの貴き教えとシャリーア〔イスラーム法〕に基づく諸法に十分な配慮がなされていたので、朕の至高なる政権の威力と権勢と、そして全臣民の安寧と繁栄は頂点に達していた。ところが、この一五〇年というもの、続出する憂患と種々の要因とによって、聖なるシャリーアも高き諸法も遵守されなくなったがために、往時の威力と繁栄は、逆に脆弱と貧困に転じてしまった。とはいえ、シャリーアに基づく諸法のもとで統治されない国土が永続できようはずもないことは明白であって、(中略)今後は朕の崇高なる国家にして神護の国土を善く治めるべく、いくつかの新たな法律の制定が必要かつ重要と見なされた。それら必要となる諸法の基本的な内容は、生命の保障、名誉と財産の保護、租税の賦課、ならびに必要となる兵士の徴集方法とその服務期間といった諸事にほかならない。

(帝国官報第一八七号)

こうして「法の支配」の確立を謳うギュルハーネ勅令は、スルタンとウラマーと政府高官が法治主義を尊重して改革を履行する旨、ともに神に誓うというかたちをとって発せられた。これは、いったい何を意味しているのだろうか。先述のとおり、オスマン的立憲主義の伝統はイェニチェリの廃止によって途絶え、あとには突出した君権が残された。これは、改革を支える官僚集団にとって、大きな脅威となった。とすれば、君主と臣下がともに神に誓うというかたちをとって発せられたギュルハーネ勅令は、そうした君権の暴走を抑制するための理念、すなわち法治主義と立憲主義の原則を君主と臣下が確認し合い、その「立て直し《タンズィマート》」を誓い合った文書として読むこともできる。

実際、その後の改革のイニシアチブを握ったのは、君主でも民衆でもなく、改革派の官僚であった。とくに、一八二〇年代のギリシア独立戦争や三〇年代のシリア戦争(シリアをめぐるオスマン中央政府とエジプトとの戦争)の例を引くまでもなく、「東方問題」の枠組みのなかでオスマン帝国の国内問題が国際問題にたやすく転化してしまう状況下、対外関係の調整役を務める外務官僚の地位は高まった。ギュルハーネ勅令の起草者が当時の外務大臣ムスタファ・レシト・パシャ(一八〇〇〜五八)であったことは、決して偶然ではない。

だが、こうして始動したタンズィマートの前途は多難であった。ここで、一八三九年から七六年まで続いたこの改革を、およそクリミア戦争(一八五三〜五六年)を境にして二つの時期に分けてみよう。三九年から始まる「前期タンズィマート」の主眼は、改革の財源確保のための税制改革と地方行政改革におかれた。とくに、徴税請負制を廃止して財政の集権化をはたすべく、中央から収税官《ムハッスル》を派遣し、地方評議会を設置した。ところが、この施策はそもそも財源の裏付けを欠き、したがって有能な官吏を確保することができず、さらには地方有力者の協力も得られずに挫折した。初発でつまずいた前期タンズィマートは、その後も軌道に乗れぬまま「跛行《はこう》」する。

転機はクリミア戦争中に訪れた。開戦翌年の一八五四年、オスマン政府は戦費調達のためにはじめて外債の発行に踏み切った。これは戦後も断続的におこなわれ、以後の改革、すなわち「後期タンズィマート」は借款を財源に組み込みながら前進した。だが、改革費用と債務償還の財政的裏付けをともに借款に求め続けるやり方は、早晩破綻することになる。

クリミア戦争期は、オスマン政界の世代交代が進んだ時期でもあった。前期タンズィマートを立ち上げたムスタファ・レシト・パシャやサードゥク・ルファト・パシャ(一八〇七〜五八)ら「第一世代」は後景に退き、政治の実権はアーリー・パシャ(一八一五〜七一)やファアト・パシャ(一八一五〜六九)ら「第二世代」に移った。後期タンズィマートを主導したのは、これら「第二世代」の人々である。一八六一年に生じた代替り、すなわちアブデュルメジトが崩御して弟のアブデュルアズィズが即位したことも、一つの節目となった。

一方、一八五六年の「改革勅令」で表明されたキリスト教徒臣民への特権付与の問題は、オスマン帝国に住まうムスリムと非ムスリムとの関係に緊張をもたらした。五九年には、帝都イスタンブルでシャリーアの遵守を求めるクーデタ計画が発覚する。翌年には、レバノン山地やダマスクスでムスリムとキリスト教徒との大規模な衝突事件が発生した。改革への不満は、まずは暴力で表明された。

だが、この時期には、当時興隆しつつあった新聞雑誌を通して、言論の力で意見を表明する回路も開かれ始めた。六〇年には、オスマン語(オスマン帝国期からトルコ共和国初期にかけて用いられたアラビア文字表記のトルコ語)による初の本格的な民間新聞『テルジュマーヌ・アフヴァール』(「情勢の解説者」の意)が創刊されている。

こうして迎えた「一八六一年」は、オスマン帝国にとって、近世から近代に転換する最終局面にあたるとともに、前期タンズィマートから後期タンズィマートに向かう岐路にあたっていた。その岐路にさしかかったタンズィマートの最前線に立たされたのが、この年、ニシュ州総督に就任した本章の主人公、ミドハト・パシャにほかならない。

2　一八六一年、ニシュ

ミドハト、ミドハトを語る

ミドハト・パシャは、オスマン帝国の大宰相経験者としてはじめて自伝を著した人物である。一八七六年に生じたスルタン、アブデュルアズィズの廃位事件に関与したかどで、ミドハトは有罪判決を受け、八一年にアラビア半島西部のターイフの獄舎につながれた。それから八四年に当地で非業の死を遂げる直前まで、獄中で自伝を書き継いだのである。

現在利用できる自伝のオスマン語の刊本は、息子のアリ・ハイダル・ミドハト(一八七二〜一九五〇)が父の名誉回復を期して一九〇九年に刊行した二巻本のものである。おりしも前年七月の青年トルコ人革命でアブデュルハミト二世の三〇年におよぶ専制政治に終止符が打たれ、憲政が復活してから一周年を迎えるなか、「オスマン憲政の父」ともいうべきミドハト・パシャへの関心は高まっていた。

『訓戒』(タブスライ・イブレト)と題された第一巻は、一八二二年から八一年までの六〇年にわたるミドハトの経歴と関連資料からなる。『驚異の鏡』(ミラート・ハイレト)と題された第二巻は、アブデュルアズィズの廃位事件に関する記述と、それをめぐる裁判の記録からなる。本章で主たる史料として用いるのは、第一巻の経歴部分である。

さて、第一巻の冒頭に付された編者アリ・ハイダルの緒言によれば、獄中で自伝の原本を完成させたミドハト・パシャは、その一部分を当時イズミルにいた家族に送った。アリ・ハイダルはそれを利用して、のちに英語(*The Life of Midhat Pasha*, London, 1903)やフランス語(*Midhat Pacha: sa vie, son œuvre*, Paris, 1908)で父の伝記を刊行している。一方、原本の残りの部分は、ミドハトの死の直前に没収され、帝都イスタンブルに送られた。オスマン近代史研究者のロデリック・H・デイヴィソンによれば、青年トルコ人革命後、アブデュルハミト二世の居所であったユルドゥズ宮殿が家宅捜索を受けた際に、ミドハトの所持品や書簡とともに、おそらく原本の一部と考えられる自伝の手稿が見つかったという。

他方、編者によれば、ミドハトは生前に二部、原本の写しを作成した。このうちの一つは、知人に送ったものの受け取り手には届かなかったという。別の知人に託したもう一つの写しは、「鉛の箱」に入れられて地中に埋められ、青年トルコ人革命後に文字どおり日の目をみることになった。編者は明言していないが、自伝の刊本はこれを底本にしていると考えられる。

こうして伝世したミドハトの自伝が、当人の生涯と事績を知るための第一級の史料であることはいうまでもない。のみならず、これはタンズィマートの最前線で陣頭指揮にあたった人物の回想録としても稀有の史料である。とはいえ、自伝を読み解くにあたって留意すべき点も少なくない。とくに先述のとおり、ミドハトはアブデュルアズィズの廃位事件に関与したかどで有罪判決を受けた。この嫌疑を払拭せんとしたのだろうか、自伝には記載事項を取捨選択した形跡がうかがえるのである。

例えばミドハトは、故帝アブデュルアズィズや自伝執筆当時のスルタン、アブデュルハミト二世と良好な関係を築いていたことを、自伝の随所で強調する。一方、そのミドハトと連携してオスマン憲政の樹立に尽力した「新オスマン人」と呼ばれるムスリム知識人グループについて、自伝はいっさいふれていない。制憲作業に直接参加したナームク・ケマル（一八四〇〜八八）やズィヤー・パシャ（一八二九？〜一八八〇）の名前すら登場しないのである。これも無用の疑いを招かぬよう、意図して記さなかったものと考えられる。というのも、改革を自らのイニシアチブのもとに進めたいアブデュルハミト二世は、憲政を嫌って立憲派の人々を遠ざけたばかりか、一八七七年に始まるオスマン・ロシア戦争（いわゆる「露土戦争」）のさなか、議会を閉じて憲法を事実上停止したからである。

自伝のなかで、自ら手がけた改革の成果をミドハトが強調していることはいうまでもない。同時に、その成果をそこなう政敵や後任者に対して、ミドハトは容赦ない筆誅を加える。故帝アブデュルアズィズについてでさえ、その放蕩や専断に対する批判は手厳しい。これに比べて、アブデュルハミト二世については穏当な論評に終始している。これも自伝執筆当時の君主をはばかってのことであろう。

ミドハト自身が序文に記しているとおり、この自伝は獄中で当人の記憶だけを頼りに執筆された。そのためミドハトは、できごとの時日や場所や数量に過誤があるかもしれないと断っている。ところが、自伝の刊本にみえる年代や数量は、他の史資料や研究文献に照らしてほぼ正確である。この点については、ミドハトの記憶力もさることながら、編者の手が加わっていることも想定しなければなるまい。とはいえ、総じて編者が原本のテクストを忠実に再現しようとしていたことは疑いない。亡父の汚名をそそぐという素志からすれば、自伝に無用の操作を加えることは、かえって故人の名誉を貶《おとし》めかねないからである。

このようにミドハトの自伝には、執筆当時の境遇に少なからず影響を受けたと考えられる部分、また、編者の手が加わっていると考えられる部分が散見する。これを読み解くにあたっても、そうしたバイアスの存在には十分に注意しなければならない。ただし、その点に留意したうえで、これをオスマン近代に生きた官僚ないし政治家の「自己語り史料」とみた場合、自伝の記述は、ミドハトにはみえていたタンズィマートの知られざる側面を解き明かすための手がかりを与えてくれるはずである。そこで以下では、自伝のテクストが必要最小限の修訂を施されたことを前提にしつつ、できるだけ自伝の記述を活かしながら、ミドハトの生涯をたどることにしよう。

エフェンディからパシャへ

ミドハト・パシャは一八二二年十月、カーディー（イスラーム法官）の息子としてイスタンブルに生まれた。本名《イスム》は「アフメト」、通名《マフラス》は「シェフィク」である。幼少期には、父の転勤にともない、ブルガリア北部のヴィディンやロフチャ（ロヴェチ）とイスタンブルとのあいだを家族とともに往還した。三四年、つてを頼って大宰相府《バーブ・アーリー》（大宰相が統括するオスマン帝国の中央政庁）の書記官見習いとなり、やがてその才を認められて「ミドハト」という新たな通名を得た。神を「称える者」というほどの意味である。

以後、官僚や学者に対する敬称「エフェンディ」を付して、「ミドハト・エフェンディ」と呼ばれるようになった。

ミドハト・エフェンディは、モスクに通ってイスラーム諸学の習得に励みつつ、役所勤めを続け、書記官としての経験を積んだ。一時期、家計に窮したため、安定した収入を見込める地方官としてシリアやアナトリアに赴任した。後年、バルカン半島やアラブ地域で改革の辣腕をふるうことになるミドハトが、幼少期および官途の駆け出しの頃にこれらの地で暮らしていたことは興味深い。一八四七年にイスタンブルに戻り、結婚したミドハトは、その翌年、サードゥク・ルファアト・パシャに見込まれて高等法制審議会に配属された。

こうして順調に昇進をかさねたミドハトは、その有能さゆえに敵をつくることにもなった。なかでもクブルスル・メフメト・エミン・パシャ(一八一三〜七一)の恨みを買ったことは、駆け出しの若手官僚に最初の試練をもたらした。ことの発端は、当時ダマスクス駐屯の第五軍総司令官職にあったメフメト・エミン・パシャの悪行をミドハトがあばき、解任に追い込んだことにあった。この一件はムスタファ・レシト・パシャにこそ高く評価されたものの、以後、メフメト・エミン・パシャはことあるごとにミドハトの失脚を画策することになる。

例えば、クリミア戦争中の一八五四年に大宰相となったメフメト・エミン・パシャは、当時バルカン山地で猖獗《しょうけつ》を極めていた匪賊《ひぞく》行為の取締りをミドハトに命じた。困難な任務を押しつけて失敗させ、責任をとらせて追い落とそうという魂胆である。だが、ミドハトはこの任務を半年ほどで完遂し、かえってその名を高からしめた。

いま一つ。一八五五年に大宰相となったアーリー・パシャが、クリミア戦争の講和条件をめぐる交渉のためにイスタンブルを留守にすることになった。そこで、大宰相代行に指名されたメフメト・エミン・パシャは、またもやミドハトを退けようと策をめぐらせた。今回は、公務員に禁じられている徴税請負事業にミドハトが手を染めているという事実無根の筋書きを立てた。ところが、わざわざ国家の要路を臨席させておこなわれた特別法廷では、ミドハトの無実が証明されたばかりか、メフメト・エミン・パシャの手配した証人の偽証が発覚してしまい、この計略もあえなく潰えてしまった。

それでも試練は続く。クリミア戦争終結後、レシト・パシャやアーリー・パシャの指示を受け、ミドハトは悪政の噂が絶えないスィリストレ（現ブルガリア領スィリストラ）やヴィディンの州総督たちの行状調査に赴いた。ミドハトの働きで同地の状況は改善されたものの、この一件で処罰された人々はおもしろくない。彼らは宮廷侍従府《マーベイニ・ヒュマーユーン》をとおして時のスルタン、アブデュルメジトに不服を申し立てた。結局、ミドハトのとった措置は適切であったことが確証されたものの、政界、官界における泥沼のような足の引っ張り合いには、さしものミドハトも辟易してしまったらしい。この間の心境を自伝でつぎのように記している。なお、ミドハトは自伝のなかで自身に言及する際に三人称を用いている。

> かくて、「真理は至高であり、それ以上のものはない」という（預言者ムハンマドに帰せられる）言葉はまさにそのとおりとなったのだが、上述のように生じた仕打ちはミドハト・エフェンディをすっかり意気消沈させ、この間にレシト・パシャが逝去するという事態もかさなったため、ミドハト・エフェンディはしばらくヨーロッパを旅行して気晴らしをすべく、新たに大宰相となったアーリー・パシャを介して暇を乞い、ヒジュラ暦一二七四年（西暦一八五八年）にヨーロッパへ旅立った。

(『訓戒』)

こうしてミドハトは、三十六歳にしてはじめて異国の土を踏むことになる。ヨーロッパ諸国と良好な関係を築くことこそ国内改革を進めるための必須条件と考えられていたタンズィマート期にあって、外国語わけてもフランス語に堪能な外務官僚は、外交のみならず国政の場でも枢要な地位を占めた。レシト・パシャやアーリー・パシャは、そうした外務官僚の典型である。これに対して外務官僚ではなく、フランス語を習得する機会にも恵まれずにいたミドハトは、わずか半年ほどのこととはいえ、これを好機とばかりにフランス、イギリス、オーストリア、ベルギーの各所をめぐり、語学の研鑽に努めたのであった。

ただし、この外遊の成果を過大に評価してはならない。若い頃から在外公館で実地訓練をかさねたレシト・パシャや、外務官僚の集中養成機関ともいうべき翻訳局《テルジュメ・オダス》で訓練を受け、やはり在外公館での勤務経験も豊富であったアーリー・パシャの経歴に比べれば、ミドハトの外遊経験など微々たるものにすぎないからである。むしろ自伝の記述からは、多事多端でストレスばかりが募る宮仕えから一時なりとも解放されることを望んで外遊を選んだ様子がうかがえる。いずれにせよ、ここでミドハトの官僚生活が終わるはずもなく、翌年に帰国すると、高等法制審議会の首席書記官に任命されたのであった。

ニシュでの改革

さて、クリミア戦争に敗北したロシアは、露骨な「南下政策」こそ控えるようになったものの、一部のセルビア人やブルガリア人を扇動して、ドナウ川南岸のオスマン領を攪乱し続けた。当時、大宰相の職にあったクブルスル・メフメト・エミン・パシャは、ニシュ、ヴィディン、ルスチュク(現ブルガリア領ルセ)といった最前線地帯に自ら出向いて督励に努める一方、一八六〇年、オスマン・パシャをニシュの州総督に任じて統治の安定をはかった。しかし、事態は一向に好転せず、オスマン・パシャは翌年に解任された。

ここで後任に指名されたのは、ほかならぬミドハトであった。この人事がさまざまな憶測を呼んだことはいうまでもない。なかには、メフメト・エミン・パシャの新たな策略ではないかとミドハトに忠告する者もいたという。だが、当のミドハトの解釈は異なっていた。自伝にはつぎのようにある。

ところが、クブルスル・メフメト・エミン・パシャの思考や性向を熟知している者の評するところによれば、当人は誠実な心の持ち主であり、国家の繁栄を願う者であって、しかしながら、耳にしたことをすべて真に受けてしまったり、癇癪を起こしたりするという欠点があった。それゆえ、ミドハト・エフェンディに対しておこなった仕打ちも、くだんの御仁に近しい何人かの底意地の悪い連中による讒言のなせるわざであって、のちに当人がことの真相を知り、正気に戻って、公正かつ寛大に行動して過去の誤りを正すというかたちをとったと考えるほうが、よほど合点がいくというものである。

(『訓戒』)

この時点から数えて二〇年ほどのちに記された自伝のことである。往年の仇敵を称えて懐かしむかのような余裕さえ感じられるこのくだりが、「ことの真相」をどれほど正確に伝えているかは知るすべもない。一八六一年二月、ミドハトはニシュの州総督となった。以後は、文武の高官の称号「パシャ」を付して、「ミドハト・パシャ」と呼ばれるようになる。

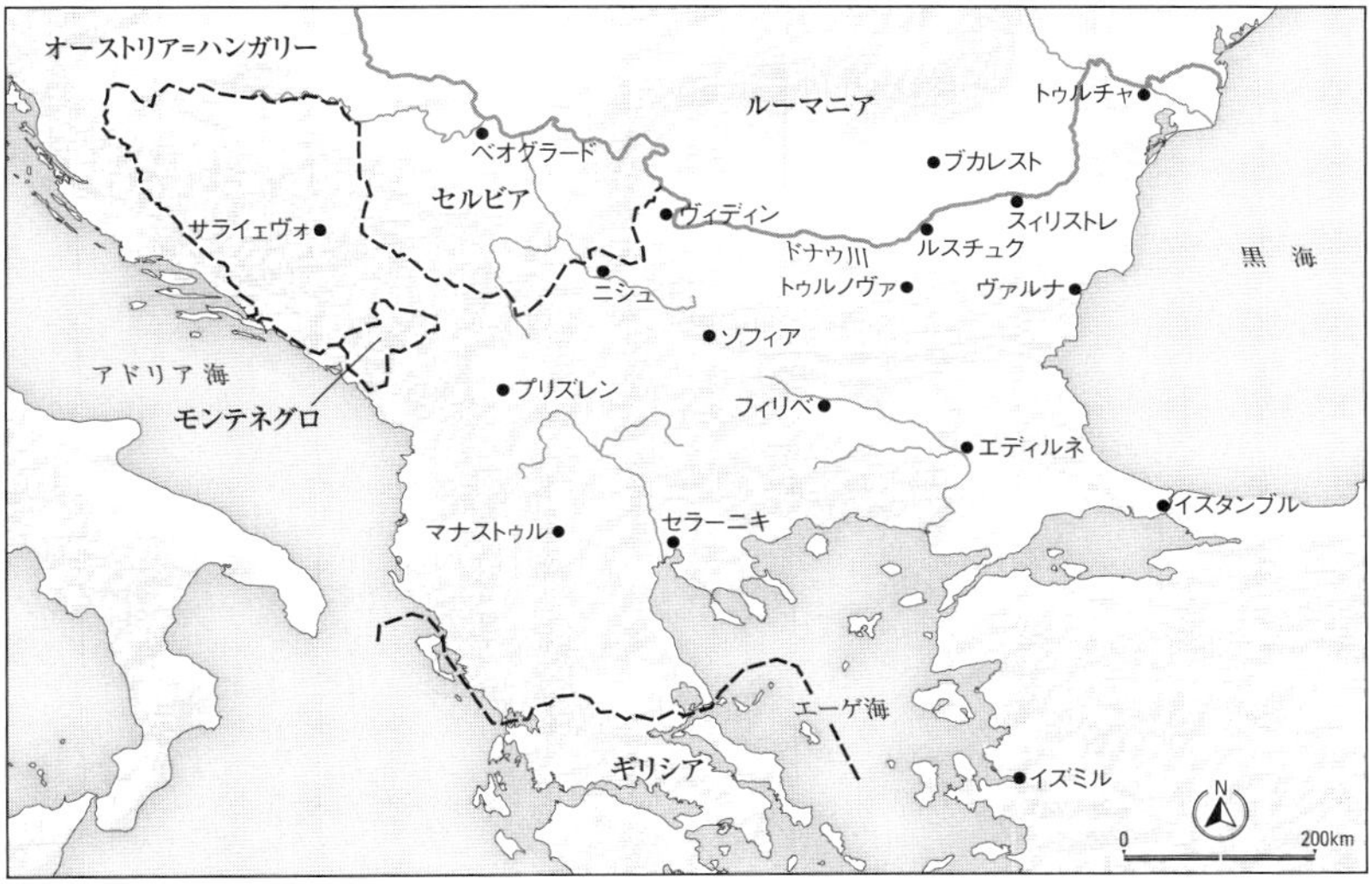

バルカン地域要図(19世紀後半)

「パシャ」となったミドハトは、ニシュに赴任すると、ひとまず軍隊を動員して州内の治安回復に努めた。だが、神出鬼没の匪賊集団を前にして、思わしい成果をあげることはできなかった。そこで、現地住民の代表者を集め、事情聴取と情報収集を入念におこなった。その結果、当地における治安悪化の背景には、農村部における慢性的な貧困状況があることを突き止めた。ここからミドハトは、何よりもまず州内の交通網を整備することこそ緊要と考えた。実際、道路が未整備であったため、経済活動は滞り、住民は困窮して借財をかさね、ついには隣接するセルビア領に逃亡する者も少なくなかったからである。これらの事情を理解したミドハトは、匪賊集団の掃討作戦を進めつつ、州内各所で舗装道路や橋梁の建設に着手した。自伝には、その成果がつぎのように記されている。

道路が使いやすく安全になったことで、住民は産品わけても豊富に産出するワインをセラーニキ〔現ギリシア領テッサロニキ〕やマナストゥル〔現マケドニア領ビトラ〕やフィリベ〔現ブルガリア領プロヴディフ〕方面に出荷し始め、商業は拡大した。また、ドナウ川経由でヨーロッパや幸いなる都《デル・サアーデト》〔イスタンブル〕からニシュへ、あるいはニシュからそれらの地へ往来する旅行者や物品などは、それまでやむをえずセルビア領内を経由していたのだが、新たに開通したチョブレン〔チュプレネ〕街道のおかげで、商業の流れもこちら側に移った。こうして短期間で状況は変わり、みなに向上の希望が芽生え、以前にセルビアに移住した人々も帰還し始めた。（『訓戒』）

以上にみた一連の施策、すなわち現地の実情調査、治安の回復、交通網の整備は、いずれも後年、ミドハトがオスマン領内の各所で改革を進めるにあたり最初に取り組む「地ならし」作業の原形をなしている。次節で紹介するミドハトの改革パッケージは、すでにニシュ州での改革のなかに兆していたとみるべきであろう。

こうして「地ならし」を終えたのち、ミドハトは個別の施策を繰り出していく。正規兵のために新しい兵舎を、また、罪人のために新しい監獄を建てた。舗装道路が完成すると、馬車を用いた運輸会社を設立して物流を促し、旅行の便宜をはかった。新たに水路を開き、ニシュ市内を流れるニシャヴァ川の水害の弊を除いた。中央局《メルケズ・オダス》という部署を設け、住民の請願を日夜受け付ける常設機関とした。保安隊《ザプティイェ》を新設し、治安維持体制を強化した。

これらに加えて特筆すべきは、善導院《ウスラーフハーネ》とよばれる孤児授産施設を創設したことである。これは、身寄りのない孤児を収容して手に職をつけさせることをめざす教育施設であった。自伝は、この施設の名称をめぐる興味深いエピソードを伝えている。

本件は、わが国で新規に案出されたものであり、類例をみなかったので、適切な名称がみつからず、決めあぐねていた。そこで最後に、いと高きクルアーン〔の文言〕から抽選することにして、いかなる結果が出ようともそれに従って命名するのがよろしかろうということになり、そのようにして抽選がおこなわれた。すると神のお導きで、「また、孤児について汝に尋ねるであろう。答えてやれ、彼らを親切に扱ってやるのが最善である」という〔クルアーン第二章第二二〇節の〕ありがたい一節が出てきたので、謹んで「善導院」と命名された。その後、ほかの州でも、この例にならって孤児教育のために設けられた場所に、この名が付けられるようになったのである。（『訓戒』）

タンズィマート期の教育政策ないし社会政策の所産の一つとされる善導院の名称がクルアーンの文言に由来していたというエピソードは、残念ながらこの自伝にしかみえず、ことの真偽は確かめようもない。むしろ注目すべきは、このあとミドハトがオスマン領内の各所で手がけていく諸改革の道具立てのなかに、善導院もしっかりと組み込まれていたことである。ミドハトの改革実践のパターンがニシュ州総督時代に早くもかたちをなしつつあったことは、ここからもうかがうことができる。ミドハトがニシュの州総督に就任した「一八六一年」はまた、後期タンズィマートの改革パッケージが胚胎した瞬間でもあった。

3　改革パッケージの実践

トゥナ州での実践

ドナウ川の南方に連なるニシュ、ヴィディン、スィリストレの三州は、オスマン帝国にとって、対ロシア戦略上の要地にあたっていた。それゆえ、これらの直轄州に安定した統治を打ち立てることは、オスマン帝国の内政はもとより国家安全保障の観点からも必須の課題であった。ところが、ニシュ州こそミドハト・パシャの尽力でひとまずの安定をみたとはいえ、他の二州の情勢はなお予断を許さなかった。そこで、上記三州の整理統合計画が進められ、一八六四年、その名も「トゥナ(ドナウ)州」と称する巨大な行政区画が誕生した。統治を委ねられたのは、いうまでもなくミドハトである。

トゥナ州の新設にさいしては、「トゥナ州法」という名の特別法が制定された。これは、州、県、郡、そして村ないし郷の四段階からなる新しい行政区分を特色とした。州知事、県令、郡長は中央政府から任命され、村長は住民の直接選挙で選ばれた。また、間接制限選挙で選任されたムスリムと非ムスリムの代表者からなる州政評議会、県政評議会、郡政評議会が設けられた。同法の施行は、後期タンズィマートの地方行政改革のなかでも最大級の施策であるとともに、地域住民に対して行政参加の機会を大幅に開いた点では、オスマン帝国における代議制の源流の一つとも評される。

同法はその後、数年をかけてほかのいくつかの州に適用され、一八六七年にようやく全国での施行が決定された。したがって、その発端となったトゥナ州は、しばしば「改革の実験場」と評される。すな

トゥナ州知事時代のミドハト・パシャ（前列中央）と僚友たち

わち、前期タンズィマートで挫折した地方行政改革を後期タンズィマートで挽回すべく、まずはトゥナ州で「実験」をかさね、その成否を見極めてから帝国全土に適用した、というのである。

たしかに、州法の施行範囲がトゥナ州から各地に拡大していく経緯に注目すれば、同州は結果として「改革の実験場」の様相を呈したといえなくもない。だが、改革の陣頭指揮にあたったミドハトにしてみれば、そこで繰り出した施策は、いずれも限られた時間のなかで種々の危機や困難に対処すべく、その都度対症的に選択したものにほかなるまい。この意味で、トゥナ州での改革は、「実験」というよりも「実践」の所産と考えるほうが良いかもしれない。ただし、そうした改革実践は、決してその場しのぎのものではなく、良く練られ、時宜を得たものばかりであった。この点についてはミドハトも自負するところがあったらしく、自伝のなかで施策の詳細を以下の九項目に分け、丁寧に解説している。

(1) 舗装道路の整備。
(2) 治安の回復。
(3) 共済金庫《メナーフィイ・サンドゥウ》の設立。
(4) ドナウ川における商業汽船の運行。
(5) 馬車運輸会社の設立。
(6) 善導院の開設。
(7) 移民・難民のための定住支援。
(8) 政府庁舎と監獄の新築。
(9) 都市行政区《ベレディイェ》の設定。

このうち、一点目の道路整備と二点目の治安回復では、ニシュ州総督時代の経験が活かされた。三点目の共済金庫とは、農民に低利で貸し付けをおこなう公共金融機関のことである。ミドハトによれば、これはニシュではたせなかった懸案事項であるという。これら三つの施策は、むろん民生安定のためのパッケージをなした。

五点目の馬車運輸会社と六点目の善導院も、ニシュ州での施策を発展させたものである。とくに、州都ルスチュクに設けられた善導院では、洋裁や製靴の技能に加え、営業馬車の車両組立工や印刷所の植字工に必要な技能も教授された。ソフィアの善導院に併設された織物工場では、ウィーンから技師を招いて技術指導にあたらせた結果、年間三万メートルほどの羅紗《ラシャ》が生産できるようになった。いまや善導院は、改革を下支えする人材や資材の供給源として、ミドハトの改革実践に不可欠の構成要素となっていた。ニシュ州に兆した改革パッケージは、トゥナ州で洗練され、開花したのである。

ちなみに、ルスチュクに設けられた印刷所では、アラビア文字表記のトルコ語とキリル文字表記のブルガリア語を併用した州官報『トゥナ』が発行された。同紙の編集責任者には、アフメト・ミドハト（一八四四〜一九一二）が起用された。ミドハト・パシャが自身の通名を授けるほどに前途を嘱望されていたアフメト・ミドハトは、やがてオスマン近代を代表するジャーナリストに成長する一方、晩年のミドハト・パシャにとっては手ごわい論敵となる人物でもあった。

一方、四点目のドナウ川における商業汽船の就航や、七点目の移民・難民への定住支援は、トゥナ州に固有の事情を背景にした施策といえる。前者は、それまでオーストリアの「ドナウ汽船会社」が独占してきたドナウ川の河川交通事業に参入すべく、河川交通局《イダーレイ・ネフリーイェ》を新設して汽船を購入し、独自の航路を開くものであった。後者は、とくにクリミア戦争後、ロシア領内からドナウ川南方のオスマン領に流入したチェルケス人やタタール人らムスリム難民の定住を支援するものである。とくに、難民のなかで生活の目途の立った者からウシュル税（いわゆる「十分の一税」）を徴収し、それを難民支援のための財源の一部にあてることをめざした。

いうまでもなく、改革を実施するには財源の確保が不可欠であった。ミドハトは、税目を整理し、納税手続きを透明化することで増収をはかり、こうして州財政はひとまず規律と均衡を保つことができた。だが、さらなる財政出動で改革の成果を定着させたいミドハトと、緊縮財政を基本方針とする中央政府とのすれ違いは、トゥナ州における改革の退行をもたらすことになる。自伝には、この間の事情がつぎのように記されている。

〔トゥナ州でおこなわれた〕これほど多くの施策は、ひとえに十分な給与で働く優秀で有能な官吏の助力と廉直と努力の賜物であった。ところが、官員の給与を削減することで国庫支出の適正化と緊縮をはかる幸いなる都〔イスタンブル〕の一部の諸大臣にしてみれば、トゥナ州の官吏への支給は過剰にほかならず、(中略)ミドハト・パシャの〔州知事〕離任後に官吏の給与は半減され、当然ながら不正がはびこり、歳入額もまた年々減少して、それまでの蓄えもすべて使い果たしてしまったばかりか、この不正は後述のように最大の弊害と危機を招く元凶となった。(『訓戒』)

引用文の末尾にみえる「最大の弊害と危機」とは、一八七〇年代半ばにバルカン半島各地で連鎖的に生じた農民反乱のことを指している。後述するように、この危機をきっかけにして、七七年にはオスマン・ロシア戦争が勃発し、これに敗北したオスマン帝国はトゥナ州を含むバルカン領の多くの部分を手放すことになる。

それはさておき、改革の成果を定着させるには多大な困難がともなった。ミドハトが述べているとおり、前任者の事績を後任者が白紙に戻すこともまれではなかった。さらにいえば、たとえ同じ改革パッケージを実践しても、すべての地域で一様に成果があがったわけではない。ミドハトも、この間の機微をよくわきまえており、自伝につぎのように記している。

多くの州でこの方式と原則の一部が実施されたのだが、エディルネ、セラーニキ、イズミルといった富み栄えている場所を除いて、諸州の資質と能力はトゥナに比すべくもなかったので、その多くは長続きせず、失敗した。（『訓戒』）

オスマン帝国有数の国際都市であったセラーニキとイズミルは、いずれものちにミドハトが州知事として赴任し、自ら改革を手がけた場所である。そうした例外的な地域を除いて、改革の成果を根づかせることは至難のわざであったという述懐には、タンズィマートの最前線に身をおいたミドハトならではの実感がこもっている。

一方、オスマン帝国の内外には、トゥナ州における改革の進展を望まぬ人々もいた。その筆頭は、ロシア帝国のイスタンブル駐箚大使ニコライ・イグナチエフ（一八三二〜一九〇八）である。そもそもドナウ川の南岸にトゥナ州のような巨大で安定した行政州が出現することは、「南下政策」を追求するロシアの国益と相容れるものではなかった。この時点までに、ロシアと清朝との北京条約をまとめるなど外交官としての実績をあげていたイグナチエフは、奇しくもトゥナ州新設の年にあたる一八六四年にイスタンブルに赴任すると、大宰相府や宮廷侍従府の要路、とくにマフムト・ネディム・パシャ（一八一八〜八三）と気脈を通じて、ミドハトのトゥナ州知事解任を画策した。

他方、ロシアの汎スラヴ主義者の支援を受けてルーマニア領内に拠点を構えた反オスマン武装秘密結社は、トゥナ州に住まう一部のブルガリア人を扇動して蜂起に導き、治安を紊乱《びんらん》した。ミドハトを狙った暗殺計画も、一度ならず発覚した。このように、極めて騒然とした雰囲気のなかで改革パッケージを粛々と実践し、一定の成果をあげていくミドハトの手腕は、後期タンズィマートを主導するアーリー・パシャやフアト・パシャに高く評価された。事実、トゥナ州での統治の実績は、ミドハトを国政の中枢にいざなうことになる。

国家評議会の開設

ここまでたびたび言及してきた国政諮問会議「高等法制審議会」は、タンズィマートの指令中枢としての業務が増加してくると、改組の必要に迫られた。このため一八六八年、同審議会の立法と行政に関する業務を引き継ぐ「国家評議会」と、司法に関する業務を引き継ぐ「最高法院」が新設された。このうち国家評議会は、その前年に州法の全国施行が決定されたことを受けて、国政と地方行政との懸け橋となることを期待されていた。そこで急遽、ミドハトがイスタンブルに召還され、同評議会の議長に任命された。もともと高等法制審議会の書記官として国政の実務を学び、かつニシュ州やトゥナ州での勤務をとおして地方行政の機微にも通じていたミドハトは、この職にうってつけの人材であった。

ムスリムと非ムスリムあわせて四十人あまりの委員で構成された国家評議会は、政策の諮問、地方行政の監督、官僚の査問などを業務とした。議長となったミドハトは、ここを足場に国政に参与する機会を得て、国籍法や鉱山法を制定し、十進法に基づく度量衡を導入した。同時に、トゥナ州で実施した改革パッケージの一部をイスタンブルで実践した。例えば、トゥナ州の善導院をモデルにして、五百人を収容できる寄宿制の職業訓練施設「技能学校《メクテビ・サナーイー》」を開設した。また、これもトゥナ州の共済金庫をモデルにして、「信用金庫《エムニイエト・サンドゥウ》」を設立した。バルカン地域での改革実践の経験は、イスタンブルでも活かされたのである。

ところが、ミドハトの州知事離任後、トゥナ州を中心にバルカン山地一帯では農民反乱が再発した。これにさいして、当地の事情に通じたミドハトが急派され、反乱は迅速に鎮圧された。とはいえ、この一件は、改革の成否が依然として属人的な要素、すなわち州知事個人の力量に左右され、なかなか定着をみなかったことを物語っている。イスタンブルに帰任したミドハトは、引き続き国家評議会の議長を務めた。だが、同評議会はあくまで大宰相府から付託された案件に答申するだけの諮問機関にすぎず、重要案件が同評議会の頭越しに処理されることもまれではなかった。この状況に強い不満をいだいていたミドハトは、自ら地方勤務を志願し、たまたま空席になったバグダード州知事に任ぜられて、一八六九年の春、イラクの地に赴いた。

バグダード州での実践

イラクは、オスマン帝国にとって難治の土地であった。十六世紀以降、シーア派の隣邦イランとのあいだに境界争いが絶えず、また、シーア派にとっての聖地「アタバート」をかかえていた関係で、同派を奉ずる住民も多かった。アラブ人やクルド人の部族集団が各地に割拠し、首邑バグダードでは十八世紀以降、マムルーク層が実権を握った。このうちマムルーク層は一八三〇年代にはいって一掃されたものの、部族政治はなおも強固に残存した。

そのイラクの地で前期タンズィマートが始動したのは遅く、ギュルハーネ勅令の発布から五年後の一八四四年のことであった。後期タンズィマートにあっても、六四年にトゥナ州から始まった地方行政改革が各地に波及するなか、イラクは改革から取り残されていた。ミドハトの自伝にも、「州制が全土に広まっていくなかで、イラクの地もまた新州《ヴィラーイエト》とされたのだが、州の制度や規則については何ごともなされず、行財政の状況は旧来の方式のままであった」とある。実際、新たな州制では行政と軍政との分離が原則とされたにもかかわらず、バグダード州では州知事がバグダード駐屯の第六軍総司令官を兼ねる政軍一致の旧制が維持されていた。タンズィマートは、決して斉一的に進展したわけではない。

こうして、一八六九年に州知事兼総司令官としてバグダードに赴任したミドハトは、改革実践の「地ならし」として、財源確保と治安回復に力を入れた。不要な税目を整理して、歳入の基盤をウシュル税においた。軍制改革の一環として、まずはバグダード市に抽選式の徴兵制を導入した。市内では徴兵忌避の騒乱が生じたものの、ミドハトは事態を迅速に収拾し、やがて州内全域にこれを施行した。

イラクにおけるタンズィマートの成否は、部族への対応いかんにかかっていた。なかでもバグダード市の南方に位置するダガーラ郡の部族民による反乱は、ミドハトの州知事在任中に生じた最大の事件として、自伝でも詳述されている。この事件にさいしてミドハトは、やはりイラクの有力部族であったムンタフィク族と連携して事態の収拾にあたった。いわば部族をもって部族を制したミドハトは、「ダガーラ問題」と呼ばれるこの一件をとおして、イラクにおける部族問題と土地問題との抜き差しならぬかかわりを理解する。

たしかに、この事件の原因と背景についてはさまざまな見解がある。ある者は、この地の住民、すなわち反乱を起こした部族民が総じてシーア派を奉じていたということで、彼らが国家の役人に反抗した理由を宗派の違いに求めた。また、ある者は、族長や首長が滞納している国有財産〔つまり租税〕をもみ消すべく、彼らが人々を欺いて扇動したことに理由を求めた。だが、これほどの一般民衆がたびたび武器を手にして一斉に蜂起し、血を流さざるをえなくなる理由としては、上述の原因と状況だけで十分とはいいがたい。ことの真相に注意深く目を凝らして吟味し、また、目にする実状の機微を精査して判断すれば明らかになるのだが、このようになったそもそもの理由と原因

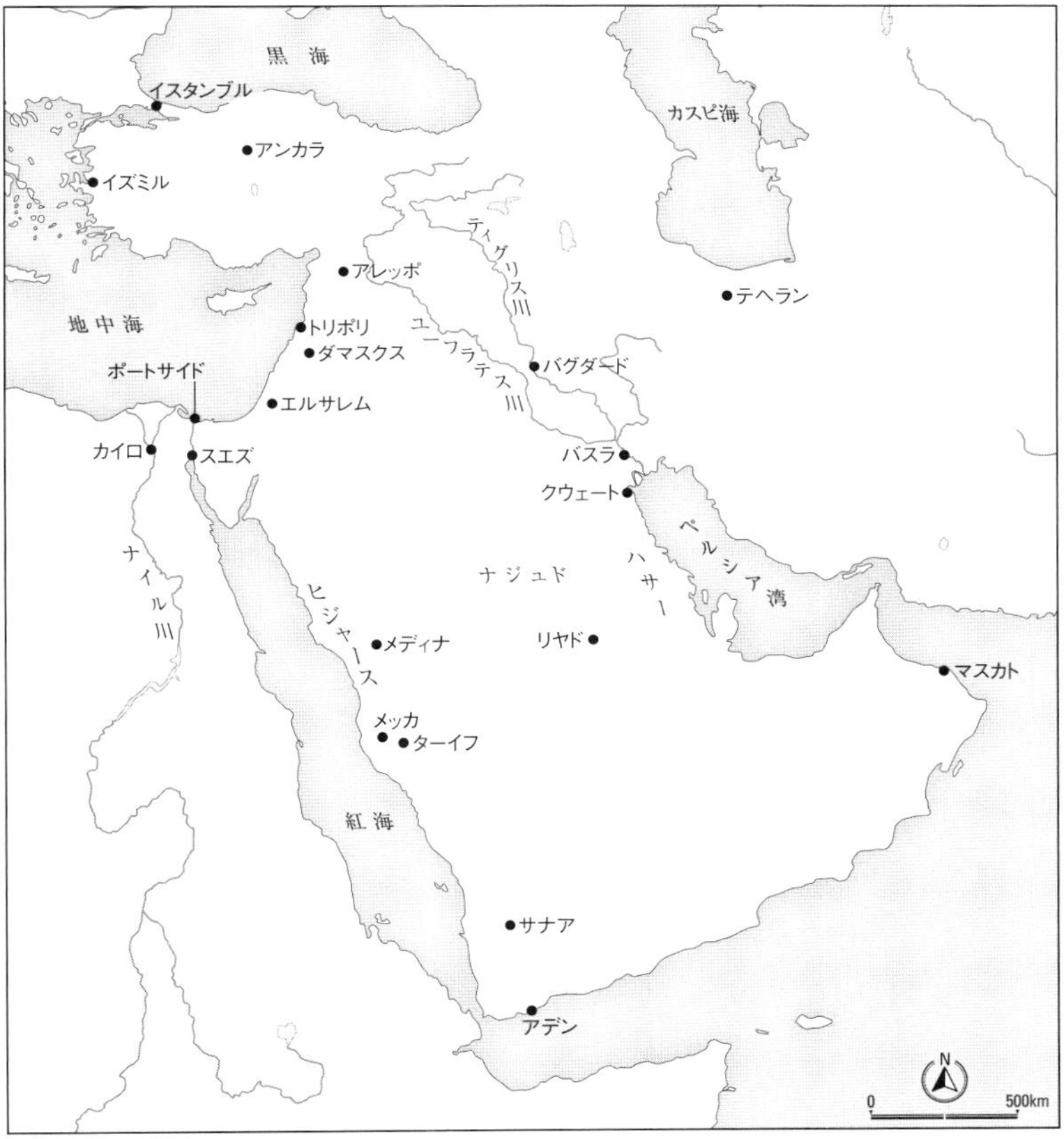

アラブ地域要図(19世紀後半)

は、イラクの土地が取引上も法律上もほかの地域の土地と異なる特殊な扱いを受けていた関係で、個々の住民は土地を所有することも、土地のうえで育てた作物の利益を享受することもできなかった点にある。（『訓戒』）

宗派対立や部族問題だけでなく、その背後にあるイラクの社会経済の構造上の問題をみつめるミドハトのまなざしは鋭い。ミドハトによれば、イラクでは土地所有権が確立していないので、農民は隷属民同様の扱いを受けて困窮する一方、徴税業務を請け負う首長たちは収奪に走るばかりで土地の荒廃を顧みないという。そこでミドハトは、地券を付して国有地の払下げを断行した。その際に、土地の購入代金をウシュル税に組み込み、分割払いとした。こうすることで、土地購入者に所有権を確実に保障しつつ、土地管理に対するインセンティブを与えたのである。自伝によれば、この施策の効果はてきめんであった。

旧来の方式に従って国営や一括委託のもとに農耕がおこなわれていた土地では、一本の植木も、また、発展を象徴する一件の建物もみられなかったのだが、新方式に従って売却された土地の購入者は、それが自分自身の財産であると証書で裏づけられているので、もちろん安心して開発に励むようになり、一、二年のうちにそれらの土地の大半には建物や樹木といった文明の表徴がみられるようになった。そして、昔から困窮して野蛮な状態にあり、つねに反乱や反抗に傾きがちであった住民も、土地所有の恩恵を直接的にも間接的にも享受したので、毎年のように続発していた事件や混乱も絶えてなくなってしまった。（『訓戒』）

こうして民生を安定させ、治安を回復したミドハトは、続いてお得意の交通網の整備に着手する。いうまでもなく、イラクの地にはティグリス川とユーフラテス川という二大河川が流れており、これを活用して河川交通を整備することの重要性は明らかであった。ミドハトは、トゥナ州における河川交通整備の経験を活かして、ティグリス川での汽船運行を管理する河川交通局を設置し、中流域に位置する州都バグダードと河口地帯に位置するバスラとを結ぶ航路を整えた。同時に、もともと内陸部にあったバスラの町全体をシャットゥル・アラブ川沿いに移転して、交通の便や住環境の改善をはかった。

一方、この河川航路を海上航路に接続すべく、管理部署としてオスマン海洋局《ウンマーヌ・オスマーニー》を設置した。おりしもスエズ運河の完成が間近に迫っていた。ペルシア湾からアラビア半島沿岸を周回して紅海にはいり、そこからスエズ運河をへて地中海にいたる海上航路に、イラクの地が連なろうとしていたのである。この海上交通史上の一大転換期を、ミドハトは見逃さなかった。

この間、スエズ運河が開削中だったので、上述のとおりバグダードとバスラとのあいだに実現した交通輸送手段に、必要なだけ海洋船舶を追加し、その運航が拡張されれば、イラクの地にとってその面でまさに積出口が出現するはずであった。また、バスラ湾〔ペルシア湾〕、オマーンやナジュド〔アラビア半島中央部〕の沿岸、そして紅海にオスマン国旗を掲げた船舶が常時航行するようになり、対内的にも対外的にも好影響がもたらされるはずであった。そこで、この構想と企図をただちに実行に移すべく、（中略）三カ月に一度はスエズ運河経由で幸いなる都〔イスタンブル〕まで、同じく一度はイギリスまで往復する運航体制が整えられた。（『訓戒』）

ペルシア湾岸やアラビア半島沿岸では、イギリスが早くから勢力圏の確保に努めていた。この動きは、スエズ運河をへて植民地インドにいたる連絡路の安全を確保する必要に迫られて、いっそう加速す

バグダードとカーズィミーヤを結ぶ馬車鉄道

る。ミドハトが指摘するとおり、当該水域に連なる航路を整備して「オスマン国旗を掲げた船舶」を航行させることは、イギリスに対抗してオスマン帝国のプレゼンスを示すための重要な布石であった。こうして勢力圏の確保に勤しむ近代オスマン帝国の姿は、列強に領土や権益を蚕食されるがままの「瀕死の病人」というよりも、むしろ国威の発揚をめざして戦略的に立ち回る強国のイメージに近い。

なお、ユーフラテス川では、とくに上流域のジャズィーラ地方において、水害などで破壊された建造物や揚水車の残骸が河川交通の妨げとなっていた。そこでミドハトは、浚渫《しゅんせつ》船を調達して河川を清掃し、航路の安全を確保した。同時に、ジャズィーラ地方から陸路で地中海東岸部に抜けるルートを開拓し、バグダード州の内外に開かれた交通網の整備に努めた。

こうして「地ならし」を終えたミドハトは、続いて改革パッケージの実践に移る。州都バグダードには、住民から寄付を募って善導院を開設した。そして、トゥナ州のときと同じく、ここでも州官報『ザウラー』を発行するための印刷所を設けた。「ザウラー」とはバグダードの異称の一つである。同紙の編集責任者には、トゥナ州から帯同してきたアフメト・ミドハトをすえた。このほか、都市行政区を設定し、信用金庫、救貧病院《グレバー・ハスターネスィ》、公園、精米工場を開設した。生活用水を確保するための蒸気機関式の揚水機も設置した。バグダードの中心街と北郊のカーズィミーヤ地区とを結ぶ馬車鉄道《トラムヴァイ》を敷設し、運営のための株式会社も設立した。ガス田の開発も進められ、バグダードの街路は――イスタンブルの新市街や東京の銀座と時を同じくして――ガス灯で照らされるようになった。ニシュ州に兆し、トゥナ州で開花した改革パッケージは、バグダード州でも実を結んだのである。

湾岸地域での試み

ペルシア湾における海上航路の整備をとおして、ミドハトの目はアラビア半島沿岸の諸地域に向かった。上述のとおり、ここではすでにイギリスが海上覇権を確立すべく活発に行動していた。海上交易に従事する現地住民のなかには、イギリス国旗を掲げて航行する者も少なくなかった。これを外国支配の端緒とみて憂慮したミドハトは、まずバスラ県に隣接するクウェートを同県に編入し、ついでアラビア半島東部のハサー（アフサー）地方に注目した。十六世紀にオスマン領となった同地は、十八世紀にはいり、ワッハーブ派と結んだナジュドの豪族サウード家の支配下におかれた。十九世紀にはいって一時オスマン支配が復活したものの、この時期には再びサウード家が当地をおさめるようになっていた。

そこでミドハトは、サウード家の内紛、とりわけ首長の座をめぐるアブドゥッラーとサウードとの兄弟争いに乗じて、ハサーからナジュドにかけての制圧に乗り出した。イギリスの支援を受けるサウードに対抗して、アブドゥッラーはオスマン帝国に支援を求めた。この状況下でサウード側が優勢になれば、「バスラからマスカトまで」の地がイギリスの勢力下にはいりかねないとみたミドハトは、まず情報収集を入念におこない、先遣隊に要地を抑えさせたのち、再び生じた諍いに乗じてアブドゥッラーとサウードをともに追放し、この地にオスマン支配を確立したのであった。

こうして治安を回復したミドハトは、ここでも税目を整理し、農業の多角化を奨励して民生の安定に努めた。自伝によれば、これらの施策は、時のスルタン、アブデュルアズィズや大宰相府にも高く評価されたという。ところが、一八七一年九月、ミドハトのオスマン政界における庇護者にして良き理解者でもあった大宰相アーリー・パシャが逝去した。かわりに大宰相となったのは、ミドハトの後半生最大の政敵にしてロシア大使イグナチエフと親交のあったマフムト・ネディム・パシャである。ミドハトは、バグダード州知事就任から三年で州の歳入を倍増させたにもかかわらず、ネディム・パシャからさらなる経費節減を迫られた。これでは、改革の成果を定着させることなど望むべくもない。ここにミドハトは職を辞し、七二年七月、イスタンブルに帰還した。

結局、ミドハトの手がけた改革の成果が湾岸地域に定着することはなかった。自伝には、この点に関する後日譚として、つぎのような記述がある。

ところが、ミドハト・パシャのあとにバグダード州知事になった一部の偉大なる元帥たちによって、ハサーに駐留していた正規兵はバグダードに引き取られ、当地の治安維持と守備は、保安隊の名目で組織された一部のクルド人やアラブ人の民兵の手に委ねられてしまった。また、〔ハサーの〕

県令《ムタサッルフ》には、ムンタフィク族の族長《シャイフ》の一人で、統治の実務にも国家の規則にも疎いアブドゥッラフマーンなる人物が送り込まれてしまった。（中略）それゆえ、二年前には国家に完全に承服し、満足して臣従していた住民集団も、にわかに反旗を翻し、国家の役人に反抗して蜂起したので、この間に多くの人命が失われたほか、設置された揚水車の管理も滞ってしまった。

（『訓戒』）

湾岸地域でのタンズィマートの試みもまた、例にもれず「跛行」をきたしたのであった。

4　国家の転換期に臨んで

つかのまの大宰相職

アーリー・パシャの後任として大宰相になったマフムト・ネディム・パシャは、政敵の排除に着手した。ミドハトがその標的になったことはいうまでもない。ネディム・パシャは、ミドハトの手がけた改革の成果をそこなうことで、それを成し遂げようとした。トゥナ州では、官吏の人員整理と給与削減をおこなった。また、道路建設をはじめとするインフラ整備を中止した。バグダード州では、ミドハトの州知事在任中に調達した汽船を売却したほか、イランとの国境地帯の警備態勢を縮小した。このため、再び部族集団の跳梁を許すことになった。二人のパシャの確執は、改革を瞬時に退行させてしまったのである。

それればかりかネディム・パシャは、帳簿を改竄《かいざん》して宮廷への献金を捻出しつつ、私腹を肥やしてもいた。これについてミドハトは、タンズィマートの根本原則たる法治主義がないがしろにされたと自伝のなかで憤っている。ここにいたって、さしものスルタン、アブデュルアズィズも事態を看過できなくなり、一八七二年七月、ネディム・パシャを解任し、かわりにバグダードから帰還したばかりのミドハトを大宰相に起用した。四十九歳の夏である。

ミドハトは生涯に二度、大宰相となったが、いずれもごく短期間で解任された。今回の一度目の任期では、財政をめぐってスルタンと意見が合わず、わずか二カ月ほどで職を解かれてしまった。とはいえ、この間にミドハトは、アラブ地域やバルカン半島での鉄道建設、また、アラビア半島西部のヒジャーズ地方での電信線敷設など、交通網や通信網の整備に努めた。トゥナ州やバグダード州で成果をあげた交通運輸の活性化による経済振興策を、国政レベルでも実践しようというのである。だが、自伝にもあるとおり、「昔からわが国ではそうであったように、前任者がなしたことを後任者が壊すという通弊に従って、これらはみな〔ミドハトの辞職にともなって〕一挙に却下され、あるいは破壊されてしまった」のであった。

大宰相の職を解かれたミドハトは、ややあって一八七三年に司法大臣となった。自伝を読み進めていくと、この頃から、政敵ネディム・パシャやロシア大使イグナチエフについてはもとより、故帝アブデュルアズィズについても批判的な記述がめだつようになる。この自伝の執筆当時、ミドハトは故帝の「殺害」に加担したとの嫌疑をかけられ、ターイフの獄舎につながれていた。それゆえ、故帝に言及するにあたっては、細心の注意をはらわなければならなかったはずである。にもかかわらず、ミドハトは自伝のなかで、故帝に対する不満をはばかることなく記している。例えば、つぎのようなくだりである。

アブデュルアズィズ帝は、聡明にして明敏、国家の幸福を祈り、大変な努力家であらせられ、国家と国土を善く治めるには法律と規則によらなければならないことをだれよりも良くご存じであった。ところが、のちにどうしたわけか節を曲げてしまい、燃えるような努力のかわりに尊大さと傲慢さがめだつようになって、無謀な浪費や放蕩の扉が開かれてしまった。とくに、アーリー・パシャがなくなり、続いてマフムト・ネディィム・パシャが大宰相に就任すると、状況はすっかり変わってしまい、法律や規則の効力はないがしろにされ、国政において数多の不正が横行した。(『訓戒』)

そこでミドハトを含む諸大臣は、状況を改善すべく協議をかさねた。その席上では、代議制議会の開設すら取りざたされたという。しかし、この動きを察知したアブデュルアズィズは、時の大宰相シルヴァニーザーデ・ルシュテュ・パシャ(一八二九〜七四)と司法大臣のミドハトを解任した。ミドハトはセラーニキ州知事に任ぜられて、帝都から遠ざけられた。

明らかな左遷である。ミドハトは大いに不満であった。とはいえ、「この仕置きは当人一身にかかわることであって、任地がこの状況に左右されるようなことがあってはならなかった」と自伝に綴っているとおり、セラーニキに赴任したミドハトは、当地で市街整備や善導院の設立に努めるなど、黙々と年来の改革パッケージを実践した。これらの施策は、「トゥナ州やバグダード州でそうであったように、ここでもまた当地の住民の感謝と満足をかちえたのだが、幸いなる都〔イスタンブル〕では好意的な目でみられることはなかった」という。三カ月ほどでセラーニキ州知事の職を解かれたミドハトは、イスタンブルに戻ると郊外に土地を購入して、しばらくのあいだ閑居した。

オスマン憲政の誕生

法治主義の確立をめざして一八三九年に始まったタンズィマートは、七六年に一つの帰結を迎えた。この年、オスマン帝国の憲法、「基本法《カーヌーヌ・エサースィー》」が発布されたのである。こうして成立したオスマン第一憲政(一八七六〜七八年)は、「歴史の転換期」を駆け抜けるなかで近代オスマン帝国が手にした最大の成果といっても過言ではない。以下、憲法発布までの経緯を駆け足でたどってみよう。

一八七三年から七四年にかけて、アナトリアで大規模な凶作と飢饉が発生した。オスマン政府は大幅に減少した税収を埋め合わせるべく、バルカンでの収税を強化した。これが現地住民の反発を招いたことはいうまでもない。七五年四月、ヘルツェゴヴィナで発生した農民反乱は、やがてボスニアに拡大し、年をまたいでブルガリアに飛び火した。時の大宰相アフメト・エサト・パシャ(一八二八〜七五)はなすすべもなく解任され、かわりにマフムト・ネディム・パシャが再び大宰相に就任した。だが、ネディム・パシャにしても事態に有効に対処できず、ヨーロッパ諸国における対オスマン世論は悪化した。

一方、クリミア戦争中に始まった借款は、ここにきてオスマン財政を追い詰めた。一八七三年にヨーロッパ諸国で不況が始まり、オスマン帝国への貸付が停滞したからである。七五年十月、オスマン政府は債務履行の延期を宣言した。国家財政の破綻である。この頃から民衆の批判の矛先は、ネディム・パシャを大宰相に任命したスルタン、アブデュルアズィズに向かうようになり、君主の交代を望む機運が高まった。

一八七六年五月、帝都イスタンブルでマドラサの学生たちが抗議行動を起こした。学生のなかには、騒乱の渦中にあるバルカンの出身者が多数含まれていた。これを受けて大宰相ネディム・パシャは辞任

悪天候のなかでおこなわれたオスマン帝国憲法発布の式典　右手の壇上の中央では，ミドハト・パシャと思しき人物が書面を手にして何ごとかを読み上げている。

し、後任にはミュテルジム・ルシュテュ・パシャ（一八一一～八二）がすえられた。それでも君主の交代を求める声はやまず、同年五月三十日、陸軍長官《セラスケル》のヒュセイン・アヴニ・パシャ（一八二一～七六）や大宰相のルシュテュ・パシャ、それにミドハト・パシャなど数人の軍人や政治家が中心となって、アブデュルアズィズの廃位をめざすクーデタを敢行した。「五・三〇政変」と呼ばれるこのクーデタは成功し、六月にはいって新帝ムラト五世の即位式が執りおこなわれた。

ところが、その祝賀ムードも冷めやらぬ同月初旬、先帝アブデュルアズィズが仮寓先のフェリイェ離宮で遺体となって発見された。内外の医師を交えておこなわれた検死の結果、故帝の不可解な死は「自殺」と結論づけられた。数日後、今度は五・三〇政変を主導したヒュセイン・アヴニ・パシャが、ミドハトの自邸で開かれていた会合のさなか、闖入してきた部下の将校チェルケス・ハサンに射殺されてしまう。

かねて心疾を患っていたムラト五世は、これらの事件にさいして精神の均衡を失い、政務に臨むこともままならなくなった。そこで、ルシュテュ・パシャやミドハト・パシャら国家の要路は、同年八月末にムラトを廃し、かわりに弟のアブデュルハミトを即位させた。やがてミドハトをなき者にすることになるスルタン、アブデュルハミト二世である。

これと前後して、隣国のセルビアとモンテネグロがバルカン反乱に乗じてオスマン帝国に宣戦布告し、ロシアが両国を支援した。アブデュルハミト二世は内外の危機的状況を打開すべく、当時国家評議会の議長を務めていたミドハトを座長にすえて、同年九月以降、憲法草案の作成を急がせた。十月には制憲委員会が正式に発足し、草案は十一月中に完成した。翌月にはミドハトが満を持して二度目の大宰相に就任し、一八七六年十二月二十三日、氷雨の降るイスタンブルの大宰相府で「ミドハト憲法」が発布されることになる。

それでは以上のできごとを、今度は自伝の記述に基づいて、ミドハトの視点からたどりなおしてみよう。まずは、五・三〇政変についてである。ミドハトは自伝のなかで、クーデタへの関与を認めたうえで、その目的が立憲体制の確立にあったと述懐する。

このようなかたちで君主の交代をはじめとする多くの難業を選んだそもそもの目的は、現在直面している危機的で困難な状況から国家と国民を救い出し、国政全般のために正しく確かな方針をすえることにあった。そのための唯一の方策は、議会制と自由の原則に基づいて制定され、また、われわれがこんにち目の当たりにしているヨーロッパの文明、繁栄、進歩の水準に到達させる憲法のような法を、わが国でも制定することにほかならなかった。この点は、ミドハト・パシャがトゥナ州知事時代よりずっと構想を温めてきたものであって、ささやかながら草案も準備しており、ついにそれを実現する時がきたのであった。（『訓戒』）

憲法制定がトゥナ州知事時代からの宿望であったとするくだりは、にわかに信じがたい。とはいえミドハトは、かねて憲政の研究に取り組んでおり、制憲委員会では自作の憲法草案を披露してもいる。一方、一八六〇年代後半に登場した「新オスマン人」と呼ばれるムスリム知識人グループは、イスラーム国家における憲政導入の可否を考究し、オスマン語の新聞雑誌をとおして憲政や議会制の仕組みを紹介するなど、民衆の政治的啓蒙に努めていた。新オスマン人の代表的論客であったナームク・ケマルとズィヤー・パシャは、制憲委員会のメンバーにも名を連ねている。

ところでミドハト憲法は、一般に「外圧」の産物とみなされる。すなわち、同時期に生じた内外の危機、とりわけバルカン反乱にさいして強まる列強の圧力をはねのけ、ヨーロッパ諸国の世論を味方につけるべく、憲法を発布して改革への強固な意志を示そうとした、というのである。だが、これはいささかヨーロッパ中心主義的な見方ではなかろうか。

そもそも、オスマン帝国の人々がこの時期に憲政に注目するようになったのは、十九世紀前半に近世的政治システムが終焉し、オスマン的立憲主義の伝統が途絶えたことを受けて、その伝統を回復すべく、新たな政治システムを模索していたからにほかならない。むしろ、そうした長い助走期間があったからこそ、内外の危機のただなかにあってでさえ、まがりなりにも憲政を樹立することができたのである。憲政導入の動機はオスマン帝国の歴史的文脈に沿った内発的なものであり、「外圧」はあくまで憲法発布のタイミングを決める一つのきっかけにすぎなかった。

アブデュルアズィズの死とチェルケス・ハサン事件についてはどうか。前者をめぐっては当初から「他殺」の噂が絶えず、ミドハトも関与を疑われた。むろん、ミドハトは関与を否定するものの、この疑いは何度も蒸し返され、ついにはミドハトを死にいたらしめる訴因となる。後者についても、事件の舞台がミドハトの自邸であったことから、やはり当人の関与が疑われた。憲政導入の可否をめぐってヒュセイン・アヴニ・パシャと対立していたミドハトが「暗殺」を画策したのではないか、というのである。ミドハトは自伝のなかで、事件の経緯を詳述したうえで関与を否定し、事件の原因をチェルケス・ハサンのヒュセイン・アヴニ・パシャに対する私怨に帰している。

さて、アブデュルハミト二世即位後の一八七六年九月以降、制憲作業は本格化した。だが、イスタンブルには、イスラーム国家たるオスマン帝国に西洋起源の憲政はそぐわないと考える人々もいた。ミドハトによれば、「以前の専制状態から利益を得ることに慣れ切ってしまった一部の人々」が、「これは君主《パーディシャー》の独立《イスティクラール》をそこねるに違いない」だとか「共和政《ジュムフリイェト》ができるに違いない」などという噂を流して憲法制定に反対したという。

実際、故帝アブデュルアズィズや前大宰相マフムト・ネディム・パシャと近しい関係にあった一部のウラマーは、一八七六年十月、憲政に反対するネガティブ・キャンペーンをおこなったかどでとらえられ、裁判をへずに帝都から追放された。首謀者の名にちなんで「ムフイッティン事件」と呼ばれる、反立憲派への弾圧事件である。憲政樹立を阻む者に対しては法外の厳罰で臨むミドハトの姿勢には、賛否も分かれよう。だが、ミドハトにはミドハトなりの言い分があった。自伝にはつぎのようにある。

基本法の問題の核心に通じておらず、あるいは、わが国の直面する状況を把握するのに知性と知識が追いつかず、それゆえ当初は異議を唱えていた人々も、いずれ憲法が発布されたら、ことの真相を理解するとともに、これらの人々もまたこの点を悟って自分のおこないを悔やむであろうことに疑いはなかった。とはいえ、国家が当面している転換期のさなかにあって、彼らが意図しておこなったふるまいに黙っているのは、当時としては危険だったので、基本法が完成して発布されるまで、これらの人々を別々の場所に遠ざけざるをえなくなったのである。

（『訓戒』　傍点は引用者による）

敵対勢力に対する超法規的措置を弁解していることはいうまでもないとして、ここで注目すべきは、ミドハトが「転換期《ハーリ・インクラーバート》」という言葉を用いて、憲政樹立に向けての強固な意志を表明している点である。ミドハトは、時代が大きな転換期にさしかかっていることを自覚して、自身のはたすべき役回りを演じていたことになる。ただし、その転換期に臨んで、それまでタンズィマートの大原則として尊重してきたはずの法治主義にもとる挙に出たことの是非は、別して問われなければなるまい。

ともあれ、同年十一月に憲法草案は完成し、あとはスルタンの裁可を待つばかりとなった。だが、この期におよんでアブデュルハミト二世は憲法発布に難色を示した。君権を制限する最高法規の制定を渋ったのである。結局、アブデュルハミト二世はミドハトとの直談判のすえに、危険人物に対して国外退去を命ずることのできる権限を含む君主の非常大権を憲法草案にさしはさむことに成功した。この間のやりとりについて、自伝はいっさいふれていない。ただ、草案の完成から発布の式典までの経緯が淡々と綴られているだけである。ミドハトは、なぜ不合理な大権の挿入をのんでまで、憲法の制定を急いだのだろうか。

理由の一つとして考えられるのは、「外圧」の存在である。おりしも憲法発布と同じ十二月二十三日には、バルカン問題をめぐる列国会議がイスタンブルで開かれることになっていた。それゆえ、主権の保持と改革への意志を示すべく、この日に合わせて憲法を発布することには、たしかに一定の効果を期待できた。「オスマン帝国は、現有の領土および特権州（自治州）を包含し、単一にして、いついかなる理由によっても分割は認めない」とする憲法第一条の文言は、まさにこの文脈で価値を有していた。とはいえ、制憲作業はそれ以前に始まっていたのだから、憲法発布を急いだ理由を「外圧」だけに求めるわけにはいかない。

ここで見逃せないのは、ミドハトの憲政に対する思い入れである。憲政について早くから研鑽を積んでいたミドハトは、タンズィマートの大原則たる法治主義を脅かすアブデュルアズィズの専制やマフムト・ネディム・パシャの失政を間近に目撃し、それと直接格闘してきた人物であった。この体験は、権力抑制のための政治システム、すなわち憲政の重要性と必要性を、ミドハトに痛感させたに違いない。いわば実地に立憲主義の価値を内面化していったミドハトは、それほど憲政樹立への想いが切実であっただけに、やがて自身の運命をも左右することになる大権の挿入を許してまで、憲法発布を急いだと考えられるのである。

やむことなき改革実践

一八七六年十二月、憲法は発布され、翌年の三月には議会も召集された。だが、オスマン帝国を取り

バルカン問題をめぐる列国会議から帰途につくミドハト・パシャ
二頭立て馬車の後部座席にそれらしき人影がみえる。

巻く国際情勢は厳しさを増すばかりであった。バルカン問題をめぐる列国会議は、年をまたいでも落としどころを見出せずに決裂した。大宰相のミドハトは、その後も憲政樹立の実績を掲げてイギリスに働きかけるなど、事態の打開に向けて奔走した。

ところが、憲政を望まぬアブデュルハミト二世は、一八七七年にはいり、まずは新オスマン人ら立憲派の人々をイスタンブルから遠ざけた。そして同年二月、ミドハトをドルマバフチェ宮殿に召し出し、大宰相の職を解いた後、そのまま汽船に乗せ、妻子と別れを交わすことも許さずに即日、国外退去を命じた。処分の理由は、盛り場の酔客が口にしたとされる「ミドハト・パシャは近々独裁者《ディクタトル》になるはずだ」という発言であった。これを口実に、「国家の安全を侵害したことが、治安当局の確かな調査により明らかになった者」に国外退去を命ずることのできる君主大権を規定した憲法第一一三条が適用されたのである。すべては合法的措置であったとはいえ、この仕置きに対するミドハトの怒りは激しい。

この四年来、あいついで生じたできごとや不祥事、また昨今の敵による攻撃で危急存亡の秋《とき》に直面している国家と国土を、ひたすら神のご加護のもとに救い、安からしめる方策に着手して、これから本格的に取りかかろうとしていたところ、このような更迭が出来したことは、あたかも瀕死の床にありながら医師の治療の甲斐あって快方に向かい始めた病人に毒薬を飲ませるも同然の所業であって、もはや再起不能の悪弊を招くであろうことに疑いはなかった。（『訓戒』）

怒りの矛先は、ほかならぬスルタン、アブデュルハミト二世にも向けられた。アブデュルハミト二世からの別れの言葉と、「遠からず幸いなる都〔イスタンブル〕に呼び戻す」との約束を伝えにきた侍従武官のサイート・パシャ（一八三一～九六）に対して、ミドハトはつぎのように言づけたという。

残念ながら、幸いなる都〔イスタンブル〕に帰還いたしましても、陛下にこの宮殿でお目にかかることも、また、この地が無事であることもありますまい。犯された過ちの重大さはその時明らかになるにせよ、もはや取り返しのつかないことと相なりましょう。以上を一言一句違わず、主上のおんもとにお伝え願いたい。（『訓戒』）

ミドハトの大宰相解任をめぐっては、さまざまな憶測が飛び交った。この頃には当代きってのジャーナリストになっていたアフメト・ミドハトも、かつての恩人を貶めることに加担した。すなわち、ミドハト・パシャは「君主」の地位を望んでいるだとか、「共和政」の樹立を望んでいるだとかの「俗悪な噂」を広めたのである。これには、さすがのミドハト・パシャも我慢がならなかったらしい。自伝にはつぎのようにある。

> そもそもアフメト・ミドハト・エフェンディは、十歳の頃からミドハト・パシャの寵愛を受け、手塩にかけて育てられ、トゥナやバグダードでもともにあり、読み書きの能力も彼のおかげで習得することができた。にもかかわらず、いま、このようなかたちで恩を仇で返すような所業におよんだ目的がいかなる魂胆に基づくものであったかは周知のとおりであって、こうした流言は害悪以外の何ものももたらすことはなく、このなかで憐れなアフメト・ミドハト・エフェンディは、自分の名誉と価値と人間性をじつに微々たる対価で売り払ってしまったのである。　（『訓戒』）

ともあれ、イスタンブルを去ったミドハトは、イタリアのブリンディズィやナポリに寄り、そこからアンダルスをへてパリに赴き、さらにロンドンに渡った。滞英中には、清朝の初代駐英公使郭嵩燾《かくすうとう》（在任一八七六～七八）や明治日本の駐英公使上野景範（在任一八七三～七九）と懇談する機会を得た。郭嵩燾の日記によれば、その席上で「密爾得巴沙《ミドハト・パシャ》」は、日清両国を比較しながら「亜細亜《アジア》」の行く末を論じてみせたという。

こうしてミドハトが追放された直後の一八七七年四月、オスマン・ロシア戦争が勃発する。四半世紀前のクリミア戦争の時とは異なり、イギリスやフランスの支持を得られぬなか、ミドハトは故国を追われた身でありながら、独自の人脈を駆使して外交工作に努めた。だが、その甲斐もなく、七八年三月、オスマン帝国はロシアに敗れた。

講和条約として締結されたサン・ステファノ条約は、オスマン領バルカンの解体を狙ってロシア大使イグナチエフが用意したものであった。その後、列国間の調整をへて締結しなおされたベルリン条約によって、オスマン帝国はモンテネグロ、セルビア、ルーマニアの独立を認めたほか、ブルガリアの自治国化というかたちでトゥナ州の大部分を手放した。かつて州知事として改革を手がけた土地が失われていくさまをみて、ミドハトの胸中はいかばかりであったことか。自伝はこの点にふれていない。のみならず、この間にアブデュルハミト二世が再び非常大権を行使して議会を閉鎖し、憲法を事実上停止してしまったことにもふれていない。いずれも、自伝執筆当時の君主をはばかってのことと考えられる。

戦争終結からしばらくして一八七八年の夏、ミドハトは赦されてエーゲ海のクレタ島に居住することになった。そして、当地に家族を呼び寄せて二カ月ほど過ごした後、シリア州知事に任命された。自伝によれば、「心身ともに疲弊し、また老境にはいったこともあって」、当初はこれを辞退するつもりであったという。五十六歳になっていた。だがミドハトは、自ら病的と表現するまでに、根っからの改革実践者であった。自伝にはつぎのようにある。

ミドハト・パシャには、かつてトゥナやバグダードで尽力したほどに、シリアでもまた立ち働くための精力や仕事への情熱は残されていなかった。とはいえ、同胞、祖国、国民の利益のために働き、そして、その働きの成果を示すことに喜びを感じてきた人間が、そのようにして四〇年もの長きにわたり働くことで培ってきた性向は、あたかも病弊のごとくであって、変わったり改まったりすることなど考えられなかった。それゆえ、シリア州のあらゆる点で有望な可能性や、当地の住民のたぐいまれなる能力と資質は、ミドハト・パシャに備わる熱意を刺激してよみがえらせ、当地でもまたいくつかの有益な事業に着手したのであった。

（『訓戒』）

シリア州でのミドハトの施策は、これまでオスマン領内の諸所で半生を賭して手がけてきた改革実践

ダマスクスの善導院

イズミル港の埠頭(1880年頃)

の集大成ともいうべき様相を呈している。まず取り組んだのは、かつて当地で着手されながらも「跛行」をきたしていた改革のてこ入れであった。例えば、「以前にトゥナ州で実施されて成果をあげた」善導院にならって州都ダマスクスに開設されながらも、資金難で閉鎖されてしまった善導院を再建した。「トゥナ州でとられた方式に基づいて」舗装道路を建設した。「かつてバグダードとカーズィミーヤの町とのあいだにつくられた」ものと同様の馬車鉄道を、トリポリの市街と港湾とのあいだに走らせた。主要都市の市街整備や監獄の改修もおこなった。自伝の書きぶりからもうかがえるとおり、いずれの施策にも、ニシュ州から始まりトゥナ州やバグダード州で蓄積されてきた改革実践の経験が存分に活かされている。シリア州に固有の施策としては、諸外国が当地の非ムスリム住民のために設立したミッション・スクールに対抗すべく、学識者や名士で構成された募金団体をとおして資金を調達し、州内の主要都市にムスリム住民のための学校を増設した。

その頃、帝都イスタンブルでは、大敵マフムト・ネディム・パシャが内務大臣に就任し、その周りにはミドハトに敵対する勢力が結集し始めた。おりしも、レバノン山地に拠るドゥルーズ派のムスリム住民が当局に対して敵対行動をとっていた。当地のマロン派キリスト教徒を後援することで勢力圏を広げようとしていたフランスに対抗して、イギリスはドゥルーズ派ムスリムを後援しており、オスマン政府に対して同派の住民を手荒に扱わぬよう圧力をかけていた。ところが、イギリスの意向とオスマン中央政府の指図に反して、ミドハトはドゥルーズ派の反徒集団の討滅作戦を強行した。ミドハトに敵対する人々は、これを当人失脚の好機とみた。一八八〇年の夏、ミドハトは配置転換の名目でシリア州知事の職を解かれ、かわって西部アナトリアのアイドゥン州知事に任命されて、州都イズミルに赴いた。ミド

ターイフ要塞
ここでミドハト・パシャは非業の死を遂げた。

ハトの生涯最後の任地である。

自伝によれば、ミドハトは早々に職を辞して隠棲するつもりでいたのだが、ここでも持ち前の「習性と熱意」が当人を改革実践に駆り立てたという。保安隊を再編して、治安維持体制を強化した。学校や善導院を設立した。イズミル市内に馬車鉄道を開設したほか、郊外に通ずる舗装道路を建設した。いずれも、ミドハトが長らく実践してきた、おなじみの改革パッケージである。

同じ頃、イスタンブルでは故帝アブデュルアズィズの死因をめぐる再調査が始まった。自殺ではなく他殺であるとの見込みのもと、それに関与したとされる人々が次々ととらえられ、ユルドゥズ宮殿に拘束された。ミドハトの友人のなかには、この動きが行き着く先は、五・三〇政変で故帝の廃位に深くかかわったミドハトとミュテルジム・ルシュテュ・パシャの逮捕にほかならない、と忠告する者もいたという。これに対してミドハトは、あまりの荒唐無稽さに真剣には取り合わなかった。だが、故帝の死の真相はともあれ、ミドハトとルシュテュを収監する計画はたしかに進められていた。

一八八一年五月、家族とともにイズミルの州知事公邸にいたミドハトは、夜半に官憲の捜索を受けた。間一髪で追手をかわし、一時フランス領事館に身を寄せたものの、まもなく身柄を拘束されてイスタンブルに移送された。六月下旬、ユルドゥズ宮殿でおこなわれた特別裁判で有罪判決を受け、八月にはアラビア半島西部のターイフ要塞にある監獄につながれた。そして、獄中で自伝を完成させた直後の八四年五月、刑吏によって扼殺された。ミドハト、六十一歳の春であった。ターイフに埋葬された遺骸は、オスマン帝国の終焉とトルコ共和国の成立をへて、じつに第二次世界大戦後の一九五一年、政権交代をはたしたばかりの民主党《デモクラット・パルティ》政権下、ようやくイスタンブルに改葬されることになる。

改革、いまだ成らず

以上、ミドハト・パシャの生涯を、オスマン帝国の「歴史の転換期」にかさね合わせながらたどってきた。近世から近代への転換期、そして、前期タンズィマートから後期タンズィマートに向かう岐路にあたっていた「一八六一年」はまた、ミドハトの官僚としてのキャリアの転機でもあった。前期タンズィマートの時代に書記官として実務経験を積んだミドハトは、この年、ニシュの州総督となることで、後期タンズィマートの地方行政改革の最前線に躍り出たのである。

その後、州知事として赴任したトゥナ州やバグダード州で、ミドハトは改革パッケージを粛々と実践し、確たる成果をあげた。おそらく、この経験をとおして、ミドハトは当時の政界、官界のなかでもっともオスマン帝国の内政の機微に通じた人物となったに違いない。してみれば、一八七六年のオスマン帝国憲法が、外務官僚出身のムスタファ・レシト・パシャやアーリー・パシャではなく、内務官僚出身のミドハト・パシャによって起草され、発布されたことも、ゆえなきことではない。近代オスマン帝国の「組成《コンスティテューション》」に通暁したミドハトだからこそ、「憲法《コンスティテューション》」をつくり上げることができたのである。

こうして「オスマン憲政の父」となったミドハトは、最晩年にターイフの獄舎につながれて、何を想っていたのだろうか。それを推しはかるための最良の史料もまた、当人が残した自伝にほかならない。そこには、ミドハトがみたタンズィマートの姿が活写されている。その随所にうかがえるとおり、ミドハトにしてみれば、「一八六一年」に転機を迎えたタンズィマートとは、跛行につぐ跛行をかさね、それだけに獄中で自伝を綴っている「いま」もなお進行中のできごとではなかったか。とすれば、「改革、いまだ成らず」――これこそ、生来の改革実践者としてタンズィマートの最前線に立ち続けたミドハトの、偽らざる心境であったに違いない。

COLUMN

もう一つの自伝

一八七二年にイスタンブルで生まれたアリ・ハイダル・ミドハトは、父ミドハト・パシャの死を乗り越えて九九年に国外に脱出し、一九〇八年の青年トルコ人革命後に帰国した。翌年、亡父の自伝を刊行したことは本章で述べたとおりである。帰国後は、父を死に追いやったアブデュルハミト二世から提示された上院議員や外国大使のポストを固辞し、以後も公職に就くことなく、五〇年になくなった。

そのアリ・ハイダルも、父にならって自伝を残している。これは、一九三七年から翌年にかけてトルコの日刊紙に連載され、四六年に『わが回想、一八七二〜一九四六年』と題して刊行された。青年トルコ人革命から第一次世界大戦をへてトルコ共和国成立までの時期が叙述の中心をなしているが、はじめの三分の一ほどは自身の幼少期と父ミドハトの最晩年の動向に割かれており、多くの関連資料を付して、父の自伝の記述を補完するかたちになっている。

そうした関連資料の一つに、ターイフの獄中でいよいよ死を覚悟したミドハトが家族に宛てて送ったという「最後の手紙」がある。以下にみるとおり、これはミドハトの遺言状にほかならない。

親愛なるわが妻たち、ナーイメ・ハヌムとシェフリバン・ハヌム、わが娘メムドゥハ、親愛なるわが息子アリ・ハイダル、そして〔娘の〕ヴェスィメとメスルレへ。この手紙は、おそらく最後の手紙となるだろう。〔中略〕この手紙が届く前に、そなたらは私の訃報を受け取るに違いない。とはいえ、悲嘆に暮れることは無用である。神の思し召しで、真理の把持者〔すなわち神〕がわれら咎人の罪をお許しになり、赦しと慈しみをお与えになり、そのうえこうして殉難をお命じになるのであれば、これにまさるお恵みはない。そなたらに託す遺言の骨子は以上である。私が死んだら、そなたらはイスタンブルへの帰還が許されるだろうし、おそらく手当も支給されるだろう。願わくは、みな一つ屋根のしたで兄弟のごとく睦まじく暮らすように。そして、わが妹スドゥカ・ハヌムを一緒に引き取って、彼女に遺産の三分の一相当を与えるように。後事は、とこしえなる創造者に委ねることとする。

ヒジュラ暦一三〇一年ラジャブ月十日〔一八八四年五月六日〕　ミドハト

（『わが回想』）

この手紙をしたためた翌日、ミドハトは刑吏の手にかかって落命する。アリ・ハイダルの自伝によれば、父ミドハトが生前に家族に託した封筒には、インク壺、筆、懐中時計、数本のタバコ、子どもたちからの手紙とともに、自身の生涯を綴った自筆原稿と、ユルドゥズ宮殿でおこなわれた裁判の記録がはいっていたという。この「遺品」をもとにして、アリ・ハイダルはまず英語とフランス語で父の伝記を刊行した後、青年トルコ人革命から一周年を迎えた一九〇九年七月、長らく秘匿されていた父の自伝、『訓戒』と『驚異の鏡』を公刊したのである。

アリ・ハイダル・ミドハト
(1903年，ロンドンにて撮影)

三章　陸軍大臣ミリューチンの回想

青島陽子

1　「大改革」の時代とドミトリー・ミリューチン

「大改革」の時代を先導した国家官僚ドミトリー・ミリューチン

一八五三年から五六年のあいだ、ロシア帝国はオスマン帝国とそれを支援する英仏両国を相手にクリミア戦争を戦った。戦争のさなか、五五年二月十八日に「専制の絶頂」と呼ばれた時代を支えたニコライ一世が死去し、同年八月三〇日にセヴァストポリが陥落すると、五六年三月十八日に外交上ロシアに不利な条件でパリ講和条約が結ばれた。ヨーロッパ旧体制の守護者だった頑迷なニコライ一世の死去と、西欧諸国に対する手痛い敗北を契機として、新帝アレクサンドル二世のもと、ロシア帝国は六一年二月十九日のいわゆる農奴解放をはじめとして、大規模な国内改革に着手した。支配階級である貴族が「農奴」を所有し、管理するという悪しき制度の変革に踏み切ったのである。のちに「大改革」といわれる時代の始まりである(日付はすべて露暦である。十九世紀では西暦から一二日遅れている)。

この農奴解放令が発布される直前の一八六〇年十月二十八日、陸軍大臣補佐を拝命することになったドミトリー・ミリューチンは、四年間コーカサス軍参謀総長を務めたチフリスからサンクトペテルブルク(以下ペテルブルクと省略)へと戻った。彼は、人に会って話を聞くにつけ、「一八五六年から成し遂げ

ドミトリー・ミリューチン

られてきた深い変化に驚愕した」という。五六年から六〇年までコーカサスで軍務に携わるあいだ、コーカサスが「どこか独特の隔絶された世界」であったために、「クリミア戦争以降に始まったロシア社会の動きを見抜く機会をもたなかった」のである。

本章では、一八六一年十一月九日から八一年五月十一日まで二〇年ものあいだロシア帝国の陸軍大臣を務めたドミトリー・ミリューチンの回想録をとおして、ミリューチンの記憶のなかの一八六一年をたどってみたい。ドミトリー・ミリューチンは大改革を先導し、のちの歴史家が「リベラル官僚」「開明官僚」と呼んだ一群の官僚たちの一人である。弟ニコライ（一八一八〜七二）は内務省で勤務し、農奴解放案作成で中心的役割をはたしたことで知られる。兄ドミトリーの最大の功績は、七四年に貴族も含む全身分に対する兵役義務を導入したことであろ

アレクサンドル２世

う。ドミトリーはまた、教育者・学者としても知られ、十九世紀全般にわたる記録――一八一六年の誕生から七三年までの回想録と七三年から九九年までの日記――も後世に残した(以後、特記しないかぎり、ミリューチンと書いた場合は兄のドミトリーを指す)。

「大改革」の時代は一八六〇年代から七〇年代まで続くが、一八八一年三月一日に「解放皇帝」たるアレクサンドル二世が「人民の意志」党の爆弾テロによって暗殺されると、政治情勢は急変した。暗殺される二時間前、アレクサンドル二世は、当時の内務大臣ミハイル・ロリス＝メリコフの「憲法」案に署名することを決意していた。農奴解放から続く大改革を完成させるかのような「リベラル」な改革案で、農民の土地買い取り額の減額、秘密警察にあたる皇帝直属官房第三部の廃止、地方自治会《ゼムストヴォ》と都市自治会の権限拡大、代表制機関の設置の提案を含んでいた。しかし皇帝の暗殺でこれらの案はすべて白紙に戻り、八一年三月八日の大臣評議会では、専制体制の護持を主張する宗務院総長コンスタンチン・ポベドノスツェフらの「保守反動」勢力が実権を握った。大改革を支えた「開明官僚」たちは皆、国家の要職を去らざるをえなくなった。ミリューチンもまた、この席でロリス＝メリコフ案を支持し、六〇年代に始まった改革の継続を訴えたが、父の死に動揺するアレクサンドル三世に聞き入れられることはなかった。同年五月十一日、ミリューチンが二〇年務めた陸軍大臣の職を辞すると、陸軍省の上層部はすべて入れ替えられた。その後ミリューチンは家族でクリミア半島に移住し、南端の所領シメイスをほとんど出ることなく、余生を過ごした。一九一二年一月二十五日、妻の死の三日後に彼女の後を追ってこの世を去った時、九十五歳であった。

ミリューチンの回想録

ミリューチンが回想録を書き始めたのは、大臣を辞した直後の一八八一年である。ミリューチン自身、八六年九月二〇日にシメイスで書かれた「いつか私の手記を手にするかもしれない読者のための事前の説明」のなかで、日記と回想録に懸けた思いを述べている。ミリューチンは、長く日記を書くことを考えていた。しかし四〇年から四一年の初の西欧海外渡航や、コーカサス遠征の時しか日記を書く暇がなかった。そもそも「自分の平凡な生活」は興味深い日記の題材に値しないのではないかとも感じていた。五六年にコーカサス軍参謀総長、六〇年に陸軍大臣補佐、六一年に陸軍大臣になると、生活は日記に値するものになったが、逆に自由な時間がなくなった。その後、仕事は忙しくなる一方であったが、大臣就任一三年目に日記をつける決意をした。七三年初頭の大臣会議で「あからさまな陰謀」がミリューチンに対してめぐらされた。この事態に直面し、ミリューチンは、公式文書に残らない「通常、将来の世代に秘められたままになるような非公開の事情」を書き留める必要性を認識した。こうした事情にこそ、「将来の歴史家が、当時の我が国の政府上層部がおこなっていた活動の内容や概観を特徴づける際に、関心を向けるに値する」ものがあるはずだ、と考えたためである。まさに、臣民皆兵令を検討している時期のことである。

この日記は、職を辞する直前の一八八九年まで続いた。退職後には日記を書く時間はあるが、書く内容がなくなってしまった。これでは日記は、「もはや歴史の法廷の前で、できごとの目撃者および参加者として証言するというものではなくなり、暇をもてあました遁世者による老人特有の無駄話」になってしまう。しかし、やることもなく、また日記を遅く始めたことを補いたいという気持ちもあり、日記以前の時代を回想録として書き留めることを思いつく。そして、「あまりにも大きな課題に取り組むにあたって、自分の執筆の開始地点を六〇年終わりにすえることにした。つまりコーカサスからペテルブルクに私が戻り、陸軍大臣補佐の職に就いた時である」。こうして、六〇年末から日記を始める七三年まで、続いて一六年から六〇年末まで、という順番で回想録を記し、自らの活動記録を「のちの世代」に残すことにしたのである。ミリューチンは「多くの場合、自分の記憶が変化していることに気付き」、それを「家内文書」――仕事上のメモや人からの書簡など――と、書籍や新聞などを利用することで補った。彼自身、「全力で偏見や事実の意図的歪曲を排除しようと努めた」という。しかし、同時に読者は、彼が回想録を書いた動機が、陸軍省の諸改革に対して「保守反動主義者」がしかけた「不当な批判や敵意のある攻撃」の実態を明らかにし、「真実の光のもとに曝す」ことであることも忘れてはならないだろう。

回想録のなかの一八六一年はじめ

こうして書き始められた回想録執筆の冒頭部分、一八六一年初頭の記述に戻ろう。この部分の記述には、ミリューチンの基本的な姿勢が凝縮されたかたちであらわれている。

一八五六年以来の首都の変化に驚いたミリューチンはつぎのように思う。「クリミア戦争までロシアは生気のない惰性にひたっており、それに続いて、セヴァストポリの壊滅的破壊が救いようのない幻滅をもたらした。しかし、それらはいまや、若々しい活気と国家体制全体の復活と再生への薔薇色の希望にとって替わられた」。とくに彼が重視したのは、出版の自由化にともない「いたる所で自由で容赦ない現存の秩序への批判」が沸騰したことである。「出版こそが、悪を暴き出す道具となったのだ」。かつての研究では、クリミア戦争に敗北した危機感から反動的専制体制が改革に着手せざるをえなくなったといわれてきたが、むしろ、戦争終結を契機として社会が緊張から解放され、再生への希望で湧きたっていたことがわかる。

こうした社会の活気に押され、行政の各所で新しい法が練り上げられるなか、「日に日に、もっとも重要なできごと」である「農奴制の廃止」、つまり「ロシアを覆っていた奴隷状態からのおびただしい数の人々の解放」が待ち望まれるようになった。アレクサンドル二世自身が「個人的なイニシアチヴ」を発揮したことで改革が始まった。政府は、「はるか昔からの我が国の潰瘍を除去し、時代遅れの醜悪な秩序を、同時代のヨーロッパの考え方により適合的な新しい秩序に取り換える」作業に着手した。こうした政府の積極的な活動によって、「発展的で開明的な多くの人々が共通の事業に引きつけられた。こうした人々は、個人的でエゴイスティックな利益よりも、社会的・国家的な利益を重視する人々であった」。この試みには、「古い世代の高官」や「貴族の大多数」が反対していた。しかし、「柔軟で人間的な」アレクサンドル二世は、「国家の偉大な再生」を個人的に強く信じ、「鉄の意志をもった彼の親〔ニコライ一世〕よりも決意をみせ、自らの力をより強く信頼したのである」。

こうした変化について、ミリューチンは肯定的なことばかりを書いたわけではない。改革にともなって顕在化した新しい脅威にも目を向けた。まず、「革命的でアナーキーなプロパガンダ」である。これは主として若い学生、工場労働者、部分的に農村住民のあいだに広まり、以前は秘密裏におこなわれていた活動が大っぴらにおこなわれるようになった。ミリューチンは、こうした「ロシアに現存するものすべてに敵対する」ような活動を、「当時のポーランドの陰謀と疑いなく関係がある」と述べている。こうした革命運動とポーランドの解放運動を結びつけ、両者に対する強硬な姿勢を示したことも、「リベラル」といわれたミリューチンの特徴の一つである。

さらに、自由な討論による社会変革を推奨する一方で、ミリューチンはそれにともなう秩序のゆるみを嫌った。これは、革命運動やポーランドの蜂起といった極端に反体制的な傾向だけに向けられたわけではなかった。ミリューチンは社会変革の手段として出版活動を重視したが、他方で、「わが国のジャーナリスト」の姿勢を批判する。彼らは、「自分に与えられた自由をすでにあまりにも広く利用しすぎていた」。「彼らは、現存する腫瘍、濫用、違法の摘発にとどまらず、政府の活動全体に対する反対派といった性格を示し、あらゆる権力への不信と蔑視を喚起して、国内で維持されていた均衡と秩序をすべて破壊し始めた」。

同時に、コーカサスでの厳しい軍務を終えてペテルブルクに戻ったミリューチンは、「勤務体制」のなかで生じた変化に眉をひそめた。上司と部下、年上と年下の者の関係において、かつての「ドラコン的な峻厳な規律」はすっかりやわらいでいた。それは歓迎すべきことだが、いまや逆に「放埒」が支配していた。メディアの影響で若者は上司を蔑視しかねないような態度をとった。一方で、上司は「突然にトラから温和な羊に変わり」「新聞の糾弾」に捕まらないよう、嘲笑するような態度を隠そうとした。かつては横柄だった上司は、いまや部下にへつらい、人気をとろうとした。こうした状況は教育機関にまで拡大した。教員は規律を保とうとせず、学生や生徒たちとの個人的な関係を放棄するか、上司の前で彼らを擁護するか、火に油をそそぐ者すらいた、という。

ミリューチンは、クリミア戦争以後にロシア帝国にあらわれた「開明的」で「リベラル」な国家官僚の代表的な人物である。ロシア帝国政府は、農奴所有という貴族の主要な特権を奪う大変革に着手し、それにともなって、国家と社会のあらゆる分野で大規模に新制度を導入した。ミリューチンは回想録のなかで、自らが国家勤務に邁進した大改革の時代の政治情勢を、諸改革を推進する改革派と、反対する「貴族党」のあいだの政治闘争として描き出した。同時に、社会にあらわれた反体制的な革命勢力との闘いもまた、この時代をみるもう一つの補助線となる。こうした政治闘争の叙述は、同時代を含め、現代の歴史叙述にまで大きな影響を与えているといえるであろう。本章は、こうした歴史叙述の基礎をつくったミリューチンの語りを再構成しつつ、従来はあまり光があてられてこなかった側面にも目を向けたい。すなわち、帝国の統一性を重視し、秩序維持に強権をふるうことを厭わない、ミリューチンの国家主義者としての一面である。これもまた、「リベラル」な「六〇年代人」のもう一つの顔であった。

2 農奴解放と国家・社会の「リベラル」な改革

一八六一年二月十九日農奴制の廃止

まず、「農奴解放」と「大改革」と呼ばれる諸改革を概観しよう。一八六一年二月十九日に発布された「農奴解放令」として知られるものは、具体的には、農民改革にかかわる巨大な法令群である。この法令群は、「農奴制的従属から離脱した農民に関する一般法」から始まり、その後に、実施のための規定や、多様な地位・地域の農民に対する規定など、一六もの個別の法が続く。この大規模な制度変革はロシア帝国の農奴――人口の三四%にあたる約二三〇〇万人――と、彼らを支配していた貴族の生活環境に甚大な影響を与え、それにともない、帝国全体の国家と社会のかたちが大きく変わっていくことになった。

この巨大な法令群の冒頭には、アレクサンドル二世のマニフェストがおかれている。それは以下のように始まる。

帝位継承の神意と聖なる法によって、先祖伝来の全ロシアの帝位に就くにさいし、朕は、天命に従って、自らの皇帝としての愛と配慮によって、すべての朕の忠実なる諸職・諸身分を抱擁する誓いを自らの心のうちにたてた。祖国を守るために剣をもつ高貴な者から、手仕事用の道具で働く質素な者まで、国家の高位の勤務に就いている者から、畑に犂《すき》で畝間《うねま》をつくる者まで、すべてである。

国家を構成する諸職の状態を精査したところ、朕は、国家の法が上級・中級の諸社団に関しては良く整備されており、その義務、権利、特権が定められているが、農奴的隷属にある人々については、同等の活動が達成されていないことを見て取った。彼らがそのように呼ばれているのは、彼らが、部分的には古い法によって、部分的には慣習によって、領主権力のもとに代々緊縛されているからである。そしてその領主たちに、彼らの福利に配慮する義務も任されているのである。

領主の権利は、現在にいたるまで広大であり、法によって正確に決定されていなかった。そのかわりをはたしているのが、伝統、慣習、領主の善良な意思である。これがうまく働けば、領主の真に誠実な庇護と慈善、農民の心からの服従のあいだに善良な家父長的関係が成立することもある。しかし、習俗が素朴さを失い、関係の多様性が増し、農民に対する領主の直接的な父としての態度が失われ、領主の権利が時に私益のみを追求する人々の手に渡ると、善良な関係は弱まり、農民にとって過酷な、彼らの福利にとって芳しくない専横へと道が開かれることになる。こうしたことへの農民のあいだでの対応は、自らの生活の改善に対して無気力になることとなのだ。

このマニフェストから、農奴解放令が全市民の平等を謳う宣言でないことは明らかである。あくまで皇帝による諸身分の権利と義務の整序が基軸をなし、従来は上級・中級の諸社団までしかおよんでいなかった法的諸権利を、領主地の農民にまでおよぼすことに力点がおかれていた。そのために、領主の権利と農民の権利を法的に規定し、かつては情実で結びつけられていた両者の関係性を国家の法律で制御しようとしたのである。

したがって農奴解放は、皇帝が貴族に対して、「祖国の利益」のために「農民に対する自分の権利を制限する」という「自己犠牲」を呼びかける、という体裁をとることになる。そして、マニフェストによれば、「朕の信頼は報われた」という。つまり、一連の法令が実行に移されると、「農奴身分」にあった人々は領主との関係を法で定め、「自由村落農民」としての完全な権利を得ることになるはずであった。

しかしこのプロセスは長く複雑であった。農民はただちに人格的自由を得るが、土地の所有権は領主に与えられた。ただし、農民は屋敷とその付属地を領主から買い取ることが義務とされ、領主との合意があれば、一定の畑の分与地も買い取ることも可能となった。この買い取りのための資金は国家が立て替えて領主に支払い、農民は国に四九年間かけて返済することとされた。この長く続く買い取りのプロセスは、農民個人ではなく農村共同体が連帯で責任を負った。農村共同体は村団として行政の末端を担い、村団はいくつか集まって郷を構成した。

農奴解放案を策定した官僚たちは、農民を貴族の所有物からロシア国家の臣民に転換することを画策する一方、「農村プロレタリアート」の発生を恐れ、農民に土地を与えて農業を続けさせようとした。このための具体的な作業として、旧領主貴族と農村共同体のあいだに土地証書を作成させ、国家が買い取り作業を仲介することで土地の所有権を整理した。さらに、農民の自治組織を国家行政の末端にすえて、国家による新しい管理体制の構築を試みた。改革を進める国家は、貴族と農民の双方に土地を与えて両者を農村にとどめつつ、両者の反発と反目を宥《なだ》めながら、その関係を調停しようとしたのである。

連動しておこなわれる諸改革

ロシアの巨大な「潰瘍」の除去作業にともない、国家・社会のほとんどすべての分野における法や制度の見直しの作業がおこなわれた。

農村における貴族と農民の諸権利の変更にともない、地方行政のあり方も見直された。領主による所領の管理が解体されたため、その空隙を埋めるために、貴族と農民が参加する新しい地方統治の仕組みが検討された。一八六四年一月一日に導入された地方自治会《ゼムストヴォ》制度では、国政とは異なり、代表制の原理が導入された。これは県と郡の二層構造をもち、郡会は地域の不動産所有を基準に選出された議員と農民代表議員が参加し、上層の県会代議員は郡会代議員から互選された。貴族の利益を擁護する内務大臣ピョートル・ヴァルーエフは、貴族が地方自治会を支配すべきであると主張したが、彼の政敵であるドミトリーの弟ニコライ・ミリューチンの主張で農民も実質的な代表権を得ることとなった。地方自治会は地域社会の福祉事業に広範な責任を負い、独自の地方税を徴収して、インフラ整備、医療、教育などの分野で大きな役割をはたすことになった。そしてそれは、医師・医療補佐員、獣医、教師、農業技士、統計士などの専門家を自ら雇用し、ロシア社会の近代的な発展に大きく寄与していくこととなる。ロシアの「リベラル」は、地方自治会の権限を拡大し、彼らの代表者を国政に参加させる案を幾度となく提起した。地域社会からの情報や意見を吸いあげ、政府の政策に対する支持基盤を強化するためである。先のロリス＝メリコフ案もその代表的なものである。しかし、伝統的な専制体制の瓦解が恐れられ、一九〇五年革命をへるまで国政に代表制が導入されることはなかった。また、県と郡の貴族団や新たにつくられた農民の村団や郷など、諸身分ごとの地方団体組織も維持された。

一八六四年十一月二〇日に発布された一連の司法制度改革諸法は、司法の独立や公開裁判を実現した。これにより、全臣民に対して平等な裁判制度の構築がめざされ、司法官や弁護士などの法専門職も強化された。同時に、司法への社会の代表者の参加も重視された。例えば、諸身分の考え方や生活様式の差異が考慮され、陪審裁判が採用された。陪審名簿には一定の官職・公職に就いている者、または一定額の財産を保有する者が登載されたが、そこには郷や村団の役職者、土地の所有者が含まれたため、農民身分の陪審員も少なくなかった。また、少額・微罪の事件を管轄する治安判事制度も施行され、年齢二十五歳以上で一定の学歴および財産を有する地域住民から、治安判事が選出されることとなった。

新制度によって帝国全体に均質な法制度が導入されたわけではなかった。例えば、農民固有の裁判所である農民裁判所が維持され、新制度の枠外におかれ続けた。また、地方自治会制度・司法制度ともにヨーロッパ・ロシア部のみに導入され、新原則が導入された帝国中央部と、特別な制度で管理される帝国辺境地域とのあいだに差異が発生することにもなった。

とはいえ、改革のおよんだ分野は広大であった。検閲が緩和されたことで出版が活性化した。さらに、高等・中等教育制度が整備されて入学に際しての身分的制限が撤廃されたことで、エリートへの道筋が幅広い階層へと開かれていった。同時に、農民のための国民学校設立も検討され始めた。また、一八六〇年代初頭から国立銀行の設立、銀行制度改革、国家予算の公開、アルコール専売制の廃止などの財政改革が進められた。ただし、税制改革はうまくいかず、人頭税を廃止することはできなかった。他方で、鉄道建設を中心に産業の活性化がはかられていった。一八七〇年には都市にも新しい地方自治制度が導入された。

ドミトリー・ミリューチンの軍制改革

　こうした一連の大規模な変革の最後に、一八七四年のドミトリー・ミリューチンによる軍制改革が位置づけられるだろう。六〇年代から陸軍大臣としてミリューチンは一連の陸軍制度改革に取り組んだ。陸軍省の中央機構を整えることで人員と文書を削減するとともに、大臣への集権化を進めた。地方には軍管区制を導入して国内を一五の軍管区に分けた。管区司令部は、戦時には管区を参謀部として、平時には陸軍省の地方組織として機能させた。六三年には軍隊における体刑を廃止し、六七年には軍法会議制度の改革をおこなった。さらに将校団・兵士の教育に力をいれ、軍幼年学校を改組してより開かれた学校制度に変えるとともに、一般兵士の識字能力強化にも尽力した。これらはすべて、行政の効率化と人員の質的向上という、開明官僚が好んだ改革プログラムである。

　なかでも、ミリューチンが主眼としたのは兵力の増強である。旧来の兵士は、必要時に担税身分（農民や町人）から徴募され、二〇年から二五年程度の長期にわたって軍務を務めさせられた。しかし、これでは平時に維持費がかかり非効率である。兵役期間を短縮し、平時の軍隊を削減するとともに、戦時に訓練された兵士を大規模に動員すること、これが早い段階からミリューチンがめざしたことであった。そのためには、貴族も含む全臣民に兵役義務を課すことが必要であった。この問題は、農奴解放と同様に、貴族の主要な特権を侵害することになる。しかし、一八七〇年の普仏戦争におけるプロイセン台頭に強い刺激を受けて、ついに臣民皆兵に向けた改革が着手された。この時、アレクサンドル二世への改革の進言に協力したのは政敵ヴァルーエフであり、反対派に与《くみ》したのがコーカサス勤務時代の上官であり、ミリューチンを陸軍大臣に推挙したアレクサンドル・バリャチンスキー公爵であったのは興味

アレクサンドル・バリャチンスキー

深い。

皇帝の支持を受け、一八七四年一月一日に新しい「全面的兵役義務」法が施行された。これにより、二十一歳以上の男子は陸軍六年／海軍七年の兵役に就く義務が課された。とはいえ、家庭状況や教育資格によって細かな免除規定が設けられ、「異族人」(法的に特殊な扱いを受けた非ロシア系民族)、植民者、聖職者、医師・教師・芸術家らの専門職者などのいくつかの集団は除外されたので、真に「全面的」とはいえない。それでも一七六二年にピョートル三世が貴族に与えた兵役義務からの解放の特権は奪われ、貴族が帝国臣民集団の一員として軍務をはたすことになったのは大きな変化であった。

一八六一年の農奴解放を皮切りとする大規模な改革事業の特徴は、西欧諸国の世論に配慮し、西欧諸国の諸制度を研究しながらおこなわれたことである。公開性(glasnost')と合法性(zakonnost')をモットーとし、新しく導入された諸制度には国家の全身分の参加を呼びかけた。このことで、かつて貴族の特権が枷《かせ》となって停滞したロシア社会の力が解き放たれ、大国として再生すると信じられたのである。こうした変革は、同時代的にも現代の歴史叙述でも、「リベラル」として特徴づけられるが、個々人の平等や自由を基盤とした社会を構築しようとしたわけではない。あくまで、ロマノフ王朝による帝国支配の強化が目的であり、そのために、多様な身分の義務と権利を明確にし、彼らのすべてを社会の刷新に参加させることをめざした。さらに、そうした諸身分の利害の調停者として皇帝が君臨せんとしたのである。こうした皇帝の改革への意志を実行に移したのが、ドミトリー・ミリューチンを含む「開明官僚」の一群であった。次節ではこの官僚層に目を向けてみよう。

3　「大改革」を主導した「開明官僚」

「開明官僚」の登場

「開明官僚」とは、アメリカの大改革研究の第一人者であるW・ブルース・リンカーンが提起した名称であり、「リベラル官僚」とは、ラリッサ・ザハロヴァをはじめ、ロシアの研究者が著作のなかで用いる言葉である。両者が示す集団はほぼかさなっているといってよい。

ロシア帝国では、ピョートル大帝が貴族に国家勤務義務を課して以来、貴族の勤務志向が強いことはよく知られている。この傾向は、貴族が勤務義務から解放された一七六二年以降も継続した。十八世紀は軍務が主流であったが、十九世紀になると省制度導入をはじめとして官庁機構が整備されたため、文官勤務も広まり始めた。文官を養成する教育制度も拡充し始め、官界で出世するための教育要件も強化されていった。とくに、十九世紀の第二四半世紀にあたるニコライ一世期には、専制体制強化のもと、それを支える官僚団の専門化が著しく進んだ。この過程で、官僚団の上層は依然として大土地所有貴族が優勢であったものの、官僚団全体としてみると、土地をもたない貴族の割合が増加したといわれる。所領経営の片手間ではなく、本業として文官勤務に就くというキャリア・パターンが定着するにつれ、官僚団のなかに「国家の諸問題を重視する」エートスが広まったという。

リンカーンがいう「開明官僚」とは、まさにこの非土地所有貴族で、文官勤務のみで生計を立てる官僚貴族である。彼らは、ニコライ一世期の巨大官庁組織のなかで、限定された分野の専門官僚として訓練された。とくに、官庁が現状把握のために地方社会の実態調査をさかんにおこなうようになったことは重要な意味をもつ。例えば、弟ニコライ・ミリューチンは、内務省勤務の初期に、都市・港湾を調査して都市の産業発展の様相をまとめたり、タウリーダ県(南ウクライナとクリミア半島)に出張して外国人定住者や国有財産の状況を調べたりする過程で、統計の専門家となっていく。一八四〇年には飢饉が起こる地域の調査をおこない、行政の不備を率直に指摘することで、上司に実力を認められていった。四六年にすでにペテルブルク市制の改革を任されたことはその証左である。四一年から一〇年以上内務大臣を務めたレフ・ペロフスキーは、こうした実情把握を的確におこないうる有能な部下を必要とし、ニコライ・ミリューチンのような若手の実務派官僚の保護者となった。五〇年代にはアレクサンドル二世の弟コンスタンチン大公が率いる海軍省がこうした官僚の訓練所になったことも知られる。

ニコライ一世治世末期、皇帝の弟ミハイル・パーヴロヴィッチ大公の妻であるエレーナ・パーヴロヴナは、関係の良くなかった夫が一八四九年に死去すると、自らの夕べの集まりに知識人や進歩的な官僚を集めるようになった。こうしたサロンは、以前は切り離されていた在野のインテリゲンツィアと若手の官僚を結びつけ、ロシアの諸問題を非公式に語る場を提供したという。また、四五年に設立されたロシア地理学協会もまた、のちの国民教育大臣にしてミリューチン兄弟の生涯の友人であったアレクサンドル・ゴロヴニンが秘書になると、進歩的な官僚層の集まる場となった。こうして、若手の実務派官僚は、ロシアの現実の問題に目を向け、具体的な改革を構想するようになったのである。

リンカーンは、こうした開明官僚こそがロシアの近代的変革を起こした集団であると評価するが、そ

ニコライ・ミリューチン

の限界もまた指摘している。とくに開明官僚らが自らの改革プランの遂行にあたって皇帝個人の支持に過度に依存したこと、その裏返しとして、社会的勢力の大多数が改革に加わることを拒絶し、変革の議論を官僚制内部に制限しようとしたことである。開明官僚たちは、自分たちのような、開明的で十分な情報をもつ助言者のみがロシアに必要な改革とは何かを知り、それを皇帝に伝えることで適切な改革が可能だと信じたのである。ドミトリー・ミリューチンもまた、こうした特徴を共有した。

ドミトリー・ミリューチンの生い立ちと初期のキャリア

ドミトリー・ミリューチンは、一八一六年六月二十八日、モスクワの裕福とはいえない貴族家系の長男に生まれた。すでに紹介した次男ニコライのほか、三男ヴラヂーミル(一八二六〜五五)はペテルブルク大学の法学者であり、四男ボリス(一八三一〜八六)はシベリアで勤務した官僚であった。こうした勤務で身を立てるミリューチン兄弟の父アレクセイ・ミハイロヴィッチは、当時の世襲貴族としてはまれな「ブルジョワ」的感性の持ち主であったという。

ミリューチン家に残る最初の公的記録は、ピョートル一世の室内窯焚きを務めていたアレクセイ・ミリューチンが、皇帝の直接の指令で一七一四年に絹・飾り紐・金襴工場を開設した時のものだという。二〇年の勅令には、ピョートルの署名と印があり、さらに皇帝の直筆で修正や補足が加えられ、例えば製品には国内の材料を使うようにといった指示があったという。アンナ・イヴァーノヴナ治世の四〇年に世襲貴族の称号を得るが、ミリューチンの家系はその後も企業家精神を維持したようである。だが、ミリューチンの父は、所領と工場とを相続したものの、それとともに膨大な債務も引き継いだ。彼は家計の立て直しに尽力したが結局は破産し、救世主ハリストス大聖堂の建設委員会書記として勤務に就くことになった。こうして、ミリューチン一家は、一八二〇年代末には、モスクワ南西カルーガ県チトヴォ村の所領を去り、モスクワの賃貸部屋に移ることになったのである。

こうした状況のなか、父は息子たちに国家勤務への道を開くべく、教育に力を入れた。苦しい家計のなかで家庭教育を受けさせたのち、公教育の必要性を感じて、通常の中等教育機関である国立ギムナジア第三学年に編入させた。その後、息子たちを貴族子弟向けのエリート教育機関であるモスクワ大学附属寄宿学校に入れることに成功した。エリート学校入学への助けとなったのは、母方の家系である。母エリザヴェータ・ドミートリエヴナは、ニコライ一世期の国有財産大臣で国有地農民の改革を指揮したパーヴェル・キセリョフ伯爵の妹である。名門キセリョフ家の娘が零落したミリューチン家に嫁ぐ際は勘当同然であったというが、伯父のキセリョフは甥たちがエリート学校にはいる際には支援をした。

このように、ミリューチン兄弟はまさに、勤務とそこでの出世によってのみ身を立てることが可能な状況のなかで育った。そして、国家勤務に生涯を捧げるなかで、貴族の私益を蔑み、国益を至上の価値とする思考を身につけていくことになる。ミリューチン自身、一八四〇年代にモスクワ南部トゥーラに二六人の農奴と小さな所領(約一二六ヘクタール)を相続したが、これを伯父の力を借りて国有財産省に引き渡し、その農奴を国有地農民に変えている。「私は領主、つまり農奴所有者であることをやめた。そして、私の良心は安らいだのである」。

弟のニコライが勉学そっちのけでフランス文学とロマン主義文学に熱を上げ、卒業の際に成績が悪く低い官位でしか任官できなかったのに対して、兄のドミトリーは真面目な生徒であり、一八三二年に銀メダルを獲得して寄宿学校を卒業した。その後、十七歳で父とともにペテルブルクに上京し、砲兵下士官として軍務に就くと、六カ月後には順調に将校に昇進した。父はモスクワ大学自然学協会に属し、『流体動力学法則に基づく水車羽根組み立てのための手引き』という書物の作者である。兄ドミトリーはその父の影響を受けたのか、学校教育時代から数学、物理学、測地学、地形学などを好んだ。三五年末から一年間、陸軍大学校《アカデミア》の実践クラスで学び、優秀な成績で修了すると、三六年に近衛参謀本部にはいった。

一八三八年からドミトリーはコーカサスの部隊に参加し、部隊の構成や制度の不備、新たな要塞システムの提案を文書で提出するなど、非凡な才能を示し上官に認められた。その後、四〇年から四一年の西欧視察、コーカサスでの再度の勤務をへて、偶然に四五年初頭に陸軍大学校で軍事地理学(のちに自ら軍事統計学と改名)のポストを得た。四九年から五二年にかけて、大著『一七九九年パーヴェル一世治世における露仏戦争の歴史』を書き上げ、スヴォーロフ将軍の司令官としての手腕を膨大な資料から分析した。この著作は高い評価を受け、その後のロシア軍事史研究の礎となった。

一八五三年秋、当時の陸軍大臣ヴァシーリー・ドルゴルーコフがミリューチンをクリミア戦争に関わる「特別任務」に推挙したため、陸軍大臣のもとで「学術顧問」としても働くことになった。この時期、陸軍大学校で教鞭を執るかたわら、オーストリア皇帝・プロイセン王らとの会談のためにニコライ一世に同行し、軍事・政治戦略にかかわる大量の文書も作成した。五五年八月に軍事部門改善のための特別委員会が設置されると、ミリューチンは五六年三月に「ロシア軍事システムにおける不備とそれを除去する方法についての意見」を提示し、平時における軍の削減と戦時における軍の増強の必要性を主張し、「農奴主の権利」がその実現を阻んでいると指摘した。この時すでに、後の軍制改革を展望していたのである。他方、こうした激務のために、準備していたコーカサス戦争の歴史に関する著作は、未完のままに終わることとなった。

クリミア戦争が終結するとミリューチンの特別任務も終了したが、コーカサス大守兼コーカサス軍司令官に着任したアレクサンドル・バリャチンスキー公爵は、ミリューチンを参謀総長として呼び寄せた。これを受けて、ミリューチンは三度コーカサスへと向かう。この地で、ミリューチンはコーカサス軍組織全体を簡素化し、明確で整然とした軍行政構造に再編した。さらに、長期にわたってロシア軍に抵抗する山岳民の宗教的指導者であるシャミールの捕獲と、東部コーカサスの軍事活動終結のための軍事作戦の策定にも参加した。そして一八六〇年八月三十日、バリャチンスキーの推薦で陸軍大臣補佐になることが決まり、十月末にペテルブルクへと帰還したのである。

帝国官僚ミリューチンの政治観

ミリューチンは陸軍大臣としての長いキャリアをもつが、軍人というよりは行政官としての気質が強かった。コーカサス軍の軍行政機構、陸軍省中央機構、軍管区制の導入など、彼の改革ではつねに、行政の無駄を削減し、中央の指令で円滑に動くよう機構を合理化し、教育制度の充実によって人員の質を向上することが重視されている。まさしく、開明官僚の典型的思考である。

さらに、ミリューチンは陸軍の個別的問題を超えて、国家全体の問題にも関与しようとした。国政改革を志向するにあたって、ミリューチンには、皇帝の専制的権力を必要不可欠ととらえ、反対派に対する最大の武器だと考える傾向があった。これも、開明官僚に共通する特徴である。ミリューチンによれば、「わが国では権力のみが改革をおこなうことができる。わが国はいまだにあまりにも動揺が大きく、利害関心があまりにもバラバラであるために、こうした分裂した利害の代表者たちのイニシアチヴから何かしら良い、確固としたものを期待することはできない」。したがって、立憲制の導入ははるか先に延ばすべきだということになる。

　そのうえで、国内政策の基本原則として、以下の二点が重視された。「第一に、国家の一体性と統合性。第二に、その構成員の同権」。後者に関しては、特権身分を批判し、「すべての廃れた時代遅れの特権を放棄し、一つのカーストが別のカーストに対してもつような権利とは永遠に別れを告げねばならない」、という。もっとも意識されたのは貴族の農奴に対する権利であり、「いかなる進歩をも不可能にする」ものととらえられている。そのほか、私益よりも国益を、理論よりも実践を優先すべきとする考えも、ミリューチンの思想の基軸をなした。

　第一点目について、もう一歩踏み込んでみよう。「わが国の改革は、帝国全土に共通するものでなければならない。あれこれの地域にそれぞれ特例を適用するのは国家の統一性をそこね、分離主義や小競り合いを生み出すことになる」。この点についてさらに、「強力な権力とロシア的要素の決定的な優勢が必要である。（これは帝国の話であり、とくに、ポーランド王国とフィンランド大公国のことである）」、と述べている。他方でつぎのような留保もつけている。「しかし、強力な権力は、公民の個人的自由も自治も排除しない。また、ロシア的要素の優勢は、他の民族性《ナロードノスチ》の抑圧や根絶を意味しない。さらに、古い特権の撤廃は、均一化や社会主義からは程遠い」。ミリューチンのめざすところは、皇帝に権力を集中させる一方で、一部の身分や地域が特権を保持する状態を改め、それらを絶対的な国家権力から等距離の諸集団として再編することだったのであろう。

いま少し具体的にみてみよう。一八六三〜六四年のポーランドでは、帝国に対する大規模な蜂起が起こるが、これに対してミリューチンは容赦ない鎮圧を支持し、「絞首刑執行人」と呼ばれた総督ミハイル・ムラヴィヨフによるポーランド貴族への徹底的に懲罰的な対応に賛同した。こうした強硬な態度は、ドイツ人貴族が支配するオストゼイ地域（バルト沿岸地域）に対しても向けられた。ミリューチンの息のかかった新聞『ロシアの傷痍《しょうい》軍人』では、ドイツ出自の特権階級があらゆる改革に反対して地域の古い統治秩序を維持しようとし、「フィン・ラトヴィア系住民」や現地のロシア人たちを無権利の状態においていると糾弾した。

ミリューチンは、コーカサスでのシャミール捕獲に間接的に関与したが、その後もコーカサスでの政策に関して強硬路線を支持した。政府は、北西コーカサス、外クバンの山岳諸民族に対しては、平地の指定された場所に移住しロシアの統治に完全に服するか、自分の祖国を離れて「トルコ」に去るかの二者択一を迫っていた。この移住の中止か延期を求める現地からの請願に対して、ミリューチンは「甚だ図々しい」と述べ、これらの請願が、現地の平民からのものではなく、平民を犠牲にして良い収益地を占拠し、その一方で彼らのあいだに政府への不満と「モスカーリ」（モスクワ野郎）への憎悪を駆り立てようとする「パン」（地主）によってなされたものだと切り捨てた。中央アジアに関しても、外務大臣アレクサンドル・ゴルチャコフがイギリスとの衝突を危惧したにもかかわらず、ミリューチンは積極的な進出を主張した。一八六七年にはミリューチンの推挙でコンスタンチン・カウフマン将軍がトルキスタン総督になり、中央アジアのさらなる征服に乗り出すことになる。

このように、ミリューチンのいうロシア的要素の優勢は、民族主義的であるというより国家主義的であり、優先課題はロシア帝国の統合の維持であった。そしてそのための強硬な政策も、特権階級を抑えて非特権階級を庇護する、ある種の国家による正義の実現ととらえていたようである。これらは、皇帝を後ろ盾に改革をおこなう国家官僚の優越意識でもあり、自分こそが公共善を理解しているという自信でもある。これらはすべて、抽象的な理論というより、具体的な政治・社会変動のなかの「敵」に対する政治的判断でもあった。

ミリューチンの気質

一八六一年の回想録の記述に戻る前に、ミリューチン自身の人となりにふれてみよう。

ペテルブルクに戻ったミリューチンは、陸軍大臣補佐として官庁での勤務を始めた。しかし、当時の陸軍大臣ニコライ・スホザネトは、識字能力もおぼつかない「よぼよぼの老人」であり、自分の補佐となった若いミリューチンを好まず、陸軍省の実質的な仕事にかかわらせなかった。この状態にストレスを感じたミリューチンは辞任すら考えていたという。しかし、ポーランドでの騒乱にともない六一年五月にスホザネトがポーランド王国へ異動になると、急転直下、陸軍省の長を任され、十一月に正式に陸軍大臣を拝命することになった。これによって陸軍省で「独立して」活動することが可能になったミリューチンは、大臣としての膨大な量の日常業務——報告、会議、儀礼——をこなすかたわら、陸軍省の改革計画の策定に没入していった。「日中は一時間たりとも休憩の時間がなかったが、睡眠時間は十分とった(一晩五時間から五時間半は寝なければならなかった)」。過重な仕事のためにつねに神経は緊張し、家族にはほとんど会えなかった、という。

ミリューチンにとって何よりも苦痛だったのは、宮廷での義務であった。そこではまるで自分が「敵陣営」にいるように感じた。「自分を大貴族《アリストクラシー》で上流だと思う者は皆、私を白い目でみた。老いた高官は私を成り上がりの若造とみなした。農奴主たちは弟のせいで私を嫌った。社交界へ好んでかかわることはなく、どんな虚栄の誘惑からも遠ざかっていた。極度に内気で自信がなく、つねに目立つことを避けた。そう、本務の時間が足らなかったので、そんなことは避けなければならなかったのだ」。そのためミリューチンは、宮内官アンドレイ・シュヴァーロフ伯爵にパーティーの招待リストからはずしてもらうよう頼むことすらあった。誰もがどんな手を使ってでも手に入れたいと思うような名誉なだけに、この申し出は廷臣を驚かせた。おかげでミリューチンについて「デモクラット」「ほぼ革命家」といった悪名が広まった。

しかし、皇帝が好意と信頼をつねに示したために、ミリューチンの精神力が維持され、公的空間での彼の地位が落ち着いたのだという。さらに、ミリューチンが感謝を惜しまないのが、エレーナ・パーヴロヴナである。「この非凡な女性」は、素晴らしい「手腕」によって、どのような人も自然にそのグループの一員だと感じられる雰囲気をつくったという。そのため、ミリューチンは「人付き合いがまったく苦手な自分でも、昼食でも夕べの会でも、彼女の招待を煩わしいと思ったことはなかった」。こうした官庁と宮廷での自己描写からは、下級貴族出身で、仕事の能力だけで官界を駆け上がったミリューチンの自負とコンプレックスに満ちた自己意識が垣間みえるであろう。

エレーナ・パーヴロヴナ

つぎに、ミリューチンの他者からの評価を紹介しよう。一八六〇年九月十七日にバリャチンスキー公爵がミリューチンを陸軍大臣補佐としてアレクサンドル二世に推挙した時の手紙に書かれたものである。手紙のなかで公爵はまず、ミリューチンを「有能で」「高潔かつ道徳的」「まったく私欲のない」人物と絶賛した。しかし、「彼の弱い側面も打ち明けましょう」と続ける。ミリューチンは「懐疑的な性格で、概して人というものをあまりわかっておりませんので、不名誉な人物たちがつねに巧みに取り入ることができます。彼は参謀部の将校、文筆家、高等教育修了者全般に格別の好意を示すのですが、それはそうでない者にとって不公平になるほどです。あらゆる貴族的な者、とくに爵位をもつ者には敵対的な態度をとります。だから、時がきたら彼自身にも爵位を与えたらいいのではないかと私は思います」。

ミリューチンを推挙した時、バリャチンスキーには、自分が陸軍参謀総長になって軍の実権を握り、陸軍省をたんなる行政財務管理の部局としてミリューチンに運営を任せようとする思惑があった。年齢は一歳年下なだけだが、貧乏貴族出で役人肌のミリューチンを操縦できるとあなどったともいえる。しかし実際には、バリャチンスキーは陸軍参謀総長にはなれず、他方のミリューチンは大臣になると陸軍省の改革を梃《てこ》に、皇帝、陸軍、引いては政府全体に影響力をもったため、バリャチンスキーはのちにミリューチンの政敵にまわることになった。とくに彼は、ミリューチンの陸軍改革が軍の官僚制化を招いたと鋭く批判した。ちなみにミリューチンは、露土戦争後のベルリン会議(一八七八年)ののちに、バリャチンスキーの提言どおり、伯爵の位を受けた。

バリャチンスキーは手紙のなかでさらに続けていう。「不幸なことに、彼はすべてのロシア人に共通する欠点をもっておるのですが、それは、大ロシア出身ではない者すべてを憎悪するということです。加えて、自分の共感と反感に強く拘泥するところがあり、コーカサスの土地の者への反感に満ちた態度はしばしば私の癇に障りましたし、物事に悪影響を与えることもありました」。バリャチンスキーは、大貴族然とした自らと対照的なかたちで、「土地の者」への反感と大ロシア人としてのプライドを示そうとする小貴族的なミリューチンの性格を描き出している。弟のニコライも兄と似た気質をもっていた。兄に比べればポーランド文化に融和的であったが、やはり支配層のポーランド貴族には手厳しかった。ニコライは、農奴解放後に貴族勢力に気を使った皇帝に罷免されたが、その二年後にポーランド王国の農民改革の特命を受けた。かの地でニコライは、ポーランド貴族の反乱に対する徹底的な鎮圧に理解を示すと同時に、内地よりもはるかに農民に有利な、つまりポーランド貴族に不利な農民改革を断行した。古い特権的貴族への敵意、学歴へのこだわり、統合性と合理性への執着、ロシア帝国官僚のプライド、自らの改革の正しさへの自信、これらはすべて開明官僚たちのなかで密接に結びついていた。

一八八九年一月二十六日、軍事史家アルノリド・ジッセルマンは、バリャチンスキーの三巻本の伝記を著した際に、この手紙の出版許可をミリューチン自身に求めた。しかし、ミリューチンはこれを許可しなかったという。

4 ドミトリー・ミリューチンの描く一八六一年のロシア帝国

一八六一年——ヨーロッパ国際情勢とロシア帝国

ミリューチンの回想録に戻り、一八六一年のロシア帝国を国内外から眺めてみよう。ミリューチンは六一年の記述の最後に、六一年までのヨーロッパ政治の概況をまとめている。国際情勢のなかでのロシア帝国の位置を理解するために、まずはこの記述から紹介したい。

ミリューチンによれば、当時のヨーロッパ国家はすべて「何か不安な予感のなかにいた」。表面上は大国間の友好な関係が維持されているにもかかわらず、いたる所で軍事的な準備が進み、「まるでヨーロッパは大戦の前夜にいるかのようだった」。その主要な理由の一つが、イタリア半島の事件であるという。この「サルディーニャ国王」が成し遂げた「統合運動」の成功は、「他の諸民族《ナロード》のなかに国民的《ナショナル》な感情を引き起こし、ポーランド人、マジャール人、オーストリア君主国のスラヴ系住民、ホルシュタイン・シュレスヴィヒのドイツ系住民、また、バルカン半島とシリアのキリスト教諸民族のあいだで革命的な試みを促進した」。

しかしミリューチンによれば、不穏の原因は、フランス皇帝ナポレオン三世の曖昧な外交政策にもあった。彼が、大国との友好関係を維持しつつも、陰に陽にイタリアを支援したために、情勢が不安定化したというのである。当時のフランスは列強のなかでも「最重要の地位」を占めており、「ヨーロッパ中がパリのスフィンクスのなんとでも解釈できる予言に耳を澄ませた」という。このナポレオン三世は、「偉大な伯父を模倣して全権力を手中におさめ、あらゆるリベラルな機関を制限したものの、自らの足元に堅固な基盤がないと感じた。そのため世論を喜ばせる必要があると考え、国際政治であれこれ際どい悪ふざけをしては、民衆《ナロード》の国民的《ナショナル》な好みに取り入ろうとした。そして、祖国の名誉や偉大さだの、自由と社会秩序の調和だのという空虚なフレーズを用いたり、時に民衆《ナロード》の政治的権利が拡大したかのようにみせるために、政府権力が何かしら新しく譲歩したと大号令を出したりしては、フランス人を楽しませた」。ミリューチンは、こうしたナポレオン三世の内政を「立憲制のゲーム」と呼んだ。

ナポレオン三世がイタリアに中途半端に介入したのは、イタリアがイギリスと手を結ぶことを恐れたことに加え、国内のカトリック勢力に配慮し、教皇権を保護しようとしたためでもあった。このためにフランスは義勇軍を募り、ローマに軍隊を駐屯させた。長くイタリアを勢力圏としたオーストリアはフランスの行動に不安を感じてプロイセンに近づき、ドイツ連邦の枠内における共同軍事組織の強化をめざした。他方でプロイセン議会は、イタリア半島のイタリア人による統一に共感し、「純ドイツ人住民」による国家を求めた。そのために、多民族国家であるオーストリアとの連帯には難色を示した。ロシアはプロイセン宮廷との伝統的な関係を重視したこともあり、一八六〇年十月にはワルシャワで墺・普・

露の三君主の会談を開催して革命勢力への対抗を試みた。同時にイタリアでの戦争でオーストリアを支援することは拒否し、フランスとも友好関係を維持して、ベルリン・ウィーンとパリのあいだの仲介者としての役割をはたしたという。こうして、ヨーロッパ列強は、表面的な友好の裏で複雑な駆け引きを続けていた。

オーストリアは、一八五九年イタリアでの「不幸な戦争」を契機に、国内の多様な民族《ナロード》から権利要求を受けたため、「国家全体の共通利益と、地域的な行政的自治の一致」を実現する方策に取り組まざるをえなくなった。しかし、六〇年十月と六一年二月の帝国令で提案された改革案は、「ドイツ人のリベラル政党」を満足させただけで、「マジャール人やスラヴ人」をかえって怒らせ、それ以後に続く長い自治をめぐる闘争と交渉の皮切りとなった。これに対して、プロイセンでは国家の「人的構成」に「統一性」があり、「民事・軍事ともに高いレベルで制度が整備」されているので、オーストリアよりも「はるかに有利」だった、という。このプロイセンが一〇年後にヨーロッパの表面上の均衡を破り、オーストリア、続いてフランスとの戦争に鮮やかな勝利を遂げたとき、ロシア帝国もまた、ミリューチンの提起する軍事改革に突き進まざるをえなくなったのである。

ヨーロッパ情勢を動かしていたもう一つの要素は「東方」問題であった。クリミア戦争以後、ロシアは「オスマン帝国のキリスト教住民に対してもっていた圧倒的な影響力を失った」。その後も、西欧列強は東方へのロシアの影響力をいっそう排除しようと試み続けた。それは「西側の大国」、とくにフランスによる「ドナウ諸公国」への後見というかたちをとった。具体的には、ナポレオン三世はモルダヴィア公国とワラキア公国を統合して独立国家とすることを画策した。このフランスの支援のもと、フランスで教育を受けた「ナポレオン三世の子飼い」であるアレクサンドル・クザ大佐が一八六一年十二月に両公国の連合国家の統治者となり、のちの独立国家ルーマニアへと歩を進めた。

シリアでキリスト教徒の虐殺が起こると、一八六〇年夏に五大国とオスマン帝国がパリで会議を開き、その結果、外国軍によるシリアの一時的占領が合意された。この方策の実行はフランス軍に任され、フランス軍が治安回復と平和維持のためにシリアに駐屯することとなった。六一年初夏にフランス軍撤退期限が迫ると、現地キリスト教徒の安全保障の方策が検討され、シリアの沿岸に英・仏・露の連合艦隊が派遣されるなか、新しいシリア統治制度が実行に移された。それによると、オスマン帝国スルタンの許可のもとでキリスト教徒の総督がおかれ、その補佐としてムスリムから選ばれた副官がイスラーム教シーア派の一派であるドゥルーズ派を管理し、もう一人キリスト教徒から選ばれた副官がカトリック教会の一派であるマロン派を管理した。初代の総督となったのは、アルメニア人カトリック信徒のダウド・パシャであった。

ミリューチンによれば、西欧列強は、シリアに貿易上の利害をもっていたこともあり、シリアのカトリック信徒と、バルカン半島の「ロシア住民と同じ信仰の者たち」(正教徒)への眼差しは、まったく異なったものであったという。そのため、シリアには尽力を惜しまないのに対して、「ヨーロッパ・トルコ」(バルカン半島)の正教徒の保護問題は棚上げにされたままであった。こうした事情から、バルカン半島の正教の小国はロシアを「自分たちの自然な庇護者」とみて、なおいっそう援助を求めた。それを受け、ロシア政府は列強やオスマン政府に対して、キリスト教徒の実態調査やその問題解決のための会議の開催を再三求めた。にもかかわらず、何らの真剣な動きもみられなかった。イギリスはとくにロシアに不信をいだき、「オスマン帝国のキリスト教地域における平穏と秩序を維持する唯一の方法は、トルコ的要素の強化である」と考えていたという。そして、「トルコのキリスト教徒に対するペテルブルク政府の庇護」につねに対抗して、コンスタンティノープルに影響力をおよぼそうとした。こうしたバルカン半島のキリスト教徒保護をめぐる列強の対立と調整は、一八七〇年代末の露土戦争へと繋がっていくこととなる。

ミリューチンは、距離は離れているが、ある程度ヨーロッパの国際関係を反映している重要事件として、「北アメリカ合衆国の内紛」(南北戦争)にかなりの紙幅を割いている。ミリューチンによれば、イギリス・フランス・スペインなどの「ヨーロッパの海洋大国」は、アメリカの混乱を陰で喜び、その分裂と弱体化を密かに望んでいた。そして、表向きは中立を表明しつつ、秘密裏に「分離主義者」を支援して南部連合と連絡をとっていた。そのため、英仏とワシントンの関係は悪化した。これに対してロシア政府は最初から堅固に連邦政府支持を表明していた。英仏の陰険な活動が苛立ちを引き起こしたのとは対照的に、ロシアは「大西洋のかなたの共和国でおおいなる共感を獲得した」のである。ミリューチンは北部では奴隷制が「自由な国家にとって恥ずべきアナクロニズム」だと考えられており、年々「アボリショニスト」(奴隷廃止論者)の勢力が強まったと説明する。そのため、アメリカ民衆《ナロード》のあいだには「ロシア解放皇帝の人となりへ恭敬の念」が引き起こされた。というのも、アメリカでは「奴隷制の廃止の問題が内戦の殺し合いによって解決された」のに対して、ロシアでは農奴解放が平和裏におこなわれたためである、というのである。

このように、不穏ながら表面上の友好関係を維持していたヨーロッパ国際情勢のなか、農奴解放を断行したロシア帝国の一八六一年の様子をつぎにみていこう。

一八六一年前半――農奴解放令の発布をめぐる状況

ミリューチンの弟ニコライが主導権を握った編纂委員会は一八六〇年十月に農奴解放案作成作業を終え、アレクサンドル二世の弟コンスタンチン大公が議長を務める農民問題総会での審議も短期間で決した。六一年一月二十八日の国家評議会総会で、皇帝は二月に法令を発布すると宣言した。異例のスピードで物事が進み、反対派に大きな修正を要求する時間は与えられなかった。

二月十九日の新法発布で、「奴隷にされていたおびただしい数の民衆《ナロード》の轡《くつわ》が突然はずれた」。多くの者がこの劇的な変化を不安と興奮の面持ちで迎えた。政府は騒擾や暴動に備え、軍隊を配備した。三月六日に予定された全国一斉の発布のために、何万ものマニフェストの写しが帝国中に急ぎ発送された。両首都では前日の三月五日に教会で聖職者からマニフェストの説明がなされたが、他の地域では六日以降にずれ込んだところも多かった。ミリューチンによれば、事前の不安を打ち消すように、民衆《ナロード》が新法に対して「喜びと深い感謝」の意を示した。ペテルブルク県の諸郡の代表団は、冬宮で皇帝に涙ながらに自らの気持ちを伝えたという。新法はヨーロッパ諸国の各議会でも取り上げられ、ロシアの大きな決断に対する共感が各地で示された。

ただ、「僻地では農民の間でマニフェストを曲解したことによる誤解が生じることがあった」ことも事実である。無条件に土地が与えられるとする噂が流れ、場合によっては暴動に発展することもあった。もっとも深刻だったカザン県スパスキ郡ベズドナ村では、アントン・ペトロフを中心に五〇〇〇人の農民が武装し、五五人の死亡者と七一人の負傷者を出した。しかし、ミリューチンによれば、たいていは「誤解」から生じたので、「軍隊があらわれるとすぐに屈服」したという。

かくしてパンドラの箱が開けられ、ロシア帝国の政府部内に政治が出現することとなった。以後、ロシアの内政は、農民の利益の増大を擁護する改革派と、貴族の利益の維持をめざす保守派との争いが基軸となる。実際、改革直後に政治潮流は転換する。公布にまつわる混乱が一段落した四月、人事が動いた。皇帝は、農奴解放を終わらせるまでは「時流に対抗し続けた」が、ひとたび実行されると、「彼の性格からいって、不満を宥めなければならないと考えるようになった」。そのため、農奴解放案作成を主導した弟ニコライ・ミリューチンやその上司の内務大臣セルゲイ・ランスコイらは辞任に追い込まれ、法令の施行は新しく内務大臣に就任した「領主党」のピョートル・ヴァルーエフの手に渡った。ミリューチンの表現によれば、ヴァルーエフは威厳ある外見とエレガントな身なりをして、「つねに仰々しく、多様な言語からの引用」を好む、ヨーロッパ的教養のある人物である。そして、バルト諸県で力をもつドイツ人地主に共感し、「ロシアのデモクラチズム」に不快を感じていた、という。心血をそそいだ一大事業を反対派の手に引き渡さねばならなくなった弟ニコライ・ミリューチンは侮辱を感じ、一八六三年にポーランド王国での農民改革を任されるまで、「ペテルブルク官界の息詰まるような空気」から逃れ、西欧へ保養に向かった。

五月になると皇帝は、「純ロシア民族性《ナロードノスチ》の核」で「勤務しない領主貴族の巣窟」たるモスクワに向かった。皇帝自ら、「口やかましい老人たちに注意をはらい、彼らの機嫌をとり、彼らのもっとも重要な習慣や世界観を極端にそこねる既成事実を甘んじて受け入れさせるのは、義務的なこと」だったからである。五月十七日の夜十時半にモスクワに着くと、多くの民衆《ナロード》が鉄道駅からクレムリンまで歓喜で出迎えた。二十一日には農民団四〇〇人が皇帝に感謝の意を涙ながらに伝え、「彼の前で跪き、彼［皇帝］の足をかかえ、泣いた。ウラーの叫びはやまなかった」という。それとは対照的に、モスクワの「農奴主」たちは、苛立っており、こうした歓待劇は役人が準備したものだと信じていた。しかしミリューチンは、そんな話は「私の友人」によれば、「まったくの嘘」であり、すべては農民の自発的行為であったと述べている。

皇帝は六月十日にペテルブルクに戻ると、しばらくポーランド問題に対応したのち、八月六日から南部へ向かい、クリミア半島をへてコーカサスへ赴いた。十月十八日にペテルブルクに戻るまで、首都は皇帝不在となった。

ピョートル・ヴァルーエフ

一八六一年秋――ペテルブルクの「無秩序」

ミリューチンは「貴族党」とは対極にいる革命運動の先導者たちも敵視した。実際、農奴解放がもたらした社会の興奮状態のなかで、革命運動の担い手たちの活動は活発となり、ペテルブルクでは「革命的アピール」が数多く出された。それらは、「若い世代へ」「将校たちへ」宛てられ、「大ロシア人」「土地と自由」などの題名で書かれていた。ビラは、郵送されたり、公共の場所・学校・兵舎に投げ入れられたり、道で手渡されたりしたという。

九月一日に新学期が始まると状況が大きく動き出した。ニコライ一世末期の大学は学生数も制限され厳しく管理されていたが、一八五六年以降にこの締めつけは急激にゆるみ、ペテルブルク大学の学生数は約一五〇〇人に激増した。学生らは自らの生活や学業の維持・向上のために学生団を組織し、大学当局もこれを黙認していたが、しだいにこれらの互助団体は「抑えのきかない若者の群衆に変わった」。六一年の初頭から学生たちは騒ぎを起こし、これに対抗して、五月三十一日に国民教育省は無許可の学生会議の禁止、貧困学生の学費免除の廃止、入学・進学・卒業試験の厳格化を含む厳しい新規則を提示した。

国民教育省から対応策が出た直後、学生は休暇にはいりひとまず離散した。一方、六月二十八日に国民教育大臣は海軍提督エフィム・プチャーチンに交替した。一八五五年の日露和親条約、五八年の天津条約、日露修好通商条約締結などの外交的功績を認められたためである。彼は早速、五月の新規則の厳格な施行を求め、学生管理のために学生登録・学生証の発行を試みた。その噂が学生のあいだに流れ、動揺を引き起こし始めた。学生監視のための新しいポストである副学長職を設けたが、教授陣はこのような責任を負いたくないため誰も引き受け手がいなかった。学長も新規則を正式には学生に伝えておらず、九月十八日に授業が始まると、学生は新規則を無視して学生会議を始めた。教授のなかにそれを止める者はおらず、学生会議の規模は拡大し、他の高等教育機関にまで広がっていった。

九月二十五日、講堂が閉鎖されると、学生たちは宮殿橋を渡りネフスキー大通りとヴラヂーミル通りをとおって、ペテルブルク教育管区監督官グリゴリー・フィリプソンが住む鐘横丁まで、大挙して移動を始めた。早速、警察署長アレクサンドル・パトクリと軍総督パーヴェル・イグナチエフも駆けつけた。この時、冬宮では皇帝も二人の兄も不在のなか、四男ミハイル大公のもとで臨時の会議が開かれており、市当局の役人らがひっきりなしに学生の様子を報告にきていた。憲兵隊を統括していたピョートル・シュヴァーロフは学生たちを解散させてくると出て行ったが、まもなく自分もイグナチエフもパトクリも為すすべなしだといって戻ってきた。軍隊の導入が決定されたとき、フィリプソンはついに意を決し、自分に任せてほしいと出かけて行った。そして、学生に大学に戻れば話を聞こうと説得をした。学生たちはフィリプソンを信用せず、一緒に行くなら戻ると答えた。そこで、フィリプソンは学生の先頭に立ち、歩いて(途中から乗合馬車に乗り)彼らとともに大学へと戻ったのである。

こうして一時的におさまった騒擾は、その夜に二八人を首謀者として逮捕したことで、再燃した。もはや大学教員は警察と軍に処置を完全に任せていた。九月末から十月初めの学生会議には、数多くの「外部の人間」が乱入し演説を繰り返した。十月三日、国民教育省は新たな手を打った。大学に残って課程を修了したい学生は、郵送で学生証の発行を依頼し、学生名簿に登録することが求められた。約一五〇〇人のうち、六五三人がこの学生証を受け取った。十月十日に再開された授業へ出席する資格があるのは学生証保持者だけと伝えられたが、学生証を受け取った者は学友の目を気にしてあらわれなかった。騒擾が再び生じると、ついに軍隊が出動し、二八〇人が逮捕されるにいたった。この学生の騒擾は、ハリコフやモスクワなど、別の都市へも波及していった。

十月二十日に皇帝が首都に戻ると、事態の収拾が模索された。シュヴァーロフ、イグナチエフ、プチャーチンらは職を辞し、コンスタンチン・カヴェーリンをはじめ、著名な大学教授数人も大学を去った。十二月四日、逮捕された学生の審理も終わった。騒擾に責任があるとされた学生五人は放校され、遠隔の県で警察の監視のもと、公的な勤務に就くことが許された。第四学年の三二人は放校され、親戚の身元引受のもと、勤務に就くことが許された。一年から三年までの一九二人は、厳しい叱責を受け、学生登録を受け入れて大学に戻るか、故郷に帰るか、警察監視のもとペテルブルクに残るか、選択させられた。

ミリューチンは、長年の友人カヴェーリンを辞職に追い込み、学生たちを騒擾に駆り立てた責任者として、大臣プチャーチンと教育管区監督官フィリプソンを批判した。「プチャーチンは、性急で過激な行動をとったために、学生や教授を抑えるかわりに短期間で彼らを追い出し、ペテルブルク大学を完全に荒廃させた」というのである。十二月二十日、大学制度改革がおこなわれ、新大学令が発布されるまでのあいだ、ペテルブルク大学の閉鎖が決定された。一八六一年という緊張感あふれる転換点の年、大学での若者の騒乱が首都を揺るがせた。しかし、政府の学生への処遇には配慮が感じられ、ミリューチンにも行政の不首尾を責めて学生と教授に同情する余裕があった。しかし、この年、同じように騒擾を繰り返したワルシャワへの眼差しは大きく違ったものであった。

ポーランドの「スムータ（大混乱）」

一八六一年の回想録の記述の多くを占めるのがポーランド問題である。かつての大国ポーランド＝リトアニア共和国の栄光は十八世紀末のポーランド分割による国家消失で失われたが、併合された地域ではポーランド貴族が依然として力をもち、故国の復活を希求し続けた。一八三〇・三一年のポーランド蜂起は武力で鎮圧されたが、「ポーランドの謀反」は根絶されてはいなかった。ミリューチンによれば、蜂起後に六〇〇〇人ものポーランド人が西欧各国に移住した。この「ロシアの不倶戴天の敵たち」は、「ポーランド再興という秘めた思想の運び手」として、「つねにロシアに陰謀をしかけていた」。一八五九年のイタリア戦争開始によって、「ファンタジア」が再び燃えあがり、彼らはナポレオン三世がポーランドを「解放」すると信じるようになった。ポーランド人移住者は、ヨーロッパの外交筋や貴族社会、バチカンとカトリック聖職者との関係を維持しつつ、ヨーロッパ革命の「民主派」と手を結ぶことも厭わなかった。もちろん、ロシアの革命家とも連帯を模索した。いたるところに「エージェントと共謀者」がおり、ペテルブルク政府の内部ですら例外ではなかった。「政治的フィクションの追求において、これほどシステマティックで広範な一貫した陰謀は歴史上に類をみないだろう」とミリューチンはいう。このようにミリューチンは、「ロシアの力を蝕《むしば》む」「ポーランドの陰謀」という強迫観念に強く支配されていた。

この時期、いくつかの問題がポーランドを再び蜂起へと突き動かしていった。ミリューチンによれば、まず前述のイタリア戦争。つぎに一八六〇年十一月に一八三〇年ワルシャワ蜂起三〇周年を迎えたこと。さらに、ペテルブルクで農奴解放が準備されるなか、「ポーランド革命家」がロシア政府の機先を制してポーランドでの農民問題のイニシアチヴをとり、ポーランド農民の支持をえようとしたこと、などである。

回想のなかでミリューチンは、一八六三年にポーランド貴族ザモイスキ邸の捜索で発見された、六一年三月一日に書かれたとされる蜂起の詳細な計画書を紹介している。それによれば、まず、農民改革については、ポーランドのシュラフタ(貴族)が主導するべきであり、ロシア政府に介入させてはならない。ロシア政府がこの改革案を拒絶したら、民衆《ナロード》のあいだにロシア政府への怒りを喚起せよ。さらに、ツァーリが恐怖心から、ポーランド愛国者の要求をのむよう仕向けよ。民衆《ナロード》のなかの政府への信頼を引き裂き、ヨーロッパにポーランドの運動への同情を生み出せ。だがいまのところ時期尚早なので、まずは若者を駆り立てていたる所でロシア権力をそこない、不満や混乱を引き起こして蜂起への土壌をつくることを当面の課題とせよ、と。文書の真偽はともかく、帝国官僚はポーランドの「陰謀」をまさにこうした筋書きにそって眺めていた。

年の初めから、ワルシャワではデモが頻発した。二月十六日にはワルシャワ大司教を中心とする三人の代表団が皇帝宛の文書をポーランド王国大守ミハイル・ゴルチャコフに渡した。そこで彼らは、ポーランドの人民《ナロード》が民族性《ナショナリティ》と政治的権利を奪われていると嘆き、宗教・立法・啓蒙・社会構造の民族的《ナショナル》な独自性を回復させてほしいと訴えた。ペテルブルクは農奴解放令発布直前の緊張感のなかにあったため、皇帝自身も動揺し、帝国との政治的紐帯を弱めない範囲での自治を与えることになった。ワルシャワの騒ぎを宥め、ヨーロッパの世論を軟化させるためである。二月二十五日にはゴルチャコフ宛の詔勅が出され、三月十四日にはポーランド王国の新統治制度に関する勅令が発布された。それによって、王

ポーランドのデモを解散させようとするロシア軍

国国家評議会、地方の選出制の評議会、宗教・教育問題委員会などが設置された。これは、ロシア政府からポーランド王国への妥協の提示であり、一八三〇年以前に王国が享受していた自治の復活を意味した。しかしポーランド側は一七七二年分割以前の独立を望んでおり、この詔勅はむしろ幻滅と暴動を招いた。三月二十一日に王国統治制度改革の内容が住民に伝わると、三月二十六日には群衆が総督府に集まり、翌日には軍隊が発砲して一〇人の死者が出る事態となった。これを受けてさらに追悼のデモが続き、外国メディアの糾弾が広まった。以後、ポーランド王国では際限のないデモの激化が進むことになる。

五月十八日に騒乱の心労でミハイル・ゴルチャコフがなくなると、陸軍大臣スホザネトが急遽後任としてワルシャワに送られた。そして前述のとおり、首都ではミリューチンが彼にかわり陸軍大臣となった。

政府上層では内務大臣ヴァルーエフ、憲兵司令官兼秘密警察長官ヴァシーリー・ドルゴルーコフ、外務大臣アレクサンドル・ゴルチャコフらの「貴族党」が優勢であり、「地域の保守派を惹きつけること」、つまりポーランド貴族の慰撫を重視し、強硬な軍事的政策には消極的であった。また、臨時にポーランドの統治を任された老齢のスホザネトに覇気はなく、ポーランドの状況は深刻化していった。皇帝は人選に悩んだ挙句、スホザネトの後任として、カルル・ランベルト伯爵の派遣を決めた。ランベルトは、いまだに近衛士官の「如才なさと粋」を保つ若い中将で、この時まで「戦争でも行政でも何らの特別な功績も示す機会がなかった」。ミリューチンは、「これほど上級の困難な職に何を根拠に(彼を)選んだのか理解に苦しむ」と憤っている。「まさか、彼自身がカトリックで見かけは上品だから、ポーランド貴族に気に入られやすいという憶測によるのだろうか？　もちろんこれは幻想だ。わが国の政府がその時ポーランドに対してとったシステムのすべては、こんな幻想だったのだ」。ランベルトはワルシャワ軍総督兼ポーランド王国内務委員会議長として陸軍省勤務のアレクサンドル・ゲルシチェンツヴェイクを推薦した。ゲルシチェンスヴェイクは優秀だったので、陸軍省が重要な働き手を失うのは惜しかったが、「ポーランドの事案」は当時の最重要課題なのだから、反対するわけにはいかなかった、とミリューチンはいう。

九月十九日にランベルトは新設のポーランド王国国家評議会を開き、三月十四日の新制度を施行する努力を始めた。しかし、状況は一向に好転しないどころか刻々と悪化した。ゲルシチェンスヴェイクは、その少し前の九月十二日にミリューチンに書いた手紙のなかで、心情を吐露している。「ここでの私たちの状況は絶望的です」「ポーランドでの運動は規模も性質もペテルブルクで想像していたよりはるかに深刻です。現在、厳格な措置や戒厳令が役に立つのか、おおいに疑問です。事はあまりに遠くまできてしまいました。表面的な騒擾は鎮圧されるかもしれませんが、憎悪が拡大するでしょう」。国家評議会開設直後の二十一日の手紙では、より具体的に帝国統治の苦境を嘆いた。彼によれば、地域全体がテロリズムに侵されているが、何もできない。というのも、警察は実質的に存在せず、官吏はみな革命家たちと結託しているからである。さらに、「昨日、国家評議会の総会が開かれましたが、私見では、そこでのランベルト伯爵と私の立場は極めて困難になるでしょう。議員は皆、地域のことをよく知っていますが、私たちはそうではありません。何より、私たちは言葉がわからない。フランス語で話さざるをえませんでしたが、多くの議員はこれを理解しません。私たちは、今後ポーランド語で論じられるこ

カルル・ランベルト

とを理解できないでしょう。こうしたわけで、私は皇帝の期待にそって役に立てるような状態にないと、しばしば確信を失い、気落ちしております」。

九月二十三日にワルシャワ大司教が死去すると、十月一日の葬儀ではポーランド王国の多様な地域の農民の代表団が招かれ、豪華な食事がふるまわれたのち、故国の解放が訴えられた。さらにリトアニアとポーランドの合同のエンブレムが掲げられ、聖職者自身がデモに加担した。十月三日には英雄コシチュシコの追悼記念日が迫っていたため、ついにランベルトは十月二日に戒厳令を発令した。にもかかわらず、十月三日には朝から教会に人が多数集まったため軍隊が出動した。多くの教会では軍隊がくる前に群衆は散ったが、三つの教会では人々が立てこもったため、軍隊が教会を取り囲み、丸一日膠着状態となった。その後、ドアを蹴破って突入し、女性と子どもは逃がして、男性は全員逮捕した。彼らは城砦に拘留されたのち、兵役に送られることになっていた。

しかし、翌日の十月四日の朝、ランベルト伯爵が警察署長レフ・リョーフシンを呼び出し、それほど罪のない者を解放するよう命じたところ、この警察署長はほとんどすべての者を解放してしまった。驚いたゲルシチェンスヴェイクはランベルトに詰め寄り、密室では激しい言い争いが起こったという。ゲルシチェンスヴェイクは直後に病に倒れ、ランベルト伯爵は辞表を提出して十月十四日に海外に出た。リョーフシンは罷免され、ポーランド人シギスムント・ピリスツキーがその後任に就いた。このポーランド系のロシア帝国軍人は教会の管理を徹底し、戒厳令がポーランド王国全体に拡大するなか、軍隊を駆使して事態の鎮静化をはかった。ほどなく、ゲルシチェンスヴェイクの病気の原因は自殺未遂であったことが判明した。ランベルト伯爵との「アメリカ式決闘」（籤《くじ》で片方が自殺しなければならない）の結果ではないかと憶測されたが、いずれにせよ、彼は頭蓋骨に残った銃弾に苦しんだすえに十月二十四日になくなり、ペテルブルクのルター派教会で葬儀がおこなわれた。

　ワルシャワの混乱はかつてのリトアニア大公国領にあたる「西部諸県」にも拡大し、一八六三〜六四年の大規模な武装蜂起にいたるまで拡大の一途をたどった。ミリューチンの回想録を読むと、彼がポーランド問題を貴族への敵意や帝国の統合性への脅威だけではなく、国内の若者の革命的活動、ヨーロッパ国際世論でのロシア帝国の威信の失墜などとつねに関連づけてとらえていたことがわかる。大改革を通じ、輝かしいロシア帝国を再生しようとする開明官僚たちにとって、ポーランドは巨大な障害であり不安の源泉であった。

　一八六三年九月十七日、弟ニコライ・ミリューチンもまた、大ロシアの農民改革で失った（と感じた）皇帝の寵を取り戻すため、大改革の理念の正しさを証明するため、そして、ポーランドの動揺を抑えて帝国統合を維持するため、ポーランド王国の農民改革に着手した。この時、彼は改革への意気込みをいだきつつも、自分へのポーランド問題の委任は宮廷の反対派の陰謀ではないかという気持ちをぬぐい去れなかった。多くの官僚がこの遠く離れた激動の地の問題に対応しきれずに苦しんだからである。事実、ポーランド王国の農民改革に取り組むさなか、一八六六年十一月にニコライは卒中で倒れ、体が一部麻痺したまま、四十九歳で政界を永遠に引退せざるをえなくなった。そして七二年一月二十六日に五十三歳の若さで生涯を閉じたのである。

ロシア的近代構築の試み

一八六一年はロシア帝国にとって象徴的な転換の年である。クリミア戦争の敗北は、ナポレオン戦争以降、ロシア帝国がヨーロッパ内で維持した威厳ある地位に傷をつけた。ニコライ一世の頑迷な体制のなかで育成された若手の実務派官僚は、クリミア戦争終結とニコライ一世の死去により、官庁の殻から解放されて、偉大なロシア帝国の再生に着手した。かつていわれたように、危機意識に押されて体制の範囲内で中途半端な対応策をとったというよりも、むしろロシア帝国を西欧諸国に伍する大国へと生まれ変わらせることができるという自信から始められた改革だったと考えられるだろう。したがって、ロシアの「リベラル」が専制と身分制の範囲内でしか改革できなかったという限界を指摘するのは、それほど意味のあることではない。というのも、彼らの主眼は、体制を変革することではなく、皇帝の専制とそのもとでの諸身分の調和という、ロシア帝国独自の体制を強化することにこそあったからである。

開明官僚たちは、ヨーロッパ国際社会のなかで、ロシア帝国が先進的かつ強力で、名誉ある列強としての立場を維持することを重視した。そのためには国力の最大化が必要であり、国家機構を効率的に動かし、国内の諸身分の力をそれに連動させて活用することで目的を達成しようとした。とくに、特権的な階層の私益を抑えて、より多くの人々の力を引き出さねばならなかった。また、改革を阻害する社会の不穏分子は抑え込まれ、分離傾向にある地域は中央に堅く結合されねばならなかった。こうした多様な利害や反対する諸派をまとめうるのは、皇帝の絶対的な力のみだと考えた。そして、その皇帝のもとで、具体的な改革遂行の作業をするのは、専門的に訓練され、公益を理解する自分たち国家官僚だと信じたのである。したがって、専制権力の護持とロシア帝国の統合性の維持への執着は、開明官僚の意外な一面ではなく、むしろ本質だとすらいえよう。

しかし、こうして引き出された社会のエネルギーは、すでに一八六一年の段階ですら制御の困難な方向へと増幅していた。皇帝暗殺と政治情勢の大転換が起こる八一年前夜の七九年、ミリューチン自身が日記につぎのように書いた(のちにこの部分は削除された)。「わが国の国家制度は下から上まで根本的な改革が必要であると感じざるをえない。農村自治、地方自治会、郡・県の地方行政の制度だけではなく、中央の上級機関の制度もまた時代遅れとなった。すべて、六〇年代に成し遂げられた大改革と調和させつつ、新しい形態をとるべきだろう」。しかし、現在の国家官僚にはすでに根本的変革の力はなく、年々高まる「社会主義のプロパガンダ」に怯えて防御的な警察的手法をとる以外のことができない。ミリューチン自身、「政府上層のメンバー」でありながら、「自分が活動する領域にあるものにまったく対立するような見解を提起しようと思いつくなんて、ドン＝キホーテだ」。だが、どうしたらよいのだろうか、という問いがミリューチンをつねに苦しめる。「私は確信するが、現在の人々は、眼前の課題を解決する力がないだけではなく、それを理解することすらできないだろう」。すべてを合理的に制御できると考えたかつての開明官僚の自信は、自らの改革の進展の前に褪せ始めていた。そして、一九〇五年の大転換を迎えることになるのである。

四章　ポサドニック号事件の衝撃

麓　慎一

1　ポサドニック号事件の発生

ポサドニック号の来航

ニコライ・ビリリョフ海軍少佐を艦長とするポサドニック号が、文久一（一八六一）年二月三日、対馬に来航した。ポサドニック号は、およそ六カ月にわたりその海岸を占拠し、対馬藩と軋轢を生じ、この問題の解決に対馬藩も幕府も苦しんだ。ポサドニック号は、八月十五日、対馬を退去する。このポサドニック号事件が日本に与えた衝撃と、世界史のどのような転換期に起きた事件なのかを考える。

ポサドニック号が、文久一年二月三日、対馬の芋崎《いもさき》村に到着した。問情使《もんじょうし》として派遣された大目付の戸田惣右衛門は、二月五日、艦長のビリリョフとポサドニック号で会見した。ビリリョフは箱館から広東に向かう途中で長崎に寄港する予定であったが、船が破損したので対馬で修理する、と述べて材木の調達と二〇人の大工の雇用を申し入れた。また、修理には二〇日ほどかかると説明した。

筆談役の唐坊荘之介は日記にこの日のことをつぎのように記している。対馬藩側とビリリョフは「対馬浅海図」と「地球全図」を出して「地中海」と「紅海」の通船、すなわちスエズ運河の開削について話し合った。また、ビリリョフが「唐太」（樺太）を知っているか、と対馬藩側に質問し、藩士が地図で樺太とカムチャッカ半島を指して「ロシア」というと、ビリリョフは喜んだ。ビリリョフは、イギリス人は「人悪」なので対馬にきてはいけないが、ロシア人は「日本人好キ」なのでくることに問題はないと述べるなど、対馬をめぐるロシアとイギリスの対抗をにおわせた。

その後、大目付の朝岡譲之助が、二月二十九日、ポサドニック号の船上でビリリョフと会談し、修理の場所や海岸に建設する小屋の規模などが話し合われたが合意には達しなかった。その後も続いたビリリョフと朝岡の話し合いは、朝岡のかたくなな態度にビリリョフが反発し、険悪な様相を呈していった。

このような状況は一週間ほどで変化する。それは対馬藩が新しい問情使として勘定奉行の平田茂左衛門と筆談役の満山俊蔵《みつやましゅんぞう》を派遣したからである。ビリリョフは、これまで要求を拒否してきた朝岡譲之助が担当をはずれ、この二人が派遣されたこととポサドニック号の修理場所が芋崎になったこと、さらには材木の供給と一五人の大工の雇用が認められたことを報告書に記し、残っている問題は牛の提供と対馬藩主との面会だけだ、と記したうえで「私のデモストレーション」の成果だと自賛している。

ビリリョフは、三月十三日、満山俊蔵に藩主との会見を求めるとともに来航の意図をつぎのように述べた。イギリスは幕府に対馬の拝借を求めたが、それが受け入れられなかったので二年たったら多数の軍艦を差し向けて戦争し、対馬を略奪する。このことについてロシアの皇帝は国書を対馬藩主に奉呈したい、と考えている。そのことで自分は藩主に会見したい。ロシアが対馬藩の味方になれば、イギリスがきても対馬に寄せつけない。彼はこのように主張した。

この情報を確認するために家老の仁位孫一郎《にいまごいちろう》が派遣されることになった。彼はビリリョフと三月二十日・二十一日・二十三日の三日間にわたって会談した。ビリリョフは、イギリスが「広東之軍ニ討勝」ったのち軍艦を修理し、対馬を「兵威」で借用しようとしている、と主張した。そして、彼が土地の借用を申し入れているのはそれを防ぐためだ、と明言した。彼はイギリスと清国の第二次アヘン戦争の状況が対馬の問題と関係している、と示唆したのである。

対馬藩はビリリョフの来航の真意を理解するとともに、対馬がイギリスとロシアの対立、さらにはイギリスの清国における第二次アヘン戦争の処理に影響を受けていることを知った。

一方、ポサドニック号と対馬藩の関係はビリリョフが思うようには進展しなかった。ポサドニック号と対馬藩の人たちとの衝突が発生したのである。それは大船越《おおふなこし》事件と呼ばれている。この事件をつぎに取り上げる。

ロシア船が四月四日、大船越を通って鴨居瀬《かもいせ》村にやってきて三人のロシア人が上陸した。さらに一八人のロシア人がボートに乗船して、四月十二日、大船越の仕切りを破って進もうとした。村人たちが石や薪を投げ、ロシア側が鉄砲を撃った。それが島民の安五郎に当たり、彼は死亡し、吉野数之助らが捕縛された。ロシア側は、翌日の四月十三日、百人ほどで大船越にやってきて二人の番人と一人の足軽を拘束しただけでなく村を荒らして七頭の牛を略奪した。対馬藩は、四月十四日、戦争になったときの布陣や藩主たちの避難について決定するとともに、翌日の四月十五日に状況を幕府に報告した。この事件は死者が出たこともあり、日本における民衆による攘夷運動の嚆矢《こうし》と位置づけられている。

ポサドニック号派遣の企図

ビリリョフは、なぜ対馬にきて六カ月ものあいだ、居座り続けたのだろうか。これまでの説明でビリリョフがイギリスとの対抗から対馬にやってきたことはわかる。ポサドニック号を派遣したロシア側の企図をさらに具体的に考える。

ロシアは他の国々とは異なり箱館に領事館をおいていた。その初代の領事はヨシフ・ゴシケビッチで

環日本海地域とオホーツク海沿岸

ある。彼はポサドニック号事件の対応を迫られることになる。ポサドニック号派遣のロシアの企図を知るために彼の江戸での活動を最初に取り上げる。

ゴシケビッチは、文久一年二月十日に品川にやってきた。外国奉行で箱館奉行を兼任していた村垣範正《むらがきのりまさ》と外国奉行の鳥居忠善《とりいただよし》は、二月十六日、彼と会談した。村垣はこの日の会談について日記に「対州《(対馬)》之事ニ付、支那同様新条約之事」と記しており、対馬に関連して清国と同様の新しい条約について話し合われたようである。

ゴシケビッチは、具体的に何を村垣たちに話したのであろうか。村垣が、一カ月後の三月十四日、老中の安藤信正《あんどうのぶまさ》に提出した「北蝦夷地御国境之儀ニ付相伺候書付」からこれを知ることができる。この「書付」によれば、ゴシケビッチはまずイギリスに「対州を奪候目論見」があるので油断できない、と述べた。村垣がその詳細を尋ねると、ロシアと清国の「新条約取結候写《うつし》」を出して、境界を決定して互いに力を合わせればイギリスとフランスは手出しできない、とゴシケビッチは主張した。この「新条約」とは、沿海州地域をロシアが清国から得た愛琿《アイグン》条約ないしは北京条約のことであろう。村垣は、ロシアがイギリスの略奪を口実に樺太を奪い取る計画なのだ、と意見を付している。愛琿条約とは、一八五九年五月にロシアが清国と締結した条約で、アムール川の左岸をロシアが清国から獲得するとともにウスリー川から東方の沿海州地域の共同領有を規定した条約である。北京条約とは、一八六〇年十一月に清国がロシアに共同領有になっていたウスリー川以東を譲渡した条約である。

幕府は、対馬の問題が樺太のそれと連動しているだけでなくロシアと清国の領土についての「新条約」さらにはロシアとイギリス・フランスの対立に関係している、と考えたであろう。

つぎにゴシケビッチが指摘するイギリスの対馬への関与についてみていくことにしよう。まず、ロシアの中国艦隊司令長官のイワン・リハチョフの日記を取り上げる。彼は対馬を占拠しているビリリョフの上官である。リハチョフの日記の万延一(一八六〇)年三月二十六日付には、彼が箱館でゴシケビッチと対馬のことについて話し合ったことが記されている。リハチョフは、ジキド号を時間的に余裕があれば対馬に派遣することを考えていた。これに関連して、彼は日記に前年の安政六(一八五九)年にイギリスのアクチオン号が対馬に寄港したことやゴシケビッチが日本人からイギリス人が対馬について何か計画している、という噂を入手したことを記している。そのうえでリハチョフは「私たちはそこ(対馬)でイギリス人たちに先手を打たなければならない」と書き記した。

イギリスは実際に対馬を領有しようとしていたのであろうか。保谷徹氏の研究によれば、駐日イギリス公使のラザフォード・オールコックは、万延一年一月三十日付で外務大臣のラッセルに送った報告書のなかで、対馬の獲得を進言したことが明らかにされている。ゴシケビッチが入手した噂には根拠があったのである。

ポサドニック号が対馬を占拠した理由をもう少し具体的にみていこう。ここでは二つの史料を紹介する。一つは、リハチョフが、万延一年四月二十三日、海軍総裁のコンスタンチン大公に送った書翰である。もう一つは、コンスタンチン大公が二カ月後の六月二十一日、リハチョフに送った返書である。

一つ目の書翰の内容を紹介する前に、リハチョフがこの書翰を出すことになった経緯を説明しておきたい。彼は、日記の文久一年十一月二十一日付の箇所で、この書翰の送付について記している。まず、対馬に関連して二つのことを記している。一つは愛琿条約である。もう一つはイギリスの測量船についてである。彼は愛琿条約によって形成された新しい国境が太平洋においてロシアに新たな状況を創出し、これまでは存在しなかった関係や利害をもたらし、そしてこの地域の調査によって対馬がロシアにとって重要な位置にあることが分かった、と記している。

イギリスの測量船についてはつぎのように記している。清国にいたイギリスの測量船が、一八五九年に日本海のロシアの「新しい海岸」に差し向けられた。そしてイギリス士官のワードが対馬に長期にわたり滞在した。このイギリスの測量船もやはり愛琿条約と北京条約によるロシアの「新しい海岸」（沿海州地域）と対馬に関係している、とリハチョフはとらえたのであった。

彼はこの記述のあとに、対馬の意義と重要性について自分の意見を示すのが職務であると考え、コンスタンチン大公に書翰を送った、と記している。それでは彼の意見をみていくことにしよう。つぎのように記されている。タタール海峡と日本海は、日本列島によって太平洋から仕切られている。この海域から太平洋に出るには三つの通路がある。第一はラ・ペルーズ海峡であり、そこにはサハリン島のアニワ湾がある。第二は、津軽海峡でありそこには箱館がある。第三は、朝鮮海峡でありそこには対馬がある。これらのなかで第三番目の朝鮮海峡の対馬が、清国と日本の拠点への通路にあたるのでもっとも重要だったのに、これまで留意されてこなかった。その一方で、第一のラ・ペルーズ海峡と第二の津軽海峡は捕鯨業者を除けばだれも訪れることのない太平洋の無人の地域に通じているにすぎないのである。

リハチョフは、このように評したうえで、これらの地点が強力な敵国の手に落ちたらロシアが不利益をこうむる、と示唆した。この強力な敵国とはイギリスのことである。彼は、前年の一八五九年にイギリス船のアクチオン号とドーブ号が聖ウラジミール湾周辺で実施した測量に言及し、イギリスの本当の目的がじつは対馬にあるのではないか、との疑念を示した。そして、彼はイギリスや他の国が対馬に根付かないようにする三つの方策を提起した。第一は、対馬のすべてないしは一部をロシアの領土として獲得することである。第二は、倉庫や軍事病院などのために海岸でいくつかの場所をロシアに譲渡させロシアの船舶と軍艦の停泊地を建設することである。第三は、対馬をすべてのヨーロッパ人に閉鎖したままにすることである。この第三の方策について日本は簡単に同意するだろう、との見通しを彼は示した。しかし、幕府の脆弱性とそのヨーロッパ人に対する恐怖から、将来にあってはこれを担保できない、とその有効性に疑問を呈した。

リハチョフは、愛琿条約によるロシアの領土の拡大のなかで対馬の重要性を認識して三つの方策を提起したのであるが第三の方策には懐疑的だったので第一案ないしは第二案の実現を企図していたようである。さらにロシアが対馬にいだいていた企図を明らかにするためにもう一つの書翰、すなわちコンスタンチン大公の彼への返書をみてみよう。

コンスタンチン大公は、万延一年六月二十一日、リハチョフにつぎのように書き送っている。皇帝のアレクサンドル二世がリハチョフの示唆した対馬の重要性を理解し、対馬に確《しっか》りとした一歩を踏み出すことがロシアにとって望ましい、という考えをもたれた。しかし、ロシアの隣国である日本との友好的な関係の維持がもっとも大切であることを考慮して、この活動はリハチョフの個人的なものとしておこなう。対馬にヴィラ・フランカ(Villa franka)に建設したのと同じような施設を建てる権利を得られたならば素晴らしい成果だと皇帝は考えている。リハチョフの交渉は、決して外交的な形式ではなくロシアの艦隊とその土地の所有者との「私的な取引」、という形態で始められなければならないのである。このようにコンスタンチン大公は書き送った。すなわち、コンスタンチン大公は「私的な取引」という条件を付して対馬にロシアの拠点をつくることを許可したのである。

リハチョフは、このコンスタンチン大公からの書翰を万延一年十一月十六日に受け取る。そして彼は、翌年の文久一年一月十五日、長崎からつぎの訓令をビリリョフに送った。領事のゴシケビッチを箱館に送り届けたあと、対馬に行って最初に港湾の詳細な測量をおこない、その後で島全体を、そして最後に朝鮮海峡の両側を測量する。さらに対馬に関する必要なすべての情報を収集する。この訓令によりポサドニック号は対馬に向かうことになったのである。

どのような経緯でポサドニック号が対馬にくることになったのか、ということは明らかになった。ここでもう一つ考えたいことがある。それはコンスタンチン大公がリハチョフにヴィル・フランカに建設したのと同じような施設を建てる権利を得ることで皇帝の評価を得られる、と記していた点である。このヴィラ・フランカは通常ではヴィルフランシュ(Vilfransh)と称される。地中海の海岸にあるヴィルフランシュはサルデーニャ王国の領地で一八五七年から七八年までロシアは艦船の寄港と食料などの補給を受ける権限を有していた。六〇年からはフランス領となる。同地は、現在のフランスのプロバンス地方のモナコとニースのあいだに位置する。

これはコンスタンチン大公が、安政四(一八五七)年六月にサルデーニャに駐在していたロシア公使にロシア海軍のために土地と建物の譲渡ないしは長期の貸借についての調査を指示したことが契機になって、同地での権限の獲得となった。

このヴィルフランシュの状況から考えると、アレクサンドル二世の対馬への企図はロシア海軍の寄港地や物資の補給のための基地を建設することにあったと考えられる。リハチョフが提示していた対馬に対する三つの方策のうち、おそらく第二案の実現がもっとも求められていたのであろう。

ヴィルフランシュが地中海におけるロシア海軍の拠点とすれば、対馬は環日本海地域におけるロシア海軍のそれだった、ととらえられる。また、このヴィルフランシュにロシアの海軍拠点がおかれたのは、おそらくクリミア戦後のロシアのヨーロッパにおける海軍力の低下をうけて海軍総裁のコンスタンチン大公が推進した政策であろう。ロシアは、一八五三年にトルコ・イギリス・フランスとクリミア戦争を開始した。ロシアはこの戦争に負けてパリ条約を五六年三月に締結させられる。このパリ条約の核心はヨーロッパにおけるロシアの封じ込めである。この条約の第一一条は黒海中立化条項と呼ばれ、ロシアの海軍拠点であったオデッサを含む黒海の軍事利用を禁止している。この海軍力の著しい低下を食い止めることがロシア海軍の喫緊の課題であった。

ヴィルフランシュにおけるロシア海軍の権限の獲得はこのような世界史の大転換に対応しておこなわれたものだった。それは、対馬が、第二次アヘン戦争を契機とした東アジアの混乱期に愛琿条約と北京条約によって獲得された沿海州地域との関連からロシアに注目されたことと類似している。

2　ポサドニック号事件と江戸幕府

外国奉行小栗忠順の派遣と帰府

老中は、文久一（一八六一）年四月六日、外国奉行の小栗忠順《おぐりただまさ》と目付の溝口勝如《みぞぐちかつゆき》に対馬への出張を命じた。彼らは、五月七日に対馬に到着した。

小栗は、五月十日、ビリリョフと会談した。五月十一日には藩主に面会できると対馬藩士からいわれた、と主張するビリリョフに小栗はそれを五月二十五日まで延期するように諭した。そして、小栗は五月二十五日までには自分の裁量で対馬藩主に面会させる、という書状をビリリョフに渡した。

小栗とビリリョフは、四日後の五月十四日、ポサドニック号で会談した。小栗が、事件の起きた大船越の通航について話を切り出すとビリリョフは「絵図面」の作成のためにそこを通る必要があったと述べたうえで、この「絵図面」の作成はリハチョフの命令である、と明言した。すると小栗は、船の修理は口実で、じつは「絵図面」の作成のために碇泊しているのではないのか、と問い質《ただ》した。ビリリョフは、修理をおこなっている時にリハチョフから「絵図面」の作成の命令を受けた、と返答している。彼は話を転じてイギリスとフランスが対馬を狙っているが、自分がここにいれば手出しはできないだろうと述べ、さらに、二年前にイギリス船が測量した時にそれは止められていなかったし、そのイギリス船が作成した「絵図面」が完全ではないので、それを補っているだけだ、と説明した。

ビリリョフは、四月十二日に対馬藩の領民たちと大船越の通過をめぐって発生した紛争（大船越事件）

は、領民が自分たちに対して「失敬之振舞」をしたので鉄砲を空に向けて発射しただけだ、と主張した。小栗は、日本はこれまで「鎖国」だったが最近になって「開港」したのでまだ「旧習」が残っていて「不開港場」でなおかつ「辺境」な対馬ではヨーロッパの流義は通じない、と説明するだけでビリリョフを責めなかった。

つぎはビリリョフと対馬藩主の面会についてである。彼が、対馬藩主に面会できたのは、五月二十六日のことだった。これはビリリョフにとって大きな成果だった。彼は、翌日の五月二十七日、面会までの経過をリハチョフに報告している。この報告を紹介する。小栗が、五月十八日、ビリリョフのところにやってきた。小栗は、すぐに長崎に行かなければならなくなった、とビリリョフに伝えた。小栗は、藩主が一度もヨーロッパ人に会ったことがないのでビリリョフに面会することを躊躇《ためら》っているが、これから藩主のところに行き、五月二十五日に面会するように説得する、と述べた。

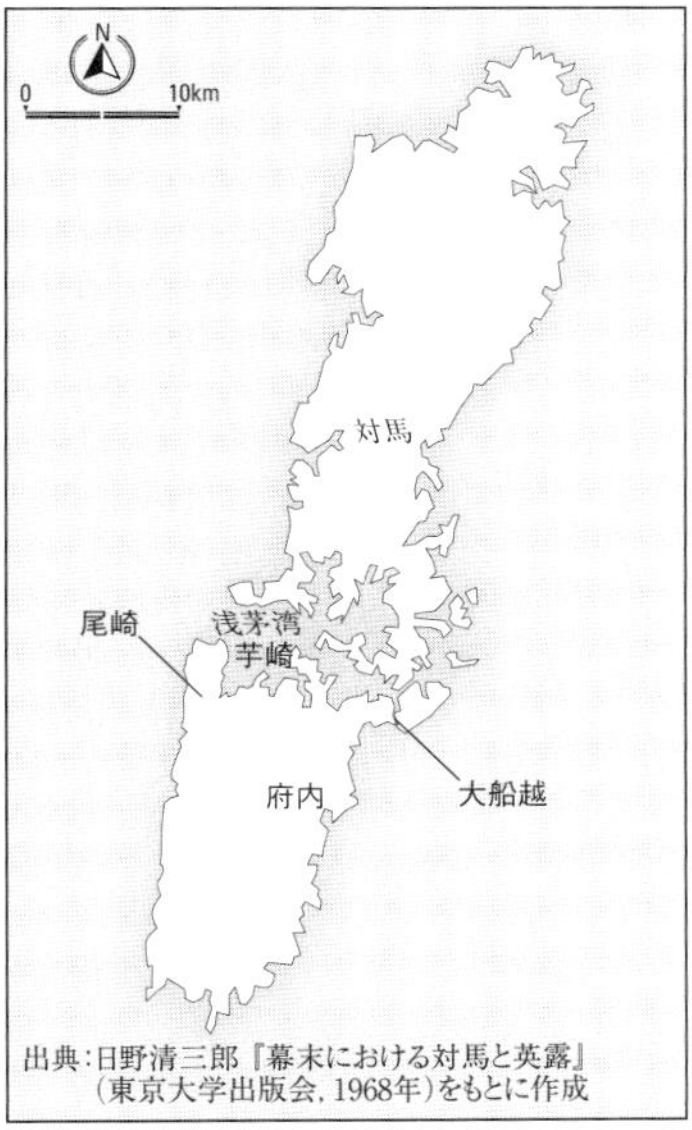

出典：日野清三郎『幕末における対馬と英露』
（東京大学出版会，1968年）をもとに作成

対馬

ビリリョフは、五月二十六日に対馬藩主と面会するのであるが、彼は小栗から藩主との会見について書状を手渡されていた。小栗は、五月九日、対馬藩にビリリョフと藩主との面会を許可し、ロシア人の遊歩についてもそれを許すように指示した。しかし、対馬藩側はそれを受け入れなかった。小栗は対馬を離れる五月二十日、対馬藩にビリリョフが無理に登城するかもしれないのでその時にはできるだけ穏便に処置するように、とだけ述べて出立した。

問情使の戸田惣右衛門が、五月二十一日、登城した。それは彼が五月二十日にビリリョフに呼ばれて会談した内容を知らせるためだった。その会談は対馬藩にとって驚くようなものであった。ビリリョフは、戸田に小栗から受け取った書状を示し、五月二十五日には登城すると明言した。この書状には二つのことが書かれていた。一つは、ビリリョフが新たに対馬に来たロシア船の艦長の「ビツロフ」とともに五月二十五日に上府するので、明後日、すなわち五月二十二日までに馬か駕籠を用意できるかどうかをビリリョフに回答する、という指示である。もしも、それが用意できない時には、新しくきたロシア船によって彼らは府内浦に行くことになる、とも記されていた。もう一つは、ロシアの軍人が絵図を描くために五月二十二日に大船越を通行するので彼らの止宿を認めるように、という指示である。ビリリョフは幕府から正式な命令を受けて派遣された小栗の書状である、と述べて対馬藩側に抗弁を許さなかった。

ビリリョフが一緒に登城するとして名前をあげた「ビツロフ」とは、五月十八日に対馬の尾崎浦に入港したガイダマーク号のアレクセイ・ペシュロフのことである。ペシュロフは、ビリリョフから対馬藩主と面会するまでは対馬にとどまるように求められた。彼は、実際にビリリョフとともに藩主に面会することになる。

小栗は、なぜ対馬を引き払ったのだろうか。玄明喆氏の研究によれば、対馬の領地の一部を幕府の領地とし、代替地を提供する部分上知《あげち》を主張する小栗に対して対馬藩側は全島の上知か一部の上知となる場合には外国と戦争ができるだけの援助を小栗に求めたことが明らかにされている。このポサドニック号事件をめぐる対馬藩の領地の上知についての対立が小栗の引き上げの理由だった。

ポサドニック号をめぐる対馬と箱館と江戸

対馬藩主の宗義和《そうよしより》は、五月二十一日、藩士たちにロシア人への対応についてつぎのように指示した。「不法之挙動」をするロシア人を打ち取る決心である。しかし、打ち取ったあとでロシアの軍艦が襲来した時に「百戦百勝之見込」がなければ、かえって「大恥」になってしまう。それゆえ幕府から派遣された役人は、帰府して状況を説明し「兵食」の準備と近隣の諸藩からの援助を受けるための準備を整えることになった。幕府の役人は、六月中旬までにはそれらについて指示が出されるので、それまではロシア人を油断させておくように、と話して立ち去った。ロシア人は藩主との面会と遊歩の許可を求めているので、状況によってはそれらを受け入れることになるかもしれない。藩主はこのように藩士たちに説明した。

藩主は、五月二十六日、ビリリョフと面会した。その後、ビリリョフは、六月三日に対馬藩に書翰を出して自らの要求を一二条にわたって記し、これについての許可を対馬藩主に書いてもらい、それをもって江戸で幕府と交渉する、と主張した。その要求の核心はつぎの三つである。第一は「昼ケ浦から芋崎迄之土地」の租借である。第二は「牛島より大船越迄之浦々」のロシアによる警備である。第三は「魯西亜之朝廷」が「此嶋(対馬)を外国之人取らぬ様ニ取計」うことである。家老の仁位孫一郎は、六月二十八日、ビリリョフに対面してこれらの要求を拒否している。

箱館に在勤していた外国奉行兼箱館奉行の村垣範正は、五月二十九日、同職の津田《つだ》政路《まさみち》からロシア領事にポサドニック号の退去を求める指示が老中安藤信正から出されたことを伝えられた。村垣は、六月十日、箱館でゴシケビッチにこの要請をつぎのように伝えた。対馬にロシアの軍艦が到来して、船の修復もせずに長期にわたって碇泊している。開港されていない港に船を停泊させて上陸することは許されない。船が破損しているのであればただちに修理して退去するか、長崎や箱館などで修理すべきである。ゴシケビッチから対馬に碇泊している軍艦にこのどちらかを選択するように命じてもらいたい。

ゴシケビッチはこれにつぎのように回答した。ロシアの軍艦アメリカ号が、四日か五日のうちにポシェット湾に向かうことになっている。ここかないしはオリガに司令官がきているはずなので彼に状況を伝える。

村垣は、会談の内容を、六月十三日、箱館から老中の安藤に書き送った。彼は、この書翰を七月七日に受け取った。この村垣の書翰で注目されるのは、最後に付された注記である。村垣は、軍艦アメリカ号が向かうポシェット湾とオリガが朝鮮国に近接していて「近来魯西亜版図」にはいって「新規開港」したところであり対馬に近い場所である、と記している。この注記から、彼が愛琿条約と北京条約によってロシア領土となった沿海州地域とそこにある二つの場所(ポシェット湾とオリガ)との関係から対馬とポサドニック号事件をとらえていたことがわかる。

村垣は、二カ月後の八月十二日、ゴシケビッチからポサドニック号事件について二つのことを聞かされた。一つは、ロシアにとっての対馬の位置づけである。もう一つは対馬について自身が江戸でおこなった幕府への要請である。一つ目から紹介する。ゴシケビッチはつぎのように述べた。イギリスが対馬を望んでおり、それがイギリスのものになったらロシアにとって弊害になる。なぜなら、今回領土に入れた「満州地方」に接近しているからだ。

つぎにゴシケビッチは、日本と力を合わせて対馬を警備するために新しい条約を結ぶ指示が出されたので、この春に江戸でこのことを幕府に進言したが、幕府は対馬の警備は日本が単独で実施するとして受け入れなかった、と述べた。これが幕府への要請とその顛末である。

幕府のポサドニック号事件への対応をさらにみていくことにしよう。老中の安藤信正は、七月二十日、対馬藩主と長崎奉行へロシアに土地の借用を許可しないように指示した。その一方で、彼は、七月二十日に予定していた小栗の箱館への出張を取り止めて外国奉行の野々山兼寛《ののやまかねひろ》・目付の小笠原広業《おがさわらひろなり》・勘定吟味役の立田録助《たつたろくすけ》の対馬への派遣を決定した。

野々山は、七月二十六日、老中にビリリョフへの対応について質問している。一つは、ビリリョフが説得しても退去しないときの措置である。その時は、ビリリョフとリハチョフと一緒に江戸に行き、そこで老中と会談するように述べてもよいか、という質問である。もう一つは、ビリリョフが退去したときの措置である。その時には対馬の形勢や海岸さらに要害の地などを調査して、立田録助を先に帰府させて、老中からの指示があるまで野々山らは対馬に滞在するのでよいか、という質問である。老中は、七月二十九日、これらを了承した。

野々山らの対馬への派遣は、どのような意味があったのだろうか。この点について考えるために老中が七月晦日に彼らに出した「口達之覚」を紹介する。つぎのように記されている。対馬での「開港」や「上知」などについて外国人(ロシア人)はもちろんのこと対馬藩の家来にもできるだけ伝わらないようにする。この老中の指示から考えると、野々山らの派遣は、「開港」や「上知」のための調査を任務としていた、と考えられる。この点は木村直也氏の研究を参照した。

老中は、八月一日、三人の派遣を対馬藩に伝えている。野々山と小笠原は、九月二十日、対馬に到着し、十月二日に対馬を離れている。

3　ポサドニック号事件と英露対立

オールコックとの一回目の会談

老中の安藤信正と久世広周《くぜひろちか》および若年寄の酒井忠毗《さかいただます》は、イギリス公使のラザフォード・オールコックとインド・中国艦隊司令長官海軍少将のジェームス・ホープおよび書記官のローレンス・オリファントと、七月九日と十日に会談した。この会談では江戸・大坂・兵庫・新潟の開市・開港の延期とポサドニック号事件が話し合われた。ここではポサドニック号事件が議題となった七月十日の会談を紹介する。

安藤たちはポサドニック号事件についてオールコックとホープにつぎのように切り出した。外国奉行の一人(小栗忠順)がビリリョフと会談した。彼は司令官(リハチョフ)の命令があるまでは対馬を離れないと述べた。そして、安藤たちが対馬に滞在しているビリリョフの行為は完全に条約に違反しているのではないか、とオールコックに話すと、彼は日本政府はビリリョフに退去を求めたのか、と質問した。安藤たちは退去を要求したが、ビリリョフの回答は司令官の指示で対馬にきているので、命令があるまで退去しない、というものだった、と返答した。安藤たちは、ビリリョフは船の修理のための寄港というのだがそれは口実だ、と考えていることをオールコックに伝えた。オールコックはホープが日本の役人を軍艦に乗船させて対馬に行き、調査して戻ってくるという案を示した。するとは安藤たちは、そのことを日本側が要請した、とロシア人に思われるのではないか、と懸念を表明した。そのうえで、もしもホープが対馬に行ったら、ビリリョフに何をいうのかを安藤たちは質問した。ホープはつぎのように答えた。ビリリョフには対馬で活動する権限がないので、立ち去る方が良いと勧める。これを聞いた安藤たちは、ポサドニック号の対馬の滞留は条約に違反しているのではないか、とイギリスの見解を糺《ただ》した。オールコックは、もし租借が日本政府の許可を得ていないのであればそれは条約違反だ、と明言した。すると安藤たちはさらに質問を続けた。まず、このことがロシア政府に届いたらビリリョフは処罰されるのではないか、と尋ねると、オールコックは、それについて自分が述べることはできないとしたうえで、日本が条約を締結しているすべてのヨーロッパの国々にとって日本を守ることが共通の利益になる、と答えた。オールコックはポサドニック号事件が日本とロシアの二国間だけの問題ではないことを安藤たちに伝えたのである。

安藤たちは、ポサドニック号の行動がビリリョフや彼の上官のリハチョフの個人的な意図によるものかどうかを判断できないでいた。ゴシケビッチにその退去についての書翰を送ったものの「何も知らない」、と回答し、司令官（リハチョフ）にビリリョフが対馬から立ち去るように求める書翰を出す、と回答してきたことをオールコックに伝えた。安藤たちは、ポサドニック号の対馬への来航が誰の判断によるものなのかを議題に上らせた。安藤たちは、もしイギリスの士官がビリリョフと同じような行動をしたら、彼らはどうなるのか、と質問した。ホープはつぎのように答えた。もしイギリスの士官が、私の命令によってそのようにしたならば、その士官は非難されない。そして政府からの指示もないのに、そのようなことを私が命令したとしたら私が解任され処罰される。安藤たちは、このホープの話を聞いて、ロシア政府が関与している、と推測したであろう。この点は「日本からの抗議文」の項で紹介するが、老中安藤信正と久世広周が、八月二十三日付でロシアの外務大臣宛に送るポサドニック号の退去を求める書翰につながる。

安藤たちは、対馬の開港についてつぎのように提案した。海図によると対馬には良港があるが、そこを貿易のために開港するのが良いか否かを知りたい。この質問にオールコックは、ホープとオリファントがそこに行ったことがあるので、それについて自分よりも話ができるだろうと二人に発言をうながしながら、イギリス側にはそれに何の異存もなく、そしてもしも他の国が対馬にいれば、ロシアに対する最良の防禦になるだろう、との見解を示した。安藤たちは、対馬には三つの素晴らしい港があり、その一つは水深もある、と説明した。この時、ホープは港の海図の提出を申し出た。

オールコックは、安藤たちが打診した対馬の開港について、その真意を確かめようとした。彼は対馬を開港する積もりがあるのか、と糺した。すると安藤たちは、開港を延期させたいと考えていた兵庫のかわりに対馬の開港を提案したのである。ポサドニック号と対馬についての会談はここで打ち切りになった。

老中の安藤信正は、ポサドニック号事件についてのこれまでの経緯を率直に話すとともに、この問題の解決策の一つとして対馬の開港という案を提示した。

外国奉行の野々山らを対馬に派遣することが七月二十日に決定されたことはすでに紹介した。老中が七月晦日に出した彼らに対する「口達之覚」には「開港」と「上知」について言及されていたが、すでにこの七月十日の会談の時にオールコックたちにそのことを打診していたのである。

ホープの対馬来航

ホープは、文久一(一八六一)年七月二十二日、対馬に到着し、ビリリョフと会談する。ここではホープが七月二十三日付でビリリョフに送った書翰を紹介する。ホープはつぎのように記している。ポサドニック号の長期にわたる滞留と海岸における家屋の建設などが対馬を永久に占拠する準備なのだ、という考えを生じさせ、江戸で非常な不満と不安が巻き起こっている。それゆえ、私はリハチョフとできるだけ早く会談したい。そしてホープはつぎの三点についてビリリョフに質問した。(1)条約では幕府の事前の許可もなく日本の海岸を調査したり海岸に建物を建てることはできない。やむを得ない場合を除いて開港場以外のいかなる港にも立ち入る権限もあなたにはない。あなたに出されている訓令は日本の要求に応じて対馬を離れることを許可しているのか。(2)あなたは、この十月には対馬を去る、と対馬に寄港したイギリス士官のワードに述べたがそれを実行するのか。(3)対馬に恒久的な建物をつくる、という命令をあなたは受けているのか。

ビリリョフは、七月二十四日付でホープにつぎのように返答した。対馬の自分たちの滞在が江戸で不安を惹起している、ということを聞いて驚いている。なぜなら幕府の高官である小栗忠順(Prince de Boungo)が二カ月ほど前に、ここにロシア人が滞在する許可を伝えるために派遣されたからである。小栗はビリリョフに対馬藩の藩主と会う機会を与えてくれ、さらに必要なものはすべて対馬藩が提供してくれた。あなたが問題にしている建物であるが、それを建設するために対馬藩は職人を世話してくれた。そのうえで、ワードとの話は私的なものでしかない、とその有効性を否定するとともに自分は対馬を占拠する命令は受けていない、と返書に記した。

つぎにホープがおこなったのは、リハチョフに対馬からの撤退を要求する書翰を送ることだった。ホープは、直接にはリハチョフに会うことはできず、ロシアの越冬場所があったオリガにその書翰を残して八月二日にそこを出航した。リハチョフは、八月十四日、この書翰を読む。そして、リハチョフはポサドニック号の撤退を決定する。ホープがオリガに残した書翰はどのような内容だったのだろうか。八月一日付で記されたこの書翰を紹介する。

ポサドニック号の対馬における長期の滞留と海岸における家作の建設などが、対馬を永久に占拠する予備的行為であるという考えを生じさせ、江戸で大きな不安が醸成されている。私はできるだけ早くこのことを伝えるためにきた。私はつぎのように考えている。ロシアと日本の条約では、あなたの軍艦が日本政府の許可を事前に得ることなく海岸を調査するために家作を建設したり、貿易のために開かれている港以外に、どうしても必要な場合を除いて(その時でも安全に海へ出るのが可能になるために必要な期間だけである)、そこにはいる権限は付与されていない。それゆえ、つぎの点を私に通知することを求める。ポサドニック号によって対馬につくられた施設は永久的なものなのか、もしそうでないとしたらいつ撤去されるのか、ということである。

さらにホープは、ポサドニック号の問題がロシアと日本だけでなく日本に駐在しているすべての外国人に関係する事案であることを理解させようとした。彼は続けて書翰につぎのように記す。

もっとも啓蒙されたほんの少しの日本人を除けば、彼らの目には、すべての外国人は一つの民族として映し出される。それゆえ、彼らの権利を確実に遵守する外国人と、それを無視する外国人の区別を彼らに求めるのは無駄なことである。私は、ポサドニック号の行為が、江戸において外国人との関係に生じさせている有害な影響について本国の注意を喚起しないわけにはいかない。この問題に関して必要な訓令が私に与えられるよう本国に求める必要が生じている。私は明確な訓令を受けるまでは、条約で認められていない日本の領土に、ロシアであれ他の国であれ建物の建設を認めることは私の職務に反する。今後、そのような建築物が江戸であろうとどこであろうと、企図される場合には、同様に日本政府に知らせることが私の職務である。（イギリス国立文書館・FO881-1135）

ホープのリハチョフへの書翰の趣旨はビリリョフへのそれと同様であるが、ホープがこの問題についての指示をイギリス本国に求める、という点でさらに踏み込んだものになっている。

リハチョフはこれに黙ってはいなかった。彼は、八月十九日、箱館からホープに反論の書翰を送った。その書翰の核心は二点ある。第一に、ポサドニック号の活動は水路調査であり、イギリスが一八五五年にサラセン号で、五九年にアクチオン号でおこなったことと同様である、という反論である。第二は、ホープがほのめかす「馬鹿げた噂」を否定することそれ自体がすでに無駄だ、という点である。

「馬鹿げた噂」とは、ホープの書翰の内容から、ロシアによる対馬の永久的な占拠を意味する、と考えられる。なぜ無駄なのか、というとホープの書翰を受け取る前に、ポサドニック号は他の任務が与えられ召還されたからである。

リハチョフは、もともとイギリスと同様の活動をしていたポサドニック号に問題はないが、同号の新たな任務による対馬の出航でホープの指摘、それ自体に意味がなくなったと主張したのであった。

ポサドニック号の出航によって問題は解決したかにみえた。しかし、ホープはそれで幕引きにはしなかった。彼は、リハチョフの書翰を読んで論点がすり替えられていると考えて問題を再確認する書翰を、九月十九日、清国の芝罘《チーフー》から送った。まず、ホープはポサドニック号に他の任務が与えられたことを知り非常に満足していることを伝えた。そのうえで二つの点についてリハチョフの主張が間違っていると指摘した。一つは、イギリスのアクチオン号も測量をしているではないか、という主張についてである。ホープはイギリスが事前に日本政府からそれについて同意を得ているだけでなく、測量する船舶に日本の役人と通訳を乗船させていることを伝えた。もう一つは、ポサドニック号が日本に動揺を与えたのは測量活動に原因があるのではなく、対馬につくられた建築物が恒久的な性格を有しているからなのである、と指摘した。その上で、日本政府に動揺が生じたことは明らかであり、日本政府があなたに、そしてゴシケビッチを通じてビリリョフに抗議したのもそのことだ、と書き送った。

リハチョフの決定とビリリョフの出航

リハチョフは、ホープの書翰に反論したものの、対馬についての活動を中止しなければならないと考えた。このホープの書翰が対馬からの撤退を決定づけたことは保田孝一氏とボルグルツェフ氏によって明らかにされている。これらの研究を参考にしながらリハチョフの対馬からの撤退の判断についてみていくことにしよう。リハチョフの史料を二つ取り上げる。第一は、このホープの書翰を読んだ八月十四日の彼の日記の記述である。もう一点は、リハチョフが十一月二十一日付で作成した対馬の活動を総括した文書である。

第一のリハチョフがホープの書翰を読んだ八月十四日の日記の記事を紹介する。彼は、ホープの「書翰は対馬の海岸のロシアによる占拠への抗議である」と記したあとに、

私がつねに恐れていたことが起った。私たちがイギリス人たちを追いやって、私たちよりも前に注目していた場所に私たちが根付くことを彼らは我慢など決してしないのである。ペテルブルクにおけるイギリスの大きな叫びと抗議を予想しなければならない。ロシアの外務省は、必ず急いで問題を消し去ろうとするだろう

（ロシア国立海軍文書館　ф. 16, оп. 1, д. 22.）

と記している。このリハチョフの予想は的中する。サンクトペテルブルクで宰相兼外務大臣のゴルチャコフとイギリス大使のネイピア・フランシスが対馬の問題をめぐって言い争うことになる。この点は「サンクトペテルブルクにおける対馬問題」の項で取り上げる。

第二のリハチョフが十一月二十一日付で記した文書を紹介する。ホープの書翰を受け取ったことを記したあとに「それまでまったく私的な取引の形式」だった問題が、「政府がそのようになることを望んでいなかった外交の領域に移ってしまった」と、彼が対馬の活動で条件付けられていた「私的な取引」をホープの書翰は逸脱させた、と記している。これはリハチョフが外交問題化しないようにロシア海軍

と対馬藩との私的な関係のなかで進めようとしてきた対馬の租借が外交という公的な場に移ってしまったことを意味している。そして、彼は「対馬の事案がどんなに上手くいっているように思えても、政府の許可があるまですべてのことを中止するのが義務だと考えた」と対馬での活動の中止を明記している。ホープの書翰の受領がリハチョフに対馬での活動を中止させることになったのであった。

ビリリョフは、八月十五日、対馬を出航して箱館に向かった。なぜ、彼は対馬を出航したのだろうか。つぎにこのことを考えたい。これにはロシア船オプチュリニク号が七月二十六日に対馬にきたことが関係していた。これはリハチョフがホープの書翰を読む前のことである。

オプチュリニク号は、リハチョフのビリリョフへの指示を伝達する任務を負っていた。それには、対馬からヨーロッパ人を遠ざけることや対馬藩および対馬藩主との「私的な取引」として活動し、任務の遂行にあたっては強制をともなわずに進める、という指示が記されていた。そして、リハチョフはビリリョフと直接、話し合うために八月二十三日頃までに箱館にくるように指示した。このような経過からビリリョフはリハチョフに会うために対馬を出航して箱館に向かったのである。

オールコックとの二回目の会談

老中の安藤信正は、八月十五日、オールコックならびにホープとポサドニック号について再び話し合う。この日の会談をオールコックが二日後の八月十七日付で外務大臣のラッセルに送った書翰をもとに再現する。オールコックは、外務大臣のラッセルがこの報告書に添付した書類から、ロシア人が対馬に恒久的な居留地の設置を計画している、という自分の疑念を追認するだろう、と明記してから老中との会談の内容を伝えた。

オールコックは、ビリリョフが外国奉行の小栗忠順の派遣は対馬にビリリョフが定住することについて江戸からの許可を与えるためだ、と主張していることを老中たちに伝えた。安藤はそれを否定し、「何ていう嘘を」と発した。さらに日本人たちは対馬が取られるのを防ぐためにロシア人が残留することを切望している、とビリリョフが主張していることを聞きおよんでいたオールコックは、これはロシアが攻撃や併合をおこなう時に使う見え透いた口実だ、と報告書に記したうえで、老中たちとのやり取りをつぎのように記した。

オールコックは、東シベリア総督のムラヴィヨフが江戸に安政六(一八五九)年に来日した時にイギリスの対馬に対する計画について話したことを知っている、と老中たちに述べた。すると老中たちは、そのことを彼が知っていることに驚きながら、それは本当である、と認めた。またオールコックは、具体的な内容は記されていないが、数カ月前に発生したある事件との関連で、アメリカ人たちもイギリスの対馬に関する計画に言及したことも知っている、と述べたうえで、この二つの情報は間違っており「イギリス政府は日本のいかなる部分であっても併合によって領土を拡張するなどという計画はまったくない」と明言した。彼は日本に対する領土的な野心がないことを明言したが、日本との紛争についてはその可能性を示唆した。彼は、イギリスが武器を手にして憤るのに緩慢であってはならないような「挑発」や「不正」があり、それが他の方法では是正できないような時には、気の進まないことではあるが、イギリスは日本と戦うことになるに違いない、と述べた。オールコックは攘夷運動についての批判をこのような威嚇的な表現で示したのである。

またオールコックは、ホープの対馬への派遣についてラッセルにつぎのように報告した。ロシア人たちが対馬に居留地をつくろうとする活動へのホープの「不承認」や「不賛成」の表明はほとんど効果がなかった。ホープの行動は制限されており、軍事行動を抜きにして効果が期待できる対応はできなかった、とその理由を追記している。

しかし、オールコックはホープの対馬への派遣に意義がなかった、と考えていたわけではなかった。二つの意義を彼はそれに見出していた。一つは対馬にロシア人が設置した建築物の性格がわかったことである。ビリリョフは建築物が一時的なものと主張していた。ホープは実見してそれらが一時的な使用を想定して建てられたものではない、との結論を得たのである。その根拠としてホープはオリガなどの地域で恒久的な占有のためにロシアによってつくられた居留地と対馬のそれが同じであり、撤退の兆候はまったくなかった、と記している。具体的には居留地には小型の帆船とロシア風の風呂がつくられている、という点である。もう一つはホープとオールコックのこの問題についての認識がとても近くなったことである。すなわち、対馬の港湾と碇泊地がロシア人にとって大きな価値があり欲望の対象になっている、ということだった。それは北京条約によってロシアが獲得した沿海州地域の港湾が、一年のうち、四カ月は結氷してしまう、ということから導き出された結論だった。

日本からの抗議文

老中安藤信正と久世広周は、文久一年八月二十三日付でポサドニック号についてロシアの外務大臣宛に抗議文を作成し、それをゴシケビッチだけでなくイギリス公使のオールコックやアメリカ公使のハリスを通じてロシア側に届けようとした。少なくともオールコックは九月七日付でロシア政府へのこの抗議文を本国に送り、イギリスにいるロシア公使に渡すと約束している。

ポサドニック号事件への抗議が世界を駆け巡ることになった。まずこの抗議文を紹介し、つぎになぜ幕府がこのような抗議文を送ることになったのかを考える。抗議文にはつぎのように記されている。

この二月からビリリョフが指揮するポサドニック号が対馬に碇泊している。最初は、船の修理のためにしばらくのあいだ、停泊するということだった。そこは辺鄙な場所なので必要な材木なども十分には供給できなかったが、対馬の藩主ができるかぎり協力した。言葉が通じないので問題が起きるのではないか、ということで外国奉行の小栗忠順が派遣された。そうするとロシアの士官たちは小屋や田畑だけでなく山道を切り開くなど、そこに「永住之意」があるように見受けられるようになった。派遣した小栗が船の修理が終了したらすぐに引き払うようにビリリョフに話したところ、彼はイギリスとフランスが対馬を占拠しようとしているのでリハチョフの指示で見張り番をおいている、と答えた。また、小栗が対馬を離れたのちに強引に対馬藩主と会見して借地を要求するなど引き払う様子がないのである。どのような事情でロシアはこのような活動をしているのか。

箱館やその他の港の開港、さらには「北蝦夷地」(樺太)のことについても使節を派遣して協議してきた。今回の対馬のことはリハチョフの裁量でおこなっていてロシア政府は関知していないのか、それともビリリョフが個人的におこなっていることをリハチョフの指示だと述べているのか。どちらにしても条約を締結している他の国々にも影響をおよぼすことになり、とても不都合である。これから外国奉行の野々山兼寛などを派遣するが、さらにビリリョフの引き払いが遅延すればロシアと日本の「懇親」に傷がつくことが懸念される。

また、箱館の領事のゴシケビッチにも箱館奉行からポサドニック号が退去するように談判したが、うまく行かず、ゴシケビッチの話の「虚実」も分からない。このような重大な事件はロシアと日本で話し合うべきことなのである。

(ロシア国立外務省文書館 ф. 300, оп. 572(2), д. 3.)

このように老中の安藤と久世はロシアの外務大臣に書き送った。そして、この書翰を送ったことを日本に駐在しているアメリカ・オランダ・イギリス・フランスの公使や領事に九月一日付で伝達した。

こうしてポサドニック号への抗議とそれに対応しないロシア政府への不満がヨーロッパの国々に伝えられた。ここでつぎに考えたいことは、このような抗議の手法をだれが考えたのか、ということである。これは、オールコックとホープが、八月十五日、老中の安藤らと会談した時に考え出されたものだった。オールコックが八月十七日付で外務大臣のラッセルに出した報告を再び取り上げる。

老中の安藤たちはポサドニック号事件のような場合にヨーロッパの国々はどのように対応するのかを尋ねた。オールコックは、このような場合にはヨーロッパの慣例では二つのことが日本に許される、と述べてそれを提示した。第一は、江戸にはロシアの外交官がいないので、ロシア政府に直接、公式的な抗議をおこなうことである。具体的にはロシア海軍の活動について抗議し、条約違反なので対馬からすぐに船を退却させるようにロシア政府に求めることである。第二は、日本にいる各国の公使に事件の経緯と日本の主張を伝える。そして、そのことをそれぞれの本国に伝えるように依頼する。オールコックは、これにより条約国の一つであるロシアの「侵略的行為」を各国が防いで日本政府に協力するであろう、と述べた。彼は事情を了解した国々が日本に協力する理由について、外国人に対する憎悪の感情を日本人に生じさせることが諸外国にとって不利益だから、とその理由を説明した。

彼はこのように老中の安藤たちに対応策を示したのであるが、さらに幕府のロシアに対する抗議文の送付の仕方を提案した。サンクトペテルブルクに抗議文が確実に届くことが望ましいのでイギリスの外務省を通じて、ロンドンにいるロシア大使を経由してサンクトペテルブルクに送付する、という案を示した。老中の安藤と久世の名前で作成された抗議文は、ロシア領事のゴスケビッチを通じてだけでなく、ロシアと対立しているイギリスを経由してロシアに送られることになった。イギリスからすればロシアの対馬における活動が外交問題となっていることを確実に示せる方策だった。

オールコックは、日本側が国際的な慣習や法についてのアドバイスを求めることを待っていたのだった。この日の会談で老中の安藤らはポサドニック号の解決にあたってそれを求め、オールコックはこのような方策を示した結果、この問題は完全にイギリスとロシアの外交的な対立のなかに位置づけられ、国際問題化したのである。

サンクトペテルブルクにおける対馬問題

イギリスはポサドニック号が対馬から撤退したことで問題が解決したとは考えていなかった。この点について𥔎津正志氏の研究によりながらみていきたい。まず、イギリス政府がポサドニック号の撤退をいつ知ったのか、という点である。オールコックは、九月十六日、外務大臣のラッセルにその撤退についてつぎのように知らせている。この日の老中たちとの会談で、彼らは私に対馬からロシア人たちが退去した情報を得た、と伝えてきた。彼らはこの情報にとても喜んでいた。ホープの活動がこの結果をもたらすことに貢献した、と彼らは推測している。このようにオールコックはポサドニック号の退去を本国に伝えた。このオールコックの報告を外務大臣のラッセルは十二月三日に受け取っている。

サンクトペテルブルクに駐在していたイギリス大使のフランシス・ネイピアは、十一月二十六日、その日におこなわれたロシアの宰相兼外務大臣のアレクサンドル・ゴルチャコフおよびロシア外務省アジア局長のニコライ・イグナチエフとの会談の内容をラッセルにつぎのように書き送っている。

ゴルチャコフは、この日の午前に話した朝鮮海峡の対馬のことに話を戻した。彼は、ホープとロシアの士官たちのこの問題についてのやり取りを受け取っていた。彼は、ネイピアにかなり前にロシアの軍艦は対馬を放棄して、建物は日本の当局に、いくばくかの補償によって引き渡されて彼らの手中にある、と伝えていた。ネイピアは、建設された病院も廃止されたのかどうか、さらに建物は対馬藩に明確に引き渡されたのかどうか、そして、ロシア人たちがそこに戻る意思の有無を質問した。ゴルチャコフは、それらに明確には答えなかった。そして彼は、ホープが七月二十三日付でビリリョフに出した書翰を読み始めた(この書翰は「ホープの対馬来航」の項で紹介した)。

ゴルチャコフはこの書翰について「もしも、ロシアの司令官に優しさがなければ、イギリスの士官とロシアの司令官のあいだに深刻な諍いを生じさせたであろう論調で書かれている」と批判し「もっとも思いやりのある感情で満ちている政府を代表する士官の言葉というものは、沈着で友好的であるべきだ」と不満を示した。続いて外務省アジア局長のイグナチエフが口を開いた。彼はネイピアにこう主張した。ロシアが入手した対馬についての最初の情報はイギリスの調査によるものである。数年前にイギリスの軍艦が対馬に行ったが、対馬の住民と友好関係を築くことはできなかった。

ネイピアは、ここで対馬は両国にとって危険な魅力があるので両国はこれからその魅力にまどわされないようにしましょう、と述べて陽気に会談を終わらせようとした。

しかし、ゴルチャコフは会談を終わらせようとはしなかった。彼はネイピアに「イギリスは決して対馬を占領しない」と明言するように求めた。ネイピアは黙ってはいなかった。彼は「私の予測としては、イギリスは決してそのようなことはしない」と述べたうえで、ゴルチャコフにイギリスがロシアだけでなく日本と関係のある国々がこの海域で何も獲得しないように義務づける条約の締結をかつて申し入れたのを思い出させようとした。ゴルチャコフは、「それはロシアが対馬を占拠する、とネイピアが懸念したあとのことだ」と反論し、イギリスが対馬の保全をもともと考えていたわけではないと批判した。これで話し合いは終わった。

保谷徹氏の研究によれば、イギリスは、日本周辺での領土の獲得をおこなわないという共同決議に調印するようにこの一カ月ほど前に求めていたが、ゴルチャコフはそれを拒否したことが論証されている。

ポサドニック号の対馬の占拠は、その撤退のあともロシアの宰相兼外務大臣のゴルチャコフとイギリスのロシア大使ネイピアとの言い争いを生じさせたのである。

ポサドニック号事件とは何だったか

ポサドニック号事件が日本にどのような衝撃を与え、世界史のどのような転換期に起きた事件なのかを考えた。まず、どのような転換期に起きた事件だったのか、という点である。広大な沿海州地域が愛琿条約と北京条約によって清国からロシアの領土になる、という転換期にこの事件は起きた。それは、ロシアの東方進出の終点と始点だった。終点とは、一八四〇年のアヘン戦争によるイギリスの東アジア(清国)進出へのロシアの対抗策が、二つの条約による沿海州地域の獲得だった、という意味である。一方、始点とは日本海に到達したロシアが沿海州地域を経営するためにウラジヴォストークを建設し、沿海州地域への物流を義勇艦隊に担わせ、さらにはシベリア鉄道を敷設して極東を経営する、という意味である。この終点と始点の転換期にポサドニック号事件は起きたのである。

つぎにポサドニック号事件が日本にどのような衝撃を与えたのか、という点である。イギリスとロシアという世界史的な対立が日本海に持ち込まれ、日本はそれに直接、対応しなければならなくなった。たしかに、日本はイギリスとロシアの対立をクリミア戦争の時にみせつけられていた。しかし、それは長崎・箱館・下田など限定された場所でのことだった。ロシアの艦隊を攻撃するために日本の近海を航行するイギリス艦隊やフランス艦隊が長崎や箱館に寄港してその軍事利用を日本に求めたことがあった。また、ロシアのプチャーチンが、イギリスとフランスの攻撃をかわしながら日本との条約交渉をしていることも周知のことだった。

ポサドニック号事件では、日本が直接、ロシアとイギリスに向き合って解決することが求められた。しかし、日本は自らの力量ではそれを解決できず、イギリスの東インド・中国艦隊司令官のホープの軍事力に期待し、オールコックの教示に従ってロシアへの抗議をおこなった。イギリスとロシアという世界的な対立の前では、ポサドニック号事件という対外問題を独力では解決できないことを日本は自覚させられた衝撃的な事件だった。

最後に、この事件を箱館領事のゴシケビッチがどのように総括していたのかを紹介して終わりとしたい。彼は、文久二年六月二日付の本国への報告でつぎのようにポサドニック号事件の終結とそれが日本人たちにどのようにとらえられているのかを記している。

ほのめかしながら疑念を日本人たちは示すのであるが、ポサドニック号の艦長（ビリリョフ）が船の破損の修理のために対馬に立ち寄った、と彼らはあまり信じてはいない。この行動はロシア政府の指示とは全く関係のないもので、基本的な構想は艦隊の長官（リハチョフ）によるもので、細かい点、特に軍事行動については、対馬のヒーローと命名されていて、さらにはフボストフやダビイドフとならび称せられている軍艦の艦長（ビリリョフ）にまかされていたのだろう、と。私は（ゴシケビッチ）は日本政府の意見だけでなく、民衆の意見をも述べているのです。

（ロシア国立文書館　ф. 722, оп. 1, д. 501.）

ポサドニック号事件は、ニコライ・レザノフが文化一（一八〇四）年に通商条約の締結を求めて長崎に来航したものの、それが失敗に終わった後に発生したフボストフとダビイドフによる樺太と択捉島への襲撃とセットでとらえられるようになったのである。近代日本におけるロシア脅威論の淵源の一つにこのポサドニック号事件は位置づけられることになった。

＊本章では、ユリウス暦（露暦）もグレゴリウス暦（西暦）も和暦に換算して記述した。

COLUMN

絵図にみる、対馬でのロシア人の行動

ポサドニック号の対馬での行動を想像することは現代人にはなかなか難しい。そこで対馬におけるロシア人の行動を記した絵図を紹介したい。左頁に掲げたのは東京大学史料編纂所に所蔵されている『大日本維新史料稿本』という史料集に掲載されている絵図である。この絵図の原本は熊本藩の十六代目の当主だった細川護立《ほそかわもりたつ》が所蔵していた『熊本藩対州エ魯夷乱妨薩長夷艦砲戦附生麦伏水一件』である。

絵図の左側に記されている「附箋」からみていきたい。ここには「中代新太郎様　組頭感臨丸(ママ)ニ乗組対州渡海」とある。この「中代新太郎」は長崎奉行支配組頭の中台信《なかだいしん》太郎《たろう》を指していて、彼は「観光丸」で文久一(一八六一)年七月二十六日に対馬に到着し、十月二日まで滞在していた。絵図の右側を見ると「遠見番休息所」(図中①)があり、旗が立てられている。そこには二人から三人のゲーベル銃を持った兵士が「望遠鏡」などをもって警戒にあたっていた。さらに「大砲ヲ備ユ」と記さている。右側の下方からパン焼小屋②があり、つぎに「船将」をはじめとする兵士たちの家屋③がある。さらに「波戸」場④があり、湾の中央部分には「アヒル」などの家畜が飼われていたことがわかる⑤。左側の下方には「洗濯場」⑥があり、その海岸には新しい石垣⑦が数十人の雇われた「対馬人」たちによってつくられていることがわかる。

このような状況は到底、一時的な滞在という印象を与えるものではなかった。中台信太郎にともなって対馬にやってきた唐通詞の何礼之助《がれいのすけ》は、日記の八月二十八日の条《くだり》でロシア人が「瞭望台」(見張櫓)を建設

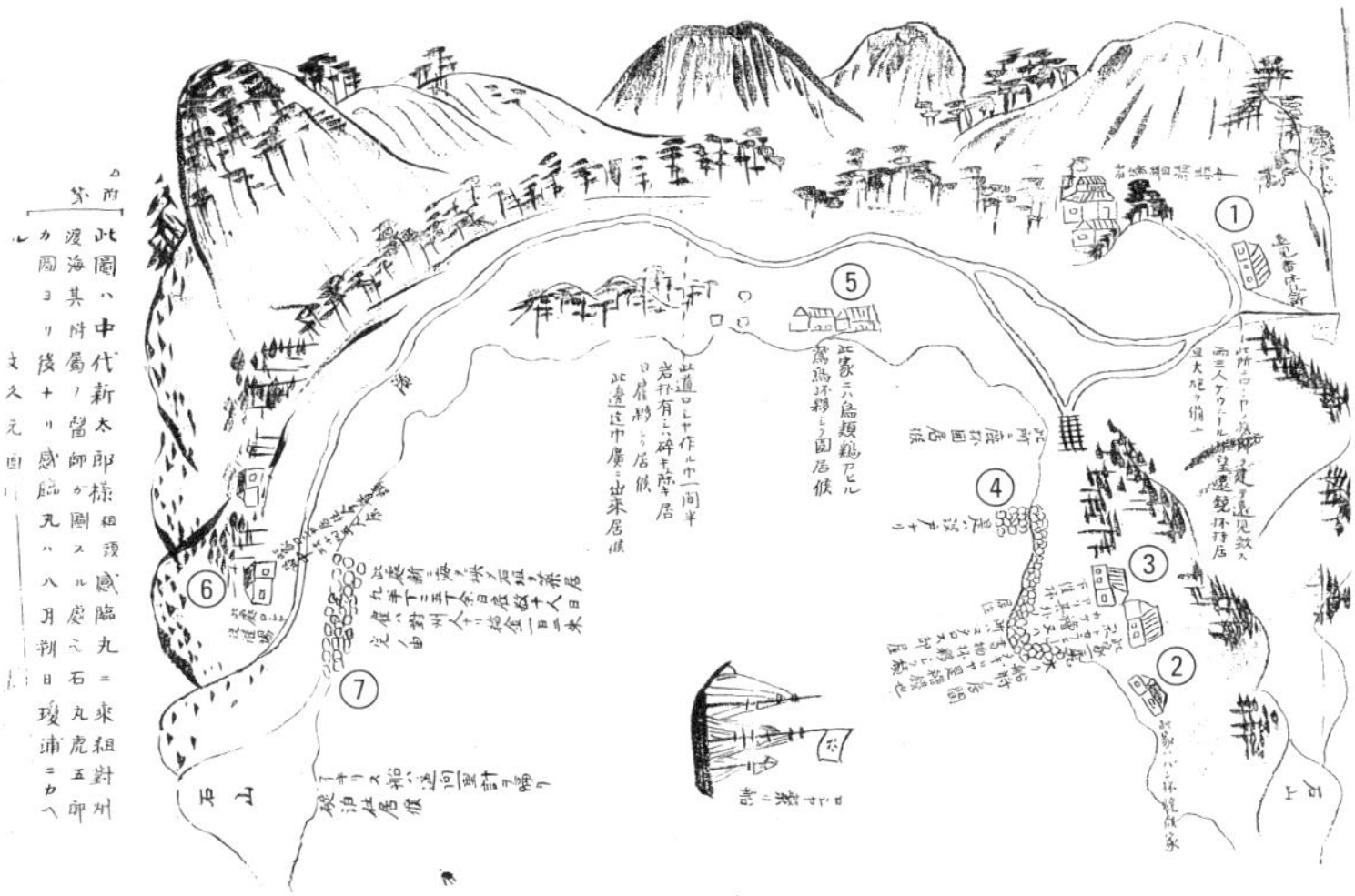

1861年当時，対馬でのロシア人の行動を記した絵図
（東京大学史料編纂所所蔵『大日本維新史料稿本』所引「對州部分図」）

して国旗と大砲を備え、兵士の一人は「剣筒」を、一人は望遠鏡をそしてもう一人が中台たちの到着をロシア船に知らせに行ったと記している。さらに何礼之助はロシア人が山を平らにして家屋・鍛冶場・井戸・洗濯場・家畜小屋などを建設しており「如何ニも深謀なる体也」と評している（『対州表魯西亜船碇泊ニ付当所御組頭御目附方阿蘭陀通詞唐通詞兼学出役同所滞在中日記』〈長崎唐通詞何礼之助関係史料-02-013〈東京大学史料編纂所所蔵〉〉）。

五章　イタリア統一と移民

北村暁夫

1　イタリアの統一

国民国家形成と移民

イタリアは一八六一年に国家統一をはたした。西ローマ帝国が五世紀に崩壊して以来、およそ一四〇〇年ぶりにイタリア半島およびシチリアを単一の国家が統治することとなった。それはまた、リソルジメントとイタリア語で呼ばれるイタリア復興運動がまがりなりにも結実した瞬間である。だが、それまでさまざまな国家に分断され、しかもその多くがヨーロッパの他の王家出身の君主によって支配されていたイタリアにおいて、新たに臣民となった人々の大半が「イタリア人」としての意識を欠いていたのも当然のことであった。のちに頻繁に用いられる「イタリアはつくられたが、イタリア人をつくるのはこれからだ」という標語は、こうした状況に対する政治指導者や知識人の認識を如実に示している。この標語はリソルジメントの一翼を担ったサルデーニャ王国の政治家マッシモ・ダゼーリオによるものとされるが、彼の死後に刊行された『回想録』(一八六五年)では、「イタリアがなすべき第一のことは、自らの義務を達成することのできるイタリア人をかたちづくることである」と記されていて、ニュアンスはかなり異なる。ダゼーリオがイタリア人としての責務を説いたのに対し、標語にはそうした倫理的

213

フランス
ドイツ
オーストリア
リヒテンシュタイン
トレンティーノ=アルト・アディジェ州
フリウリ=ヴェネツィア・ジュリア州
ハンガリー
スイス
ヴァッレ・ダオスタ州
ボルツァーノ
トレント
スロベニア
セルビア
アオスタ
ロンバルディア州
ヴェネト州
クロアチア
ミラノ
ヴェネツィア
トリエステ
トリノ
ピエモンテ州
エミリア・ロマーニャ州
サン・マリーノ共和国
ボスニア・ヘルツェゴヴィナ
ジェノヴァ
ボローニャ
フランス
リグリア州
フィレンツェ
アンコーナ
モナコ
マルケ州
トスカーナ州
アドリア海
ペルージャ
ウンブリア州
アブルッツォ州
コルシカ島(フランス領)
ラツィオ州
ラクイラ
モリーゼ州
モンテネグロ
ヴァティカン市国
ローマ
カンポバッソ
バーリ
カンパーニア州
プーリア州
ナポリ
ポテンツァ
サルデーニャ州
バジリカータ州
ティレニア海
カリアリ
カラブリア州
カタンツァーロ
地中海
パレルモ
シチリア州
イオニア海
アルジェリア
チュニジア
N
0
200km

現在のイタリア

な観点は脱落している。そこにうかがえるのは、イタリアの国民国家形成に向けた指導者たちのある種の焦りのような感情である。

この標語がいつ誰によって定式化されたのかは、いまだ定かではない。ただ、これまでのところ、もっとも早い段階でこの表現を用いた事例として確認されているのは、一八七八年にレオーネ・カルピが著書のなかで記した表現であり、彼はそれをダゼーリオの言葉として紹介している。ここで興味深いのは、カルピというユダヤ教徒の家庭の出身でマッツィーニ主義者として四八年革命時に成立したローマ共和国を支えた人物が、統一後にイタリアで最初の移民統計を作成したという事実である。彼は内務省や在外公館の協力を得ながら、私的なイニシアティブにより七四年に『国外におけるイタリア人移民と居留地について』という四巻本の大著を刊行した。これは七六年から始まるイタリアの公式の移民統計の先駆けとなり、公式の移民統計が開始される以前の時期における移民の実相に関する貴重な資料を提供している。

イタリアは統一後まもなく、多くの移民を国外に送り出すことになった。移民といってもその過半は帰国を前提とした出稼ぎ的な性格のものであり、そのために当初は移民の流出に危機感をいだいていた政治指導者たちも、移民の送金が貿易赤字を補い国際収支を安定させる役割をはたしたこともあって、しだいに移民容認論に傾いていくことになった。とはいえ、人々が国外に仕事を求める状況に変わりはなく、移民が大規模化するにつれて、過疎化が進行する地域もあらわれるようになる。また、徴兵検査の対象となった若者が国外にいるために検査の場にあらわれないという事態も頻発していた。それゆえ、移民とどのように折り合いをつけていくかは、国民国家の形成という課題に迫られていたイタリアの政治指導者や知識人にとって極めて重要であった。本章では、一八六一年以降におけるイタリアの国民国家形成がいかに移民という現象と密接に連関して進行したかをみていく。だが、まずはその前に、イタリアがこの年に統一するまでの過程を概観することにしよう。

リソルジメントの出発点

「リソルジメント」とは、イタリア語で「再びのぼる」を意味する risorgere という動詞から派生した名詞であり、日本語としては「復興」や「再興」が適訳である。イタリアがかつて謳歌した繁栄を取り戻すという意味で、十八世紀後半から一定の政治的な意味合いを含んで用いられるようになった言葉である。さまざまな国家から構成されるイタリアを単一の国家にするという含意はなく、それゆえにこの言葉を「イタリア統一運動」と説明することは正しくない。ただ、リソルジメントの一連の過程を通じて結果的にイタリアが統一されたことは事実であり、そのためイタリアの歴史研究では一八六一年にいたる十九世紀前半を「リソルジメントの時代」と呼ぶのが一般的である。

「リソルジメントの時代」の開始時期をめぐっては、諸説ある。十八世紀半ばという説、フランス革命とナポレオン支配の時期という説、ウィーン体制成立後という説などである。現代のイタリアにおけるリソルジメント研究の第一人者バンティによれば、フランス革命とナポレオン支配の時期にみる考え方がもっとも優勢であるという。ここでもその考え方に従って、フランス革命期から出発することにする。

一七八九年に起きたフランス革命の情勢は、イタリア諸国家にもただちに伝えられた。フランスの革命政府が対オーストリア戦争を始めたことによって、イタリア諸国家の支配層にフランスに対する敵意が広がる一方で、革命の理念に共鳴する人々は「パトリオータ(愛国者)」と自称し、専制政治からの解放を求めるようになる。彼らの関心は自らが帰属する国家だけに限定されず、イタリアの他の地域にも広がっていった。直接行動によりイタリア全域を他国の支配から解放するという思想が、しだいに醸成されていくのである。

フランスで一七九五年に成立した総裁政府は、翌年にナポレオンをイタリア方面軍司令官に任命する。彼に率いられた遠征軍はサルデーニャ王国軍やオーストリア軍に対する戦いであいついで勝利し、北イタリア一帯を支配下においた。この間に、ヴェネツィア共和国(一七九七年四月)とジェノヴァ共和国(同年六月)が中世以来の長い歴史の幕を閉じることになった。さらに、教皇国家やナポリ王国でもローマやナポリの民衆反乱が起きて、親仏の臨時政府が樹立された。こうしてフランスはイタリア半島全体を実質的に支配することになったが、対仏大同盟の前に軍事的な敗北をしたことと、あまりに過重な税負担や美術品の略奪に象徴されるような暴力的な行為の続発で反仏的な反乱が各地で発生したことにより、この支配体制は九九年夏までにあっけなく崩壊した。

だが、ブリュメール十八日のクーデタで第一統領となったナポレオンは、一八〇〇年にオーストリアとの戦争を再開してイタリアに進攻する。その後〇六年までにイタリア半島全域を実質的な支配下におき、ピエモンテ、リグーリア、トスカーナといった地域をフランスの直轄領に、それ以外の北中部イタリアをイタリア王国に再編して自らが国王になるとともに、ナポリ王国の国王に一族を任命していった。直轄領、イタリア王国、ナポリ王国と支配の形態は多様であったが、この時期にはいずれの地域でも類似した政策がおこなわれた。とりわけ、地方行政制度において県・郡・コムーネ(市町村)が設置されたことや、封建的な諸特権が廃止され、教会や修道院領などが売却されたことなどは、ナポレオン失脚後も旧に復されることはなかった。それはイタリア諸国家の近代化に資するとともに、国家の枠を超えて共通した制度を与えることになった。

一八四八年革命

ウィーン体制のもとでのイタリアは、ヴェネツィアとジェノヴァという二つの共和国の消滅などによって、かつてよりも国家の数が減少することになった。いずれの国家も支配体制は盤石とはいいがたく、早くも一八二〇年七月には半島南部で秘密結社カルボネリーアによる革命騒擾、翌年三月にはサルデーニャ王国で自由主義貴族が蜂起している。また、三〇年のパリ七月革命を受けて、翌年二月には中部のボローニャやモーデナ、パルマでも自由主義者による革命が起きた。こうした騒擾はすべて短期間で鎮圧されて政権は旧に復したが、自由主義者らが体制に対して大きな不満をいだいていたのは明らかであった。

一連の革命騒擾の失敗を通じて、それぞれの国家の枠組みを超えた運動が必要であることが意識されるようになった。それはイタリア諸国の連合ないし統一という理念をもたらすことになる。その嚆矢《こうし》ともいえるのが、ジュゼッペ・マッツィーニである。彼は当初、南イタリアで結成された自主独立と憲法制定を求める秘密結社カルボネリーアに入会するが、政治目標が曖昧であることに失望して脱退し、一八三一年に亡命先のマルセイユで「青年イタリア」を結成した。イタリアが諸国家の連合体である限り地域的な利害の対立を乗り越えることは不可能であるとの考えから、共和政による統一イタリア国家の形成を目標に掲げた。彼によれば、それを実現するために必要なのは青年に対する教育活動と人民による蜂起であった。彼が提唱したイタリア統一の理念は多くの若者を引きつけたが、三三年のピエモンテでの蜂起をはじめとして、直接行動の企てはことごとく失敗した。また、マッツィーニが想定したイタリアはイタリア半島とシチリア・サルデーニャに加え、コルシカやイストリア半島、ダルマチア、マルタ、さらに彼の晩年にはチュニジアまで含んでいたことにも留意しておく必要があるだろう。

共和政に基づく統一国家を構想したマッツィーニに対して、トリノ出身の聖職者ヴィンチェンツォ・ジョベルティはローマ教皇を長とする現存のイタリア国家のゆるやかな連合国家の形成を唱えた。彼自身は自由主義思想の持ち主であり、その構想の実現のためには保守的な立場を堅持する教皇庁の革新が不可欠であった。彼がその著書を刊行してからまもない一八四六年に新教皇ピウス九世が即位し、政治犯の釈放や出版検閲の緩和といった政策を打ち出して改革派としての評価を得たことは、ジョベルティの構想が実現可能であることを示すものであった。

さらに、サルデーニャ王国の貴族チェーザレ・バルボは同国を中心としたイタリアの統一を唱えた。オーストリアの支配する地域をサルデーニャ王国に統合することによって政治的統一を達成するというもので、この国を統治するサヴォイア家の伝統的な領土拡張政策にも合致する主張であった。ただ、統一といっても領域的にはイタリアの北中部に限定された構想であった。

一八四八年にヨーロッパを席巻した革命の動きは、こうした一連のイタリア「統一」構想が実現可能なものであるか否かをはかる試金石となった。早くもこの年の一月にパレルモで民衆反乱が発生し、それを受けて二月には両シチリア王国憲法が制定された。憲法制定の動きはトスカーナ大公国、サルデーニャ王国、教皇国家にも波及する。オーストリアの直接支配のもとにあったロンバルド＝ヴェーネト王国では、ウィーンで三月革命が勃発した直後に市民による蜂起が発生し、ミラノとヴェネツィアで自由主義者による臨時政府が樹立されてオーストリア支配に抵抗した。サルデーニャ国王カルロ＝アルベルトはオーストリアとの戦争を決意し、トスカーナ大公国や両シチリア王国も軍隊の派遣を決定して、北イタリアのオーストリア支配からの解放を支援した。だが、当初はこの隊列に加わる予定であった教皇国家は、ピウス九世がカトリック普遍主義の立場を重視したために、対オーストリア戦争への参加を見合わせ、教皇に期待を寄せていた人々は大きな失望を味わうこととなる。開戦当初は戦局を有利に進めたサルデーニャ王国軍であったが、七月のクストーザの戦いと翌年三月のノヴァーラの戦いで二度にわたり手痛い敗北を喫し、結局オーストリアの前に敗北した。国王カルロ＝アルベルトは退位と亡命を余儀なくされ、新しい国王としてヴィットーリオ＝エマヌエーレ二世が即位した。

　サルデーニャ王国がオーストリアとの戦争をおこなうなか、ローマの教皇国家では新たな動きが起きた。一八四八年十一月に首相ペッレグリーノ・ロッシが暗殺されると教皇はローマを脱出し、翌年二月には共和政を求める民主派の人々を中心にローマ共和国の成立が宣言された。三月にはマッツィーニも政権に加わり、土地改革など急進的な政策が打ち出された。しかし、フランス軍がローマ教皇の復権をはかって介入する。ジュゼッペ・ガリバルディも義勇兵を率いてフランス軍と戦うが、結局、政権は七月に崩壊した。臨時政府を維持していたヴェネツィアの自由主義者たちも八月にはオーストリア軍に降伏し、イタリア各地で繰り広げられた市民層が自らの力によって自立した政府を樹立するという試みは挫折した。

こうして一八四八年から翌年にかけての革命騒擾は終焉を迎えた。革命としては失敗に終わったが、イタリア諸国にとっては大きな意味をもつ出来事であった。何よりもイタリア諸国は他国による支配から解放されるべきであるという考え方が、都市民衆をはじめとして広範に普及することになった。また、各国で同じ配色の三色旗が自らのシンボルとして用いられるなど、「イタリア」としての連帯感が醸成されていった。さらに、教皇が対オーストリア戦争でサルデーニャ王国に加担せず、ローマ帰還後に反動的な姿勢を露わにしたことで、教皇を長としていただくイタリア連邦国家の構想は消滅した。他方で、サルデーニャ王国は戦争に敗れたものの、「北イタリア王国」構想が一定の実現性のあることを示した。また、革命を通じて民主派の理念に共感をいだく人も増え、これ以降、イタリア統一をめぐる主導権争いを穏健自由主義者と繰り広げることになる。

イタリア統一へ

穏健派の人々が期待を寄せたのはサルデーニャ王国である。対オーストリア戦争の敗北直後に首相となったダゼーリオは、強大な教会権力に対抗して教会裁判所を廃止するなど世俗主義的な政策を推進した。さらに一八五〇年にはカミッロ・カヴールを農商大臣に起用し、農産物輸出の促進を目的とする自由貿易政策を進めたほか、鉄道網の拡充やジェノヴァ港の整備などの事業を進めた。カヴールはピエモンテの貴族に生まれ、フランス語とピエモンテ方言の環境で育った。パリやロンドンに遊学して自由主義的な政治や経済の実態にふれ、所領においては灌漑用運河の掘削や会計帳簿の作成を通じて農産物の

ローマのカヴール広場に立つカヴール像

ローマのヴェネツィア広場にあるヴィットーリオ＝エマヌエーレ２世記念堂

生産高を飛躍的に増大させるという実績をあげていた。さらに一八四七年には自由主義的な論調の新聞『イル・リソルジメント』を創刊して編集長を務めるなど、言論活動にも携わっていた。彼は五二年にダゼーリオの後を受けて首相となり、中道右派の立場でありながら中道左派の人々とも連携した。議会内に形成した多数派の支持のもとに、内政では農業を中心とした経済成長をはかり、外交面ではクリミア戦争への参戦により英仏との接近をはたすとともに、イタリア地域におけるサルデーニャ王国の重要性を国際社会に知らしめることに成功した。

これに対し、民主派は解放後のイタリアのあり方(連邦制か中央集権国家か)や解放にいたる方法をめぐって指導者間の争いが絶えなかった。そのなかで、一八五〇年以降、イタリア各地で民主派による蜂起があいついだ。とりわけ、マッツィーニ派による五三年のミラノでの蜂起や、五七年にカルロ・ピサカーネが起こした両シチリア王国への遠征は、民主派の有力指導者による企てとして特筆すべきものである。しかし、いずれも失敗し、多くの処刑者を出す結果に終わった。蜂起によるイタリアの解放という戦術が行き詰まるなかで、民主派のなかからサルデーニャ王国を中心としたイタリア解放がより現実的な道であると考える人々があらわれ、彼らはイタリア国民協会という組織に結集していくことになる。

カヴールは対オーストリア戦争を見据えてフランスのナポレオン三世との関係を深め、一八五八年にフランスとのあいだでプロンビエールの密約を交わした。この協定では、フランスは対オーストリア戦争でサルデーニャ王国を支援する見返りとしてサヴォワとニースを割譲され、戦争終結後にはサルデーニャ王国がロンバルド＝ヴェーネトや教皇領の一部を併合して北イタリア王国を成立させることなどが取り決められた。イタリア諸国家による連合を形成するという条項も含まれていたが、サルデーニャ王国の主たる目的は北イタリアにおける統一国家の形成にあった。五九年四月、サルデーニャ王国はフランスとともにオーストリアに宣戦し、ロンバルディアを併合することに成功した。イタリア国民協会に参加したガリバルディも、義勇兵を率いて対オーストリア戦争に参加した。だが、アンリ・デュナンが国際赤十字の創立を思いいたったことで知られるソルフェリーノの戦いでは、戦闘は苛烈でフランス軍の犠牲も大きかった。無益な戦争に対するフランス世論の反感の高まりを恐れたナポレオン三世は、急遽オーストリアと休戦を結び、ヴェーネト併合の計画は挫折する。その一方で、トスカーナ大公国など中部イタリアの諸地域ではサルデーニャ王国との合併を望む声が強く、これらの地域は六〇年三月の住

ピサのガリバルディ広場に立つ
ジュゼッペ・ガリバルディ像

民投票をへて同国に併合された。

サルデーニャ王国は、ヴェーネトの併合こそならなかったものの、イタリアの北中部の多くを併合することに成功した。ところが、同国の指導者層にとって想定外ともいえる出来事が起きた。ガリバルディによるシチリア遠征である。フランチェスコ・クリスピらシチリアの民主派の申し出に応じたガリバルディは一八六〇年五月に、のちに「千人隊」と呼ばれる義勇兵を率いてジェノヴァ近郊の港を出発し、シチリアのマルサーラに上陸した。義勇兵を中心としたガリバルディ軍は兵力において圧倒的に不利であったが、対する両シチリア王国軍はスペイン・ブルボン家に対する不信感の高まりを背景に、はなはだ士気を欠いていた。そのためガリバルディ軍は快進撃を続け、二カ月あまりでシチリア全島を占領下においた。さらに半島南部に進攻すると、九月には首都ナポリへの無血入城をはたす。ガリバルディにとって残された目標はローマだけとなった。彼にとって、ローマこそがイタリア統一の要となる地であった。

しかし、ローマとその周辺には当時フランス軍が駐屯し、教皇国家の護衛にあたっていた。ガリバルディ軍がローマに進攻すればフランス軍と衝突するのは必至であり、それはフランスの支持によって北イタリアへの領土拡大を遂げたカヴールにとって、回避すべき最悪の事態であった。また、民主派の主導によって征服された南イタリアを穏健派の勢力のもとに取り戻すことも、彼の喫緊の課題であった。そこで、カヴールはガリバルディがローマ進攻に取りかかる前に、フランスの同意を得て教皇国家領にサルデーニャ王国軍を進攻させ、マルケとウンブリアを占領した。また、シチリアや半島南部でサルデーニャ王国への併合を問う住民投票をおこなうように圧力をかけ、これを実現させて民主派から主導権を奪った。十月二十六日に、ガリバルディはトリノから駆けつけたヴィットーリオ＝エマヌエーレ二世とナポリ近郊のテアーノで会談し、本意ではなかったものの、統一の大義のために自らが占領した土地をサルデーニャ王国に差し出すことに合意した。こうして、ヴェーネトやローマ周辺地域（ラツィオ）の併合という課題は残されたものの、サルデーニャ王国のもとにイタリアは統一されることになった。

一八六一年三月十四日、サルデーニャ王国議会はヴィットーリオ＝エマヌエーレ二世をイタリア国王とすることを決議し、同月十七日にイタリア王国の建国が宣言された。国王は「二世」というサルデーニャ王国時代の呼称を変えることに頑強に抵抗し、最初に開かれた議会もサルデーニャ王国憲法が制定されてからの通し番号である第八期議会という呼称が採用された。まさしく、イタリア王国がサルデーニャ王国の領土拡大というかたちをとって成立したことを象徴的に物語るできごとであった。

2　国民国家の形成と移民

移民大国イタリア

紆余曲折はあったにせよ、イタリアは一つの国家に統一された。政治指導者たちにとってのつぎなる課題は国民国家としての内実を獲得していくことであり、「イタリアはつくられたが、イタリア人をつくるのはこれからだ」という標語に示されるように、民衆層にも広く共有される国民意識を醸成していくことであった。だが、まさにその時期に、「国民」となるべき人々が大量に国外に働きに出るという事態が出現したのである。

すでに統一に先立つ十九世紀前半に、イタリア諸国から国外に移り住む人々が一定程度、存在していた。その多くがリグーリアやトスカーナといった北中部の出身者であり、指物師などの職人層と農民からおもに構成されていた。フランスやイギリスといったヨーロッパ諸国に移動する人々もいたが、多くはアメリカ合衆国や南米諸国に向かい、職人的な労働や農業に従事した。また、時の政治状況を反映して、政治的な理由でイタリアをあとにした亡命者がいたことも注目される。彼らは数的には決して多いとはいえないものの、知識階層に属する人が多く、形成されつつあったイタリア移民コミュニティで指導的な役割をはたした。政治活動を理由にサルデーニャ王国から一八三四年に死刑判決を受けたガリバルディが南米に亡命したのも、南米におけるイタリア人亡命者のコミュニティとの人的関係が存在したからであった。さらに、北中部の出身者に比べると数は少ないが南イタリア出身者も存在し、とくにシチリア出身者はチュニジアをはじめとする北アフリカやアメリカ合衆国南部(ルイジアナなど)といった地域で小規模ながら移民コミュニティを築いていた。

だが、一八七〇年代に始まる国外への人間の移動は、それまでのものとは規模のまったく異なるものであった。七六年に始まるイタリア政府の公式の移民統計によると、七六年から一九二五年までの五〇年間で一六六三万人にのぼる人々が国外に出ている。とりわけ一八九五年以降の増加が著しく、一九一三年には一年で八四万人を数えている。一四年前半にはさらに多くの人々が移民しており、第一次世界大戦が勃発していなければ、前年を更新した可能性は高いと思われる。〇一年のイタリアの人口が三三〇〇万人ほどであることを考えると、移民の規模の大きさが理解できるであろう。

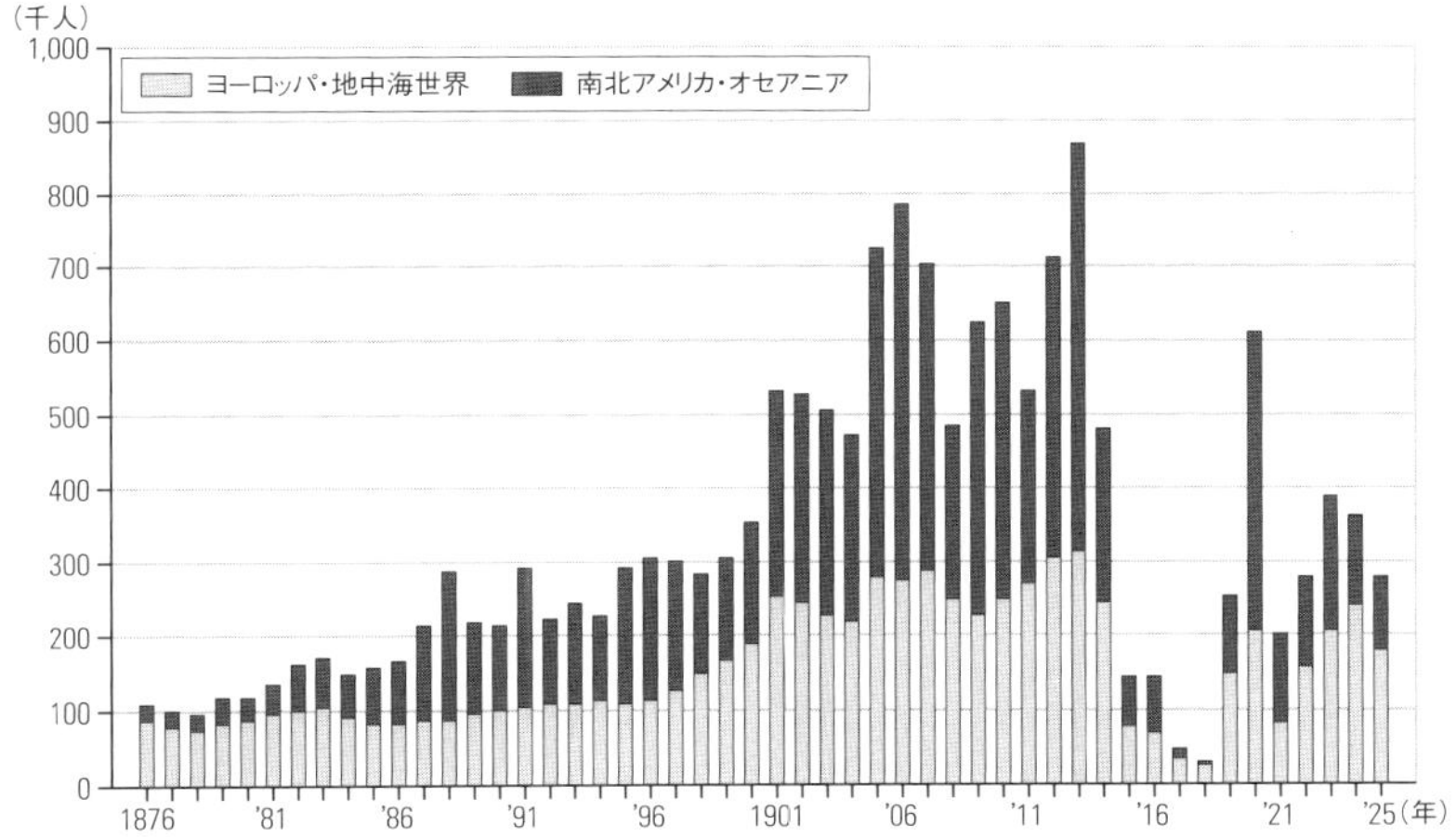

イタリア移民の数量動態(1876〜1925年)

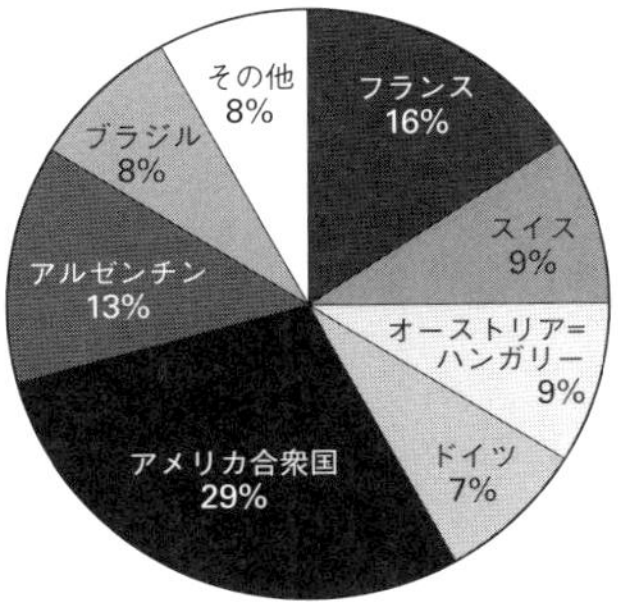

イタリア移民の目的地(1876〜1925年)

出典：2点とも Commissariato Generale dell'Emigrazione, *Annuario Statistico dell'Emigrazione* より著者作成

彼らの約八割が男性であり、十五歳以上の成人が七割以上を占めた。当初は北イタリアの出身者が高い比率を占めたが、一八九〇年代から南イタリア出身者が急増し、二十世紀にはいると半数近くを占めるようになった。移民が向かった国は、アメリカ合衆国がもっとも多く(全体の二九%)、ついでフランス(一六%)、アルゼンチン(一三%)、スイス(九%)、オーストリア＝ハンガリー(九%)、ブラジル(八%)、ドイツ(七%)と続いている。ヨーロッパや南北アメリカなど向かった先が多様であることが、イタリア移民の特色一つである。北イタリア出身者は南北アメリカよりもヨーロッパに向かう方が多かったが、南イタリア出身者はほとんどすべてが南北アメリカに向かった。

移動の論理

それでは、なぜイタリア統一からまもなく、これほど大量の移民が生まれたのであろうか。一八七〇年代に大量の移民があらわれたのは、イタリア北中部のアルプスやアペニン山脈沿いの山間・丘陵地帯であった。十九世紀を通じて、これらの地域では均分相続による土地の細分化が進行していた。農民世帯は自作であるか借地であるかにかかわらず、零細な土地経営を余儀なくされた。農産物の生産だけでは生計を維持することが困難となり、そのために家計を補塡する目的でさまざまな副業に従事することが常態化していた。紡績や織布、林業や石切などが典型的な副業であるが、近隣地域への出稼ぎもその一つであった。収穫時期のずれを利用した平野部での農産物の収穫労働、道路や橋などの建設労働などである。ところが、十九世紀後半になると、紡績や織布、林業といった副業が繊維産業の機械化や木材・炭の需要低下によって衰退していった。副業の選択肢が失われていったことにより、副業のなかで移動をともなう労働が占める重要度は高まっていくことになる。労働市場を求めて移動の距離が長くなることで、結果的に彼らは国外での労働、すなわち移民という道を選択することになる。

こうした副業の延長としての移民の事例としてよく知られるのが、トスカーナ地方のルッカ県出身者による小聖像の行商である。内陸のルッカ県には丘陵地帯の集落が多く、そこではキリスト教の聖人を模《かたど》った木彫り像の製作が副業としておこなわれていた。彼らはまた、この小聖像を販売するために各地

「紛失した荷物を探すイタリア人家族」
写真家ルイス・ハインが撮影したイタリア移民家族

で行商をおこなっており、すでに十九世紀前半にはフランスまで足を延ばしていた。フランスにおけるイタリア移民の全体数を考えればごくわずかな数を占めるにすぎない「小聖像の行商」だが、扱う商品の特異性ゆえに、彼らはフランスにおいてイタリア移民を表象する存在の一つとなった。

もう一つの事例として、アルプス山脈の渓谷に位置するピエモンテ地方ビエッラの職人たちをあげておきたい。この地域ではすでに十六世紀から、煉瓦工や石工としてミラノのドゥオーモの建設に従事した職人たちが存在していた。また、十九世紀初頭のナポレオン支配期には、モンスニ峠やシンプロン峠での道路やトンネルの建設に多くの労働者が参加した。その時期には近隣のアルプス地域での労働が中心であったが、彼らがしだいにセメント工、漆喰工、窓枠工などとして専門特化した技術を身につけていくと、労働の場がスイスやフランスに広がっていくことになる。十九世紀末にはヨーロッパのみならず、アメリカ合衆国やアルゼンチン、さらには南アフリカやアラビア半島、東南アジアなど、彼らの技術が求められるところに労働市場は拡大していったのである。

イタリアの北中部の山間・丘陵地帯から大規模な移民が登場してからまもなく、南イタリアの山間・丘陵地帯からも移民の流れがあらわれる。北中部の山間・丘陵地帯と同じく、ここでも農民の多くは零細な農業を営み、さまざまな副業によって生計を維持していた。そのなかには、平野部での収穫労働に加え、河川の護岸工事、灌漑水路の掘削、生垣の整備といった移動をともなう労働があった。だが、一八六〇年代に副業のいくつかが危機に陥る。それは基本的に北中部と同様の事態だが、南イタリアに特有の事情として、統一政府に反旗を翻した匪賊《ひぞく》の反乱によって農村が荒廃したことも危機の一因としてあげられるだろう。危機に陥った副業にかわるものとして、彼らが選択したのが南北アメリカへの移民であった。彼らがヨーロッパ諸国ではなく南北アメリカを選択した理由は必ずしも明確ではないが、南北アメリカへの移民経験のある人々によってもたらされた成功譚が新たな移民を誘引することで、しだいに移民の規模が大きくなっていったことは確かである。

山間・丘陵地帯に始まる大規模移民の波は、その後、平野部にも広がっていった。ヨーロッパを襲った長期不況がイタリアでも深刻化し、穀物価格が下落するなかで、南北を問わず平野部の大土地所有農場で働く農業労働者の生活は困窮の度を増していった。彼らはそこから抜け出るために外国に働きにいくことを選択した。その際に、彼らは隣接する山間・丘陵地帯の人々から情報を得たために、北イタリアからは主としてヨーロッパ、南イタリアからは南北アメリカに向かうことになった。とくに、一八九〇年代前半に生活の改善を求めるシチリア・ファッシと呼ばれる民衆運動が隆盛して急進化し、それが当時のクリスピ政権によって厳しく弾圧されたシチリアでは、世紀転換期に移民が激増した。シチリア移民の大半はアメリカ合衆国に向かうことになる。

この時期のイタリア移民は、山間・丘陵地帯出身者がそれまでの副業の代替肢として選択したことに端を発していることからもわかるように、帰郷することを前提とした出稼ぎ的な性格の強いものであった。統計資料で成人男性が圧倒的な多数を占めていたことも、それを裏付けている。家族を残して働き盛りの男性が外国に赴き、ある程度の金を稼いでから帰郷する。男性たちが帰るのを女性たちや子ども、高齢者が郷里で待ち続ける。それがイタリア移民の一つの典型的な姿であった。当初は衰退した副業にかわる新たな家計補塡の手段であったとしても、移民先でそれなりの収入を得てそれを郷里に持ち帰ることができれば、郷里での生活水準も向上させることができる。実際に、移民から戻った人々によって家が改築されたり、食生活が改善されたりしたことは、農村調査などによって明らかにされている。

だが、帰郷を前提とした出稼ぎ的な移民が主流であったからといって、すべての移民が帰国したわけではなかった。移民先への定住を目的として移民した人々もそれなりに存在したのである。とりわけ、平野部からの移民には、山間・丘陵地帯の人々と比べると、出発時に家産をすべて処分し移民先に永住することを決意した家族が多かったことが指摘されている。平野部からの移民が急増した世紀転換期には家族をともなう移民の比率が増大していることも、それを物語っている。また、帰郷を前提として出発した人のなかにも、移民先で成功をおさめ、そこでの生活の比重が大きくなったために移民先での定住を決断したり、逆に期待したほどの貯蓄ができないために帰郷を諦めたりする事例が数多くあった。こうした人々の存在により、一定規模のイタリア人コミュニティが移民受け入れ国のなかに築かれていくことになる。

移民先での生活

イタリア移民は移民先でいかなる労働に従事したのであろうか。イタリア移民が大量に生まれた十九世紀末から二十世紀初頭は、ヨーロッパや南北アメリカの諸国で都市化と工業化が急速に進行した時代であった。都市の拡大とともに、道路や橋、鉄道、港湾といった都市基盤の整備や住宅の建設が急務となった。また、工場労働に対する需要も増していた。イタリア移民の多くは都市部に流入し、建設労働や工場労働に従事した。とりわけ、建設労働は、セメント工や漆喰工などに専門特化していたビエッラなどアルプス地域の出身者や灌漑や排水といった農業土木に精通していた南イタリアの山間・丘陵地帯の出身者にとっては、本国での経験や技術を生かすことのできる職種であった。そのため建設労働に従事したイタリア移民は多く、さながら「世界の建設労働者」とでもいうべき状況にあった。また、本国において紡績や織布といった繊維業に従事していた人々は、移民先でも繊維関連の工場労働者となることがしばしばあった。例えば、アメリカ合衆国のニュージャージー州パターソンは十九世紀末に「シルク・シティ」の異名をとる絹織物の一大産地となったが、ここには多くのイタリア移民が流入した。そのなかには、本国で急進的な社会運動に携わっていた活動家や移民したのちに熱心な活動家に成長した人々が存在した。一九〇〇年にイタリア国王ウンベルト一世を暗殺したことで知られるアナーキストのガエターノ・ブレーシも、一八九〇年代後半にここで織布工として働きつつ、当地のアナーキスト・サークルに加わっていた。また、一九一三年にこの都市で起きた大規模な労働争議には、多くのイタリア移民労働者が参加している。

その一方で、農業や商業に携わった移民もいた。ヨーロッパ諸国では都市化の影響で農業従事者が減少し、とくに農繁期に労働力不足に陥ったが、イタリア移民はそれを補う役割をはたした。また、アルゼンチンやブラジル(とくに南部三州)では十九世紀後半に未耕地の開拓が急速に進んだため、イタリア移民が開拓者となって先住民との軋轢を繰り返しつつ耕地を拡大していった。商業に関しては、移民コミュニティ内部でイタリア食材を扱うといった、いわゆるエスニック・ビジネスに従事することが多く、その規模も極めて零細なものであったが、そのなかから成功をおさめて大きな店舗を構える人々もあらわれるようになる。

イタリアからの移民の波が大規模化すると、それにともなってイタリア移民に対する差別や排斥の動きも強まっていく。とくに一八八〇年代から九〇年代にかけては排斥の傾向が強くなった。九一年にアメリカ合衆国ルイジアナ州ニューオーリンズで起きたシチリア移民リンチ事件や九三年にフランス南部のエグモルトで起きたイタリア移民襲撃事件は、いずれも十人前後の人命が犠牲になる大事件であった。もちろん、差別や排斥の対象となった移民集団はイタリア人だけではないが、イタリア移民が赴いた国はヨーロッパと南北アメリカの広範囲におよんでいたために、さまざまな国で排斥の対象とされた点に特色があるといえる。ただ、移民に対する排斥運動が第一次世界大戦後の移民制限政策にいたったアメリカ合衆国を除けば、フランスやアルゼンチン、ブラジルなどでみられたイタリア移民に対する排外的な動きは二十世紀にはいると弱まっていった。

イタリア移民の出稼ぎ的な性格に大きな変更を迫るできごとが第一次世界大戦である。ヨーロッパ規模での戦争の勃発により、ヨーロッパ諸国に在住していた多くのイタリア人が帰国を余儀なくされた。直接戦火に見舞われることのなかった南北アメリカで生活をしている移民にとっても、戦争は対岸の火事として看過しているわけにはいかない事態であった。何よりも徴兵年齢にある青年層にとっては、徴兵を無視することはイタリアに二度と帰還できないことを意味した。後述するように、徴兵年齢にある若者が移民することに対しては法律上、一定の制限が課されていたが、実際には徴兵検査の年になっても帰国をしなかった青年は数多く存在した。だが、移民していたことを申告すれば、本来の年齢を数年超過していても徴兵検査を受診し、それによって徴兵忌避の罪をまぬがれることは可能であったようである。これに対し、大戦の勃発にさいして帰国しないことは、それとはまったく意味合いの異なることであった。それゆえ、この時点で帰国しないということは、実質的に移民先での定住、永住を決断することに等しかったのである。また、徴兵には直接関わらないような年齢に達していた移民たちにとっても、大戦の勃発を前にして帰国しないことは、永住化に大きく傾くことを意味していた。それは、戦争の勃発によっても帰国しなかったヨーロッパ諸国で生活する移民たちの場合も同様であった。こうして、第一次世界大戦は帰国するか移民先にとどまるかの二択を移民に迫り、移民先にとどまることを選択した人々の永住化を強く促進する契機となったのである。

3　政治指導者・知識人の移民観

容認論と制限論

移民の急増という事態を受けて、一八七〇年代以降、政治指導者や知識人が移民について論じる機会も増えていった。その際に論点となったのは、移民がイタリア社会に対して肯定的な影響を与えるのか、否定的な影響を与えるのかという点であり、その認識に応じて移民容認論(ないし推進論)と移民制限論(ないし反対論)の対立となってあらわれた。優勢であったのは制限論の立場である。

移民を制限すべきであると主張する人々が主たる論拠としたのは、移民がイタリア経済にネガティブな影響を与えるという点であった。ただ、いかなる点でネガティブな影響を与えるのかということについては、論者の依って立つ位置によって差異があった。例えば、ヴェーネト地方で毛織物の大企業を経営し、下院議員としても活動していたアレッサンドロ・ロッシは、移民によって農村の人口が減少することで農村工業の労働力も減少し、それがイタリアの工業発展を妨げると論じた。これに対し、南イタリアのカンパーニア地方出身のジョヴァンニ・フロレンツァーノは、著書のなかで以下のように小括している。

(1)移民は人口増加を抑制するのには不十分であり、しかも人口増加自体は決して悪いことではなく、人間社会の創造と進歩という目的に合致している。(2)イタリアの人口が過剰であるというのは真実ではなく、むしろ土地の広さに比して寡少である。(3)イギリスの事例に示されるように、移民が貧困の解消に有効である場合もあるが、イタリアの移民はまったく性格を異にしており、その目的を達成することはできない。(4)イタリアは農業国であり、工業発展を遂げたヨーロッパの北部の諸国に比べて農業従事者を必要としている。(5)イタリア移民は農民と青年層を主体としている一方で、非生産的な人々が都市部で惨めな暮らしを送っている。(6)移民により労働力が流出し、そのことは放棄された農村や租税をおさめる地主層、賃金水準にも悪影響を与える。(7)移民とともに資本も流出し、それは移民が本国に送金する金額よりも大きい。(8)移民は国力や外国の共感を高めるものとはなりえない。国力を高めるのは理念の力であり、無知で飢えた民衆の力ではない。(9)イタリア移民が短期的なものであるというのは事実ではなく、むしろその逆である。(10)イタリア移民が長期的なものであれ短期的なものであれ、祖国における家族の秩序にとっては不幸な結果をもたらすものので、自然の法則に反するものである。（フロレンツァーノ『アメリカのイタリア移民について』）

彼の議論は、移民によって農村の人口が減少することで農村の荒廃をもたらし、それは農業国家であるイタリアにとって致命的な結果をもたらすというものである。まさしく農村の秩序の変更を嫌う大地主層の見解を代表するものであった。

つぎに、移民容認論についてシドニー・ソンニーノの議論を紹介する。彼は二十世紀初頭に二度にわたり首相を務めた人物であるが、一八七〇年代にレオポルド・フランケッティとともに南イタリアの農村調査をおこない、大土地所有(ラティフォンド)を解体して折半小作(メッザドリーア)を導入することで、悪化する南イタリアの社会秩序を再建すべきであると主張したことでも知られている。

北イタリアでも南イタリアでも、農民の生活状態を真に改善しようとするならば、全般的な経済状態が変更されるべきである。とりわけ、旧ナポリ王国領では精神的な革命がなされるべきであり、それなしにはあらゆる法令も死文と化すか、さらなる新しい不正義がはびこることになろう。しかし、それでは何をなすべきなのか？　イタリアの農民は地主と闘うために、イギリス流の労働者組織をつくる状況にはない。

唯一のラジカルな解決策がある。唯一でもっとも効果的なものが。農民たちはほとんど本能的にすでにそれをおこなっている。それが移民である。

ソンニーノはほぼ同時期に刊行されたエミリオ・チェッルッティの議論を紹介しつつ、自らの議論を補強している。チェルッティの論である。

移民の増大は、イタリアに多大な利点をもたらすであろう。過剰人口に有効なはけ口を見出すであろう。過剰人口こそ、今日、大衆から生活の術を奪っている元凶である。食費を賄うことも困難なほど低下した農業労働者の賃金を改善するであろう。イタリアの商船の活動を活発化させるであろう。移民が蓄積する貯金を通じて国の財政を潤すであろう。そして、犯罪を顕著に減らすであろう。今日の犯罪の多くは、まっとうな仕事を欠いているために悪事に手を染めざるをえない人々が犯しているものであるから。

（ソンニーノ『著作・議会外演説集』）

移民を容認する立場の人々は、過剰人口を解消し、農民の生活環境を改善するための手段として、移民は極めて有効であると主張したのである。

二つの移民法

移民の制限論と容認論の対立は、一八八八年に制定された初の本格的な移民法の制定にいたるまで継続された。法案の審議の過程では、双方の立場から発言がなされた。制限論者であるナポリ選出のエンリーコ・ウンガロが「アメリカ合衆国でわが同胞たちは残念ながら外国人たちの物笑いの種となっているのです。アメリカ人のボスたちはイタリア人の投機家たちと共謀して、イタリア移民を白人奴隷と化してしまったのです」（AP XVI-2 1888/12/5）と批判すれば、ヴェーネト地方ロヴィーゴ県選出のニコーラ・バダローニは「一八七〇年以降の農業危機の状況では、移民は有益であるといわざるをえません。それは二重の意味で、すなわち経済的にも精神的にも有益なのです」（APXVI-2 1888/12/5）と応じている。

二つの立場が対立するなかで、政府が提出した法案は議会に設置された委員会による修正を施されたすえに可決された。成立した法律では、「法が市民に課す義務を除いて、移民は自由である」とされたほか、斡旋行為に対して一定の制限を課し、徴兵検査対象者や予備役に対して移民の制限を加えることが定められた。つまり、多少の制限は存在したものの、移民をすることの自由が明確に打ち出されたのであり、移民容認論がほぼ全面的に勝利したのである。すでに述べたように、イタリア移民は出稼ぎ的な性格が強く、当初懸念されたような人口の減少という事態は生じなかった。むしろ、過剰人口の解消により農村における失業問題は緩和され、農業労働者の賃金も上昇した。また、移民先で得た貯蓄を持ち帰り、土地の購入にあてることにより、農民の生活状態は向上した。何よりも、移民による送金は貿易収支の赤字に苦しむイタリア政府にとって対外収支の改善をもたらす重要な資源となっていた。徴兵制に対する支障などが生じない限りにおいて、政府にとって移民を阻止することはできない状況にいたっていたのである。

一八八八年法の成立後、移民はますます増大していったが、移民を制限する議論は影をひそめていった。だが、一八八八年法が十分に機能していないという批判がしだいに高まっていく。とくに批判の対象となったのが、斡旋業者の活動である。斡旋業者が移民に対する前貸し行為などによって移民を搾取しているとか、より安い船賃を求めて外国籍の海運会社の船に移民を乗せているという非難が寄せられた。この批判の背景には、当時のイタリアの政界・財界・学界においてもっとも重要な論争の一つである、国家による経済分野での介入を促進する介入主義と介入を排する経済的自由主義とのあいだの対立があった。イタリアは一八八八年にそれまでの自由貿易政策にかわり、保護関税政策がとられるようになっていた。これは長期不況(農業不況)による穀物下落に対応することを直接的な契機とし、保護政策のもとで工業発展をはかる工業家と穀物生産に依拠する大土地所有者の圧力のもとに採用された政策であった。この政策により、穀物価格は上昇し、重化学工業の発展の素地がつくられることになったが、他方で輸出産業として成長していた南イタリアのオリーブ、ブドウ、柑橘類の生産などが打撃を受けるといった問題も生んでいた。そのため、この政策の是非をめぐって、論壇では活発な議論が交わされていたのである。

こうした状況のなかで、一九〇〇年十一月に新たな移民法の法案が提出された。法案の提案者の一人ルイージ・ルッツァッティは介入主義の立場を代表する政治家であり、この法案には彼の思想が強く反映されていた。移民の自由をあらためて確認したうえで、移民の保護に実効性をもたせるために、外務省管轄の移民担当委員会や移民評議会を設置し、ジェノヴァ、ナポリ、パレルモといった南北アメリカに向けて移民が出発する港に移民監督官を常駐させることにした。その一方で、大西洋を渡る移民の輸送業務を免許制とし、斡旋業務については免許を得た輸送業者とそれが指名する代理人だけが従事できると定めており、海運会社の利益に配慮した内容となっていた。

経済的自由主義者たちはこの法案に強い反発をみせた。急進党のマッフェオ・パンタレオーニは、海運会社に移民の輸送業務を独占させることに反対し、つぎのように述べている。

移民たちは十分に賢く、外国の海運会社のサービスがイタリアのそれよりも良ければ、外国の海運会社を選ぶのです。これこそが競争のシステムであって、移民斡旋業を束縛しなければしないほど、この競争のシステムも強固になるのです。

(AP XXI-1 1900/11/23)

あなたたちがつくりだそうとしているのは官僚制なのです。いったい何のためにそんなことをしようとしているのですか。つまりイタリア総合海運の独占体制を築き、外国の海運会社がわが国の港で移民輸送業者としての職務をはたすことができないようにするためでしょう。外国の海運会社を

排除して、わが国の海運会社に仕事を与えようとしているだけなのです。（AP XX-1/1900/11/23）

これに対し、法案を支持する人々は、この法案が移民の保護を最優先の課題としていることを強調した。ロヴィーゴ県選出のエウジェーニオ・ヴァッリはつぎのように述べている。

移民は必要不可欠なのですから、われわれの義務はこれを祖国にとって有益な現象とするために、あらゆる方法を駆使して移民を保護することにあるのです。これまでの移民法の過ちは、移民の本質的な特徴を認識せずに、治安の観点から法律を施行しようとした点にあるのです。

（AP XXI-1 1900/11/27）

この法案をめぐって介入主義者と経済的自由主義者は激しく対立したが、いずれも移民がイタリアにとって必要不可欠であることを認めていた点では共通していた。また、国家としてのイタリアの発展にとって経済的な領域が極めて重要であるという認識でも共通していた。一八九六年にエチオピアへの植民地拡大をはかったイタリア軍がアドワの戦いでエチオピア軍に敗れ、クリスピ政権下における膨張主義が無残な失敗に終わったことにより、世論は政治的、軍事的な拡大ではなく、経済的な拡大と成長を求める方向へと転換していった。「経済のリソルジメント」という言葉がこの時期にはさかんに用いられるが、それはこうした世論の動向を表象するものであった。

経済的自由主義者の移民論

介入主義も経済的自由主義も、「経済のリソルジメント」に表象される経済的ナショナリズムを内包していた。介入主義の立場は、後進的な資本主義国であるイタリアが先行する諸国家にキャッチアップするための有効な手段として構想されたものであり、国際環境としても他のヨーロッパ諸国が多かれ少なかれ保護主義的な動きをとるなかで、より「現実的」なものとみなされていた。これに対し、経済的自由主義者は、国家による経済への介入が結局は無駄な財政支出(いわゆる「バラマキ」)と既得権益の確立による寄生的存在の発生を招くと批判し、こうした介入を排除した新しい秩序のもとでイタリア経済の刷新を構想していた。その意味で、彼らの立場はある意味で理想主義的であったともいえる。

その点で注目されるのが、この法案が審議されていた一九〇〇年に出版された経済的自由主義者ルイージ・エイナウディの『商人君主論』である。エイナウディは第二次世界大戦後にイタリア共和国の実質的な初代大統領となったことで知られるが、若き経済学徒であった時期の著作が同書である。彼はこの書のなかで、アルゼンチンで実業家として成功したエンリーコ・デッラクワを中心に取り上げている。デッラクワはもともとロンバルディア地方ヴァレーゼ県の綿織物企業の経営者であったが、自社製品の輸出市場としてアルゼンチンに注目し、ブエノスアイレスに貿易会社を設立した。その後、同市に綿織物工場を建設し、二十世紀初頭には従業員一〇〇〇人を超える大規模な工場に成長させた。その間、資金の確保や不安定な為替相場といった難題を、自らの創意工夫によって乗り越えていった。エイナウディはデッラクワこそが移民の経済活動の模範例であるととらえ、そこにイタリア経済の未来を見出したのである。エイナウディはつぎのように記している。

本書を読めば、ビジネスの闘いに勝利するためには、偉大な精神力と知性だけでは不十分であり、人間としての直感という天分が必要であることがわかるだろう。エンリーコ・デッラクワはまさにこの直感をすばらしくもっているのだ。(中略)遠い国の嗜好や習慣を見分け、需要のわずかな変化も見逃さず、経済の不況や好況を冷徹に診断することができる知的な人々を、デッラクワは自分の身のまわりに配する能力をもっている。イタリアに彼のような商人、起業家が何百人といれば、工業国、商業国としてのわが国の未来は、政府の介入といった人工的な刺激を受けずとも確かなものとなるであろう。

（エイナウディ『商人君主論』）

だが、イタリアの歴史はエイナウディの望むような方向には進まなかった。新たな移民法は基本的な骨子が提案時から変更されないまま、一九〇一年に成立し施行された。イタリアの海運会社がイタリアから南北アメリカへの移民の輸送を独占することになった。新法が成立した〇一年から、イタリアは財務官僚出身の政治家ジョリッティが政治の主導権を握るジョリッティ時代に突入する。この時期にイタリアはめざましい経済発展を遂げ、とりわけ重化学工業の成長は著しかった。ジョリッティは鉄道の国営化をおこない、実現はしなかったものの海運事業や生命保険事業の国営化をはかるなど、経済に対する国家介入を強めるとともに官僚機構を拡充していった。また、女性労働・児童労働に対する保護、初等教育や社会保険の充実、男子普通選挙の導入など、民衆の生活水準の向上や政治参加の拡大をはかる政策をおこない、一定程度の民主主義的な政治を実現した。その一方で、議会における多数派を確保するために、南イタリアを中心に「経済振興」の名のもとでの「バラマキ」政策や選挙干渉をおこなうことを厭わなかった。こうした状況に対して、経済的自由主義者たちはジョリッティ的な政治のあり方に対する厳しい批判者であり続けた。

新たな移民制限論

ところが、この時代には、経済的自由主義者とはまったく別の方向から、移民問題に対する強い関心に基づいてジョリッティ的な政治を批判する人々が登場することになる。その代表的な人物の一人が、エンリーコ・コッラディーニである。コッラディーニは十九世紀末から劇作や文芸批評など作家として活動していたが、一九〇四年にフィレンツェで『イル・レーニョ（王国）』という雑誌を創刊して社会批評をおこなうようになった。この時期のフィレンツェは文芸や政治批評などさまざまなテーマを扱う雑誌が続々と刊行されており、同誌もその一つである。この雑誌において、彼はナショナリズムに基づく新たな論調を生み出した。まず、コッラディーニは社会主義運動と労働者階級の台頭とを峻別したうえで、前者を糾弾し、後者についてはイタリア国民の新たなエネルギーであるとして高く評価した。また、イタリアを指導するブルジョワジーの現状を厳しく批判し、ブルジョワジーが「再生」するための有効な手段として、戦争を通じて植民地を獲得するという対外膨張政策を主張した。植民地獲得というかたちで世界に向かってイタリアが拡張することこそ、人々が「国民意識」を形成するために必要であると訴えたのである。

その後『イル・レーニョ』の活動から離れたコッラディーニは、ミラノに本拠をおく『コリエーレ・デッラ・セーラ』紙の特派員となり、一九〇八年にブラジル、アルゼンチンを訪れた。その際に、イタリア移民がおかれた状況に強い衝撃を受け、帰国すると積極的な講演活動を始めた。彼は翌年にナポリとミラノのダンテ・アリギエーリ協会でおこなわれた講演で以下のように述べている。ダンテ・アリギエーリ協会はイタリア語の国外への普及を目的として一八八九年に設立された団体である。

私は今日のイタリアにとっては、いくつかの利点のゆえに必要とされている移民自体に反対しているのではなく、イタリア人が移民に対していだいている楽観的で、品位を欠いた考え方に反対しているのです。

（コッラディーニ『政治講演集』）

コッラディーニは、南米諸国のイタリア移民が悲惨な状況におかれ、しだいにイタリア人としてのアイデンティティを喪失しつつあると認識した。なぜアイデンティティを喪失していくかというと、それは彼らに「国民意識」が欠如しているからである。そこで、当面の解決策として彼が提唱したのは、国民意識を涵養するためのイタリア語によるイタリア人学校を移民先で充実することである。ちなみに、彼がダンテ・アリギエーリ協会で講演をおこなったのも、彼の主張と協会の趣旨とがこの点において見事に合致しているからである。だが、コッラディーニは最終的には移民そのものが消滅していくべきであると考える。その目標のために、工業化のいっそうの進展と、帝国主義の精神の発展が必要であると説くのである。

この講演の翌年、彼はフィレンツェで「ナショナリスト」を自称する人々を集めて、全国規模の会議を開催した。この会議には、イレデンティスト（トレントやトリエステなどオーストリア支配下にある地域をイタリア領に「回復」することをめざす人々）や経済的自由主義者、革命サンディカリスト、共和主義者、貴族、移民の代表団など、思想傾向や社会階層を異にする極めて雑多な人々が参加した。具体的な政治課題で主張を異にする人々が参加するなかで、多くの参加者の支持を集めたのが、コッラディーニの「プロレタリア国民論」であった。

プロレタリア階級があるように、プロレタリア国民が存在します。プロレタリア国民とは、プロレタリア階級と同様に、その生活状態が他の国民に対して従属的な立場におかれている存在のことです。そうであるとすれば、ナショナリズムは以下の真実を強調しなければなりません。すなわち、イタリアは物質的にも精神的にもプロレタリアであるという真実です。

（『イタリア・ナショナリズム　フィレンツェ大会議事録』）

彼にとって、大量の移民の存在こそイタリア人が国際秩序においてプロレタリアであることの疑いようのない証なのである。そして、移民を解消するためにイタリアがおこなうべきことが、植民地の獲得であった。こうして、「移民のための植民地」という主張が高らかに打ち出されることになる。

経済的自由主義者による移民認識とコッラディーニのそれとが完全に逆の方向を向いていることに示されるように、彼らの思想や理念の依って立つところはまったく異なっていた。それにもかかわらず、ジョリッティ時代に形成された、穏健で民主主義的で、それでいて腐敗に満ちた社会のあり方に対するアンチテーゼとして、彼らはほんの一瞬に終わったとはいえ、ひと時の共闘をかたちづくった。北アフリカのトリポリタニア、キレナイカの領有をめぐり、オスマン帝国とのあいだで一九一一年から翌年にかけて繰り広げられた戦争では、開戦前から「移民のための植民地」というスローガンがあちこちで喧伝された。のちにリビア戦争と呼ばれるこの植民地戦争の経験をへて、イタリアは第一次世界大戦へと突入していくことになる。

4　移民の声

ニッティの社会調査

イタリアの政治家や知識人は統一以後、移民に関してさまざまな論議を繰り広げてきたが、移民を実践していた人々は自らの行為をどのように認識していたのであろうか。また、イタリアという国に対してどのような意識をいだいていたのであろうか。もちろん、民衆の意識を史料から掘り起こすのは容易な作業ではない。とりわけ、十九世紀後半のイタリアは西ヨーロッパ諸国のなかでも識字率が相対的に低く、自らの生活を手紙や日記に書き残すということが一般的ではなかったので、なおさらである。それでも、農村調査や断片的に残された手紙などから、移民を実践する人々の意識をうかがうことは不可能ではない。ここでは、二十世紀初頭の南イタリアのバジリカータとカラブリアを対象にした農村調査をまとめたフランチェスコ＝サヴェリオ・ニッティの著作と、アルゼンチンに移民した兄弟と郷里の北イタリア・ビエッラに住む父親とのあいだで長期間にわたって交わされた手紙を編纂した史料集の二つを主たる史料として考察してみることにしたい。

ニッティはバジリカータの中産階級の家庭に生まれ、大学在学中から南イタリア社会の革新を訴える社会評論をメディアに発表し注目を浴びた。当初はソンニーノらと同じくラティフォンドの解体こそ南イタリアが近代化にいたる道であるという論調を掲げていたが、世紀末からジョリッティ時代にかけてはナポリをはじめとする都市部の工業化がより重要であるという立場に転じていった。だが、ここで紹

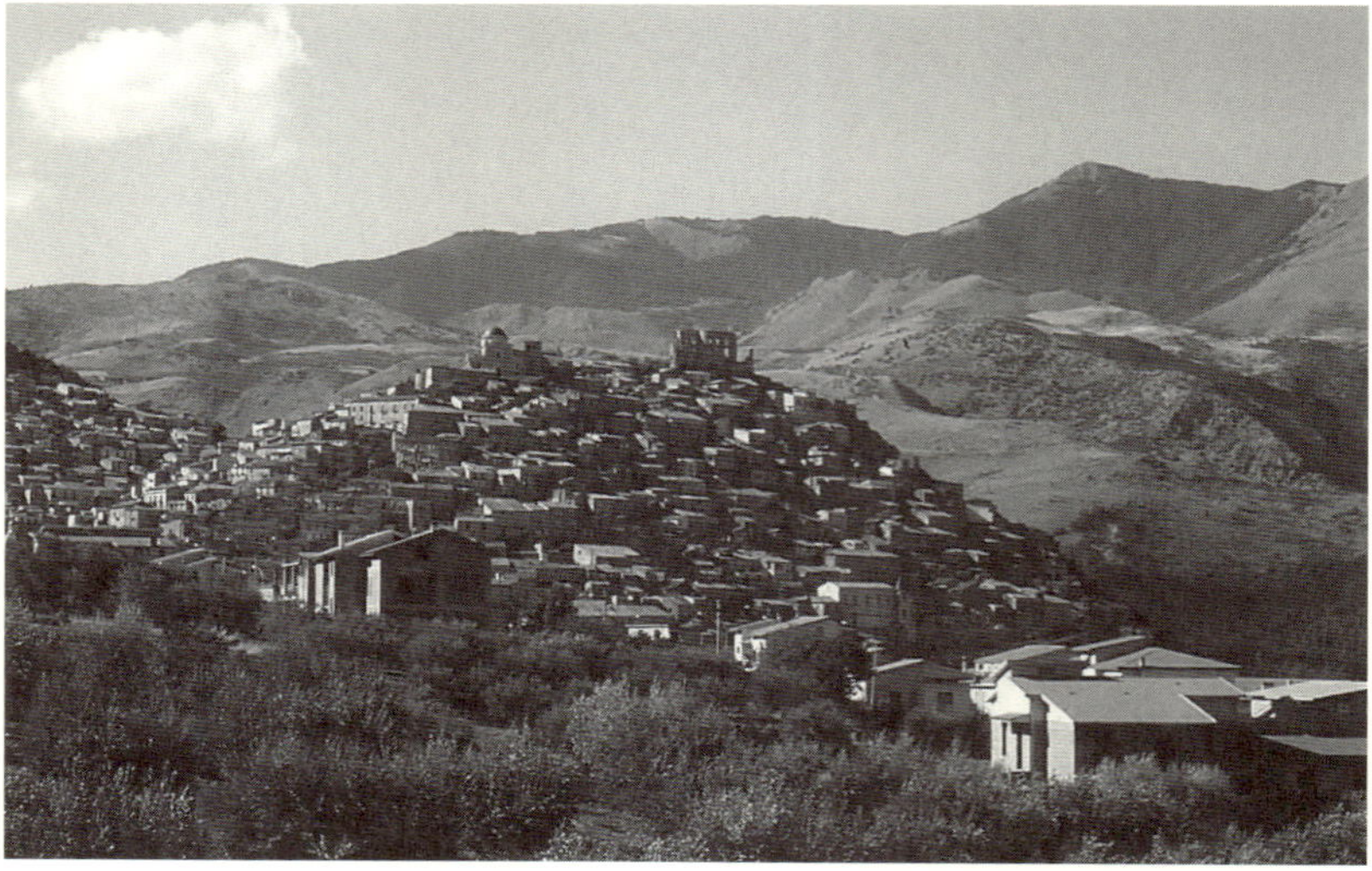
数多くの移民を送り出した町，モラーノ・カラブロ(カラブリア州)

介する農村調査の記録は、依然としてニッティが農民の生活状態に強い関心を示していたことを示している。この調査記録の論調は移民こそが農業契約や食糧事情の改善を促すというものであり、彼はその観点から市町村長や地主、そして移民を体験した農民に対する聞き取り調査を敢行している。聞き取り調査は、一八七〇年代に下院の委員会がおこなったイタリア全土を対象とする農業調査(いわゆるヤチーニ調査)でも実施されているが、そこで対象とされたのは市町村長や地主など地域社会の有力者であり、その意味でニッティが農民にも聞き取りをおこなった点は特筆される。他方で、移民による社会の変革に大きな期待を寄せているがゆえに、聞き取りの手法や記述の内容に多少のバイアスがかかっている可能性には配慮する必要があるだろう。ニッティは聞き取り調査をおこなう際に、つぎの三つの問いかけを中心にしている。⑴移民した原因は何か。自発的なものか、それとも他者から強いられたものか？　⑵移民はいかなる結果を生み出したのか？　⑶移民は阻止されるべきものなのか？　以下では、この三つの問いかけにそって、個々にみていくことにする。

自分の意思で移民する

まず、移民は実践する人々が自らの意思で行ったのか、それとも斡旋業者などによって人為的に生み出されたものかという点についてである。カラブリア地方コセンツァ県ベルヴェデーレ・マリッティマ町の農民はつぎのように述べている。

私は自分の年齢をよく知りません。多分五十五歳か五十六歳です。読み書きはできません。私はブエノスアイレスに行っていました。もし元気なら、また行くのですが。だって、ここでは暮らしていけませんから。五年間アメリカにいました。四〇〇〇リラを持ち帰って、土地を買って土地持ちになりました。借地もしています。収穫の三分の二は私のもので、三分の一が地主のものになります。

（ニッティ『バジリカータ・カラブリアの農民の状態に関する調査』）

＊このコメントにもあるように、農民たちは南北アメリカ全体を「アメリカ」と呼んでいる。以下についても、「アメリカ」が合衆国を指すのか、ほかの中南米の国を指しているのか判然としない場合が多いので、その点は留意する必要がある。

零細な借地農で、息子がアメリカに移民しているというコセンツァ市の農民は語っている。

農民はアメリカの方がいい暮らしができる。頭が良くて記憶力のいい人は金を稼げる。ここでは暮らしていけないから、アメリカに行くのです。私ももっと若ければアメリカに行くのだけれど。いま家にいる二人の娘もアメリカに行きたがっているけれど、引き留めています。もし私たちがアメリカに行くことを政府が望まないのであれば、私たちは飢えて死ぬだけです。父親は子どもたちをそばにおいておきたいものです。それでも子どもたちを移民させるとすれば、それは必要だからです。(Id.)

つぎは、コセンツァ県サンジョヴァンニ・イン・フィオーレ町の農民のコメントである。

私は一トーモロ*半のブドウ畑と一トーモロの樫の木の林、それに土間のある一部屋の家をもっています。この家で私と妻と四人の子どもが暮らしています。土間にはロバと豚が一頭ずついます。私は自分の家族を食べさせることができませんでした。それで、十五歳の息子と二十一歳の娘をアメリカにいる叔父のところに遣りました。彼らが行って九カ月になります。送ってきた手紙に、「アメリカはやっぱりアメリカだ。だって金が稼げるから」と書いてありました。でも、私はアメリカで金を稼ぐことはしませんでした。手紙によると、私の娘はアメリカに着いてすぐに結婚したそうです。夫の名前は知りません。確か、ドメニコ・ロヴェターリといったような。叔父は娘がアメリカに旅立つ前に婿を見つけていたようです。(Id.)

＊「トーモロ」は南イタリアで用いられていた農地面積をあらわす単位で、それが示す面積は地域によって大きく異なるが、コセンツァ地方ではおおよそ〇・四ヘクタールに相当する。

こうした農民たちの言葉からは、郷里での生活が苦しく、そこから抜け出るために自らの意思で移民を決意する農民たちの姿が浮かび上がる。また、とりわけ若者が南北アメリカに行くことを希望していることや、移民を支援する親族や知人の存在が読み取れる。さらに、女性たちも移民を希望していることや、若い女性が移民する場合には配偶者の存在がしばしば必要とされることなどもうかがい知ることができる。このような農民たちの言葉を踏まえて、ニッティは移民が実践する人々の自発的な意思に基づくものであり、斡旋業者らによる介入はほとんど影響を与えていないと結論づけている。

移民は何をもたらしたか

つぎに、移民が南イタリアの社会にもたらした影響についてである。

バジリカータ地方ポテンツァ県ペスコパガーノ町の農民はつぎのように述べている。

私はアメリカに、ブエノスアイレスに行っていましたが、二〇年前に戻ってきました。向こうには二年間いて、小さな店を営んでいましたが、四〇〇〇リラを持って帰ってきました。帰ってからは農業に戻りましたが、少しずつ蓄えはなくなっていきました。これはアメリカとのあいだを行ったり来たりする出稼ぎ移民にはよく起きたことですし、いまでもよく起きています。(Id.)

ポテンツァ県バリーレ町の農民はつぎのように語っている。

自分は八日前にニューヨークから帰ったところです。向こうでは三年くらい働いていました。最初は絹織物の工場で働き、そのあとはシャベルを使った仕事で一日に一ドル半を稼ぎました。帰ってきたのはイタリアの方がましだと思ったからだけれども、こっちの方がやっぱりひどかった。貯金は何も持ち帰れなかった。もし渡航費用が工面できたら、もう一度移民しようと思います。アメリカに行ったのは従兄弟が渡航費用を送ってくれたからです。(Id.)

バジリカータ地方マテーラ県モンテスカリオーゾ村の農民のコメントは具体的である。

私は三年と少しのあいだ、ニューヨークに近い場所に行っていました。シャベルを使った仕事をしていました。私が行ったとき、仲間の一人が切符を送ってくれて、それで一五〇リラの借金をしました。息子の一人は私がアメリカにいる時に死にました。娘の一人は私がアンツィ(ポテンツァ県の村)で働いている時に死にました。三年間、私は家族にお金を送り、借金を返して、二〇〇〇リラを持って帰りました。アメリカでもお腹はいつも空いていました。お金を貯めるためにあまり食べなかったからです。帰ってから、六〇〇リラで家を買って、四〇〇リラで五トーモロの畑を買いました。うまく仕事のやりくりができないので、残ったお金を使って生活しています。もう一度アメリカに行こうと思っています。アメリカに行く前に私はマラリアにかかっていました。アメリカでは元気だったのですが、こちらに戻ってきたら再発しました。(Id.)

カタンツァーロ県ニカストロ町の農民はつぎのように述べている。

私は二度、アメリカのピッツバーグに行きました。最初は三年間で、二度目は二七カ月です。アメリカに行く時に、兄が切符を買ってくれました。最初のときは一〇〇〇リラ、二度目は一五〇〇リラを持って帰りました。それで、一〇〇〇リラで家を買い、残りは維持費用に使いました。戻ってきてからは、また畑仕事をしています。四分の三トーモロの畑を借りています。それに日雇いにも行きます。農民はここではやっていけないから、アメリカに行きます。私ももう一回、アメリカに行きたいです。アメリカでは幸福な生活でした。ここと比べると天国です。今度行くときは、妻と子どもも連れて行きます。アメリカに行く農民は向こうでよく働くというのは、事実ではありません。アメリカでは少なく働いても、多く支払われるのです。いまここで一日二リラの稼ぎでも、向こうでは一〇リラです。アメリカでは毎日肉を食べていました。まじめな話、私はここにいることを後悔しています。ここで百の畑をもつよりも、アメリカにいたいです。（Id.）

移民した人々が移民先で貯蓄し、それを持ち帰って郷里で家や耕地を購入していることがよくわかる。そうすることで、郷里における生活は以前に比べて向上していく。ところが、しばらく郷里で生活していると、貯蓄が枯渇して生活水準は再び低下していく。そこで彼らは可能であれば、もう一度移民したいと望むようになるのである。彼らの発言からは、移民によっていくらかは向上したものの、劇的には改善されない郷里での生活がうかがえる。このままの状況であれば、人々は再び移民し、今度は二度と帰郷することはないだろうと予感させる発言が続いている。

ただ、「ここと比べて、アメリカは天国です」という彼らの発言には留意する必要がある。「シャベルを使った仕事」という表現が頻繁に用いられているように、彼らが従事する仕事の多くは建設業や収穫作業といった肉体労働であり、労働の内容だけをみれば郷里とそれほど大きな違いがあるとは思われないからである。彼らが南北アメリカにいた方が天国であると感じるのは、労働そのものが楽だからではなく、それによって得られる対価に大きな差異があるからであろう。ニッティが問題としているのも、まさにその点なのである。

最後に、移民は阻止されるべきであるかという問いかけに対する回答である。ポテンツァ県ラーゴネグロ町の農民は述べている。

われわれは飢えて死にそうです。世界は自由です。去ることを妨げることなど、誰もしてはいけません。ここにいるくらいなら、よそに行って施しをもらったほうがましです。（Id.）

コセンツァ市の農民はつぎのように述べている。

もし政府がアメリカに行かせないようにしたら、みな愉快ではないだろうと思います。私は息子を結婚させるために必要な一〇〇リラを与えることができません。息子が自分で稼ぐこともできません。それなのに、どうしてアメリカに行ってはいけないのでしょうか？（Id.）

レッジョ・カラブリア県ジェラーチェ・マリーナ町の農民の言葉は明快である。

アメリカに行くことは誰も禁止できません。人間から意志を奪うことは誰にもできないでしょう？

ニッティは移民に何らかの制限をかけることを望む市町村長や地主など地域エリート層の発言に対置するかたちで、こうした農民たちの言葉を綴っている。ここには、移民という行為を南イタリア社会の革新を促すものと期待する彼の考え方がうかがえる。だが、そうしたニッティの認識とは別に、農民たちの発言には、生きていくために移民する、より良い生活を求めて移民するという断固たる意志が表明されているのである。

移民の手紙

つぎに、移民が自ら認《したた》めた手紙をみてみる。現在のピエモンテ州ビエッラ県のヴァルデンゴという村に住むソーラ家のオレステとアベーレの兄弟は二十世紀初頭にあいついでアルゼンチンに移民し、ブエノスアイレスを拠点として生活の基盤を築いていった。その間、父のルイージと定期的に書簡を交わし、兄オレステがブエノスアイレスに渡った一九〇一年からルイージが死去した二二年までのあいだに

ビエッラ県(ピエモンテ州)

その数は合計で三五〇〇通にのぼった。現存しているのはそのうちの約二〇〇〇通であるが、これだけの数の手紙がまとまったかたちで残っていることは極めてまれであり、貴重な史料となっている。オレステとアベーレの二人はつねに帰郷することを望んでいたが、さまざまな理由ではたされなかった。とりわけ第一次世界大戦の勃発と両親のあいつぐ死去は大きな要因となり、結局、彼らは父の死後に一度だけ短期間帰郷したことを除き、生涯をアルゼンチンで過ごすことになった。

彼らが交わした手紙の内容はそのほとんどが家族の健康や近況にかかわることであるが、そうした家族的な話題からも移民を実践することにともなうさまざまな状況をうかがうことできる。また、アルゼンチンからの手紙には、時折現地の経済状況や政治状況などが語られることもある。それは雇用や賃金、あるいはオレステが会社を興したあとはその経営に直接的に影響するからであるが、そこからは彼らがアルゼンチンやイタリアの社会をどのようにみていたのかが、断片的ながらみてとることができる。そこで、ここではオレステが両親に宛てて送った手紙をみていくことにする。

一九〇一年八月に十八歳でブエノスアイレスに到着したオレステは、無事を知らせる手紙を出している。

私たちは代父のゾッコおじさんのところに行き、おじさんはアメリカにきて何年かたつヴァルデンゴ出身者を数人紹介してくれました。(中略)どこに行っても、宿でも職場でも、ほかの国の出身者ですらピエモンテ語かイタリア語を話しています。アルゼンチン人でもイタリア語を話しています。

(ベイリー／ラメッラ(編)『一つの家族、二つの世界』)

この手紙からは、彼が代父を頼って移民したことがわかる。おそらく彼は、代父やそこから紹介された同郷人たちを通じて住居や職場を見つけてもらったことであろう。また、誇張はあるだろうが、多くのイタリア人の存在により言語的な障壁がなかったことが語られている。オレステはその後、良い仕事を求めてアンデス山脈に近いメンドーサに赴きしばらく過ごすが、その後ブエノスアイレスに戻り、製図工として公共事業の建築現場で働くことになる。これは安定した職で収入も比較的良かった。彼は一九〇六年六月につぎのような手紙を送っている。

この手紙に三〇〇リラを同封しました。大きな金額ではありません。二、三週間以内にもっと送ります。

(Id.)

彼の両親はいずれもビエッラの織物工場で働いていたが、一九〇七年に退職していた。彼が海を渡ったのは両親の暮らしを支えることを見越したものであり、彼はその約束を忠実にはたし続けるのである。オレステは〇八年に、ビエッラ近郊の町に生まれ、家族でブエノスアイレスに移民していた女性と結婚する。同郷者との結婚もイタリア移民にはよくみられることである。婚姻を契機に帰郷するケースも多いが、オレステは多忙を理由にイタリアに戻ることはなかった。その後、一〇年には建設会社を立ち上げ、一〇〇人以上の従業員を雇用する会社に成長させていく。だが、一三年以降、アルゼンチン経済は危機に陥る。たびたび起きる異常気象がそれを助長した。一四年八月の手紙ではつぎのように書いている。

こちらでは経済危機が続いていますが、ひどい悪天候でさらに悪化しています。悪天候のために農産物もかなり被害を受けましたし、来年の播種用の種も被害を受けました。農業が主要産業であるこの国では、農業が被害を受けると工業や商業も麻痺します。(Id.)

オレステはその前の手紙でも、建築に対する需要が減り、仕事が半分に減ったと嘆いている。しかし、心配の種はそれだけではなかった。勃発したばかりの「ヨーロッパの戦争」に対する懸念である。同じ手紙でこのように書いている。

「ヨーロッパの戦争」が起きてから、ここでもそれが話題になっています。新聞も特集を組んでいます。(中略)戦争のためにここでも物価が上昇しています。石炭、鉄、それに輸出用の小麦やトウモロコシもです。でも、ヨーロッパ行きの船がほとんどないので、輸出することも難しくなっています。イタリアができる限り中立を保つことを願うばかりです。そうでないと、本当に行き来する船がなくなって、すべてサヨウナラです。

第一次世界大戦はアルゼンチンの生活にも影響を与えており、そのことにオレステは心を痛めていた。開戦によってオレステはさらに別の問題をかかえることになる。それは徴兵である。彼は徴兵検査を受ける年齢に達する前にアルゼンチンに移民し、そのまま帰国せずに過ごしてきた。したがって、彼は徴兵検査を受けていなかったし、三十歳代前半という彼の年齢はイタリアが参戦すれば徴兵の対象にならないとも限らない状況にあった。実際に、イタリアに参戦したのちに彼が送った手紙には、アルゼンチンに移民した同郷人たちが徴兵のために帰国していったことが記されている。しかし、徴兵にかかわる話題は手紙のなかではつねに「仄めかし」にとどまっていた。開戦以来、移民先からイタリアに送られる手紙には検閲が課せられており、それを承知していたオレステはこの話題を明示的なかたちで語るのを憚ったのである。結局、彼自身は長男であったこともあり、徴兵のために本国に召還されることはなかった。

イタリアにおける政治状況をほとんど話題にすることはなかったオレステが、唯一イタリアについて語ったのが戦争でのイタリアの勝利が確実になった一九一八年十月の手紙においてである。

ここでも栄光のひと月がありました。イタリアの勝利のあと、デモ行進が始まりました。いま、ようやく終わろうとしています。とても熱狂的です。何万人も女性が参加し、何千もの連合国やアルゼンチンの国旗が翻る大きなデモもありました。場所によっては、一週間丸ごと有給の祝日になりました。今日は政府の法令によって祝日になりました。ようやくです。イタリア万歳！　(id.)

両親に宛てた手紙において「イタリア」という言葉を用いたただ一度の機会が「イタリア万歳」という表現であったことは示唆的である。第一次世界大戦という巨大なできごとをへて、ついにオレステはイタリア人としての自覚を得たということになろうか。だが、「イタリア万歳」と記しながら、その後オレステは父の死後に一度戻っただけで、イタリアで暮らすことはついになかった。おそらく彼にとって重要なことは「イタリアかアルゼンチンか」という二者択一ではなく、自分と家族がいかにより良く生きていくかということであり、その目的のためにはどこで暮らすかは二次的な問題であった。それはオレステだけでなく、多くのイタリア移民も同じように感じていたことではなかったろうか。

■図版出典・提供一覧

『曾文正公手書日記』中国図書公司, 1909 *35*

『李秀成親供手跡』第2版第2刷，岳麓書社, 2014 *71*

朱賽虹主編『清史図典 [10] 咸豊同治朝』紫禁城出版社, 2002 *43, 49*

The Illustrated London News, 6 January 1877. *111*

The Illustrated London News, 27 January 1877. *117*

Şehbâl, no. 78, 1 Temmuz 1329 [14 July 1913]. *93*

Ali Haydar Midhat, *The Life of Midhat Pasha,* London, 1903. *75*

'Alî Haydar Midhat (ed.) *Midhat Paşa: Mir'ât-ı Hayret,* İstanbul: Hilâl Matba'ası, 1325 [1909]. *123*

Carr C., *The Devil Soldier: The Story of Frederick Townsend Ward,* New York, 1992. *59*

Ceyhan, E., *The Ottoman Origins of Modern Iraq*, London and New York, 2011. *104*

Cody, J. W. and Terpak, F. (eds.), *Brush and Shutter: Early Photography in China,* Los Angeles, 2011. *44*

Lin-Le, *Ti-ping tien-kwoh: The History of the Ti-ping Revolution, Including a Narrative of the Author's Personal Adventures,* London, 1866. *29*

Mithat, A. H., *Hâtıralarım 1872–1946,* İstanbul, 1946. *127*

Weber, S., *Damascus,* vol. 1, Aarhus: Aarhus University Press, 2009. *121* 上

Zandi-Sayek,S., *Ottoman Izmir: The Rise of a Cosmopolitan Port, 1840–1880,* Minneapolis: University of Minnesota Press, 2012. *121* 下

Валиханов Ч.Ч., Собрание сочинений в пяти томах, Т.1, Алма-Ата, 1984. *4*

Игнатьев Н.П., Записки о русской политике на Востоке 1864–1887 гг., Москва, 2015. *7*

Милютин Д.А., Воспоминания, 1860–1862, Москва, 1999. *129, 130, 142, 145, 154, 163, 169, 171*

東京大学史料編纂所所蔵 *211*

福岡アジア美術館所蔵 *56*

北村暁夫提供 *221, 223, 248*

PPS 通信社提供 *229*

ユニフォトプレス提供 *255*

5章　イタリア統一と移民

北原敦編『イタリア史』山川出版社 2008年
北村暁夫『ナポリのマラドーナ――イタリアにおける「南」とは何か』山川出版社 2005年
北村暁夫・小谷眞男編『イタリア国民国家の形成　自由主義期の国家と社会』日本経済評論社 2010年
北村暁夫・伊藤武編『近代イタリアの歴史』ミネルヴァ書房 2012年
藤澤房俊『『クオーレ』の時代』筑摩書房 1993年
藤澤房俊『「イタリア」誕生の物語』講談社 2012年
Atti Parlamentari, Camera dei Deputati. Legislatura XVI 2a Sessione 1887-1888. Discussioni.（本文中[AP XVI-2 1888/日付]と略記）
Atti Parlamentari, Camera dei Deputati. Legislatura XXI La Sessione 1900-1901. Discussioni.（本文中[AP XX-1 1900/日付]と略記）
Baily, S. L., *Immigrants in the Lands of Promise. Italians in Buenos Aires and New York Ciry, 1870 to 1914,* Ithaca/London, Cornell University Press, 1999.
Baily, S. L., Ramella, F. (eds.), *One Family, Two Worlds. An Italian Family's Correspondence across the Atlantic, 1901-1922,* New Brunswick/London, Rutgers University Press, 1988.
Banti, A. M., *II Risorigimento italiano*, Roma-Bari, 2004
Bevilacqua, P., De Clementi, A. and Franzina, E. (a cura di), *Storia dell'emigrazione italiana. Partenze,* Roma/Donzelli, 2001.
Carpi, L., *Dell'emigrazione italiana all'estero.* Firenze, 1871.
Ciuffoletti, Z., Degl'Innocenti, M. (a cura di), *L'emigrazione nella storia d'Italia, 1868-1975.* 2voll. Firenze, 1978.
Commissariato Generale dell'Emigrazione, *Annuario Statistico dell'Emigrazione*, Roma, 1926.
Corradini, E., *Discorsi politici (1902-1923),* New York, 1973.
Devoto, F. J., *Storia degli italiani in Argentina,* Roma, 2006.
Einaudi, L., *Un principe mercante,* Torino, 1910.
Florenzano, G., *Della emigrazione italiana in America,* Napoli, 1874.
Gabaccia, D. R., *Italy's Many Diasporas,* London, 2000.
Il nazionalismo italiano. Atti del congresso di Firenze, Firenze, 1911.
Nitti, F. S., *Scritti sulla questione meridionale. Inchiesta sulle condizioni dei contadini in Basilicata e in Calabria,* Bari, 1968.
Sonnino, S., *Scritti e discorsi extraparlamentari,* Bari, 1972.

1890-е гг.), Москва, 2011.
Eklof, B., Bushnell J., and Zakharova., L. G., (eds.), *Russia's Great Reforms, 1855-1881,* Indiana University Press, 1994.
Rowney, D. K, Pintner W.(eds.), *Russian Officialdom: The Bureaucratization of Russian Society from the Seventeenth to the Twentieth Century,* University of North Carolina Press, 1980.
Lincoln, W. B., *Nikolai Miliutin: An Enlightened Russian Bureaucrat,* Oriental Research Partners, 1977.
Lincoln, W. B., *In the Vanguard of Reform: Russia's Enlightened Bureaucrats,* Northern Illinois University Press, 1982.
Lincoln, W. B., *The Great Reforms: Autocracy, Bureaucracy, and the Politics of Change in Imperial Russia,* Northern Illinois University Press, 1990.

４章　ポサドニック号事件の衝撃

伊藤一哉『ロシア人の見た幕末日本』吉川弘文館 2009年
塚越俊志「ポサドニック号事件に関する一考察――箱館に於ける日魯交渉」『湘南史学』16 2007年
木村直也「幕末期の幕府の朝鮮政策」田中健夫編『前近代の日本と東アジア』吉川弘文館 1995年
木村直也「幕末における対馬の位置」浪川健治，デビット・ハウエル，河西英通編『周辺史から全体史へ――地域と文化』清文堂 2009年
左近幸村「草創期の義勇艦隊」『ロシア史研究』97号 2016年
禰津正志「文久元年露艦ポサドニックの対馬占領に就いて」『法と経済』2巻2〜4号 1934年
檜皮瑞樹「ポサドニック号事件に関する一考察――箱館奉行の交渉過程を中心に」『明治維新史学会会報』43号 2003年
保谷徹「オールコックは対馬占領を言わなかったか」『歴史学研究』796号 2004年
保谷徹「開国と幕末の藩制改革」岩波講座『日本歴史　14　近世5』岩波書店 2015年
玄明喆「文久元年対馬藩の移封運動」『日本歴史』536号 1993年
日野清三郎『幕末における対馬と英露』東京大学出版会 1968年
保田孝一『文久元年の対露交渉とシーボルト』岡山大学吉備洋学資料研究会 1995年
ビクターシュマギン「『リハチョフ航海日誌』から読み解く対馬事件」『東京大学史料編纂所研究紀要』25号 2016年
Болгурцев Б. Н., Русский флот на Дальнем Востоке (1860-1861 гг.)：Пекинский договор и Цусимский инцидент, Владивосток, 1996.

Midhat, A. H., *Midhat Pacha: sa vie, son œuvre,* Paris: Stock, 1908.
Midhat, A. H., (ed.), *Midhat Paşa: Tabsıra-i ʻİbret,* İstanbul, 1909.
Midhat, A. H., (ed.), *Midhat Paşa: Mir'ât-ı Hayret,* İstanbul, 1909.
Mithat, A. H., *Hâtıralarım 1872–1946,* İstanbul, 1946.
Şentürk, M. H., *Osmanlı Devleti'nde Bulgar Meselesi (1850–1875),* Ankara, 1992.
Tezcan, B., *The Second Ottoman Empire: Political and Social Transformation in the Early Modern World,* Cambridge University Press, 2010.
Uluslararası Midhat Paşa Semineri, Ankara, 1986.
Weber, S., *Damascus: Ottoman Modernity and Urban Transformation (1808–1918),* 2 vols., Aarhus University Press, 2009.
Zandi-Sayek, S., *Ottoman Izmir: The Rise of a Cosmopolitan Port, 1840–1880,* University of Minnesota Press, 2012.

３章　陸軍大臣ミリューチンの回想

高橋一彦『帝政ロシア司法制度史研究――司法改革とその時代』名古屋大学出版会 2001年
竹中浩『近代ロシアへの転換――大改革時代の自由主義思想』東京大学出版会 1999年
山本健三『帝国・〈陰謀〉・ナショナリズム――「国民」統合過程のロシア社会とバルト・ドイツ人』法政大学出版局 2016年
和田春樹『テロルと改革――アレクサンドル二世暗殺前後』山川出版社 2005年
ザイオンチコーフスキー，П.А.（増田冨壽・鈴木健夫共訳）『ロシヤにおける農奴制の廃止』早稲田大学出版部 1983年
Зайончковский П.А., Милютин Д.А., Биографический очерк.// Дневник Д.А. Милютина, 1873–1875, Т.1, Москва,1947.
Зайончковский П.А., Военные реформы 1860–1870 годов в России, Москва, 1952.
Захарова Л.Г., Дмитрий Алексеевич Милютин: его время и его мемуары // Милютин Д.А., Воспоминания, 1816–1843, Москва, 1997.
Захарова Л.Г., Александр II и отмена крепостного права в России, Москва, 2011.
Милютин Д.А., Воспоминания, 1860–1862, Москва, 1999.
Христофоров И.А., «Аристократическая» оппозиция Великим реформам (конец 1850-середина 1870-х гг.), Москва, 2002.
Христофоров И.А., Судьба реформы: Русское крестьянство в правительственной политике до и после отмены крепостного права (1830–

庫 2007 年
佐々木紳『オスマン憲政への道』東京大学出版会 2014 年
佐々木紳「オスマン憲政史の新しい射程——近世史と近代史の接合に向けて」『新しい歴史学のために』285 2014 年
佐々木揚『清末中国における日本観と西洋観』東京大学出版会 2000 年
佐々木洋子『ハプスブルク帝国の鉄道と汽船——19 世紀の鉄道建設と河川・海運航行』刀水書房 2013 年
佐原徹哉『近代バルカン都市社会史——多元主義空間における宗教とエスニシティ』刀水書房 2003 年
林佳世子『オスマン帝国 500 年の平和』講談社学術文庫 2016 年
Abu-Manneh, B., *Studies on Islam and the Ottoman Empire in the 19th Century (1826–1876),* Istanbul, 2001.
Anscombe, F. F., *The Ottoman Gulf: The Creation of Kuwait, Saudi Arabia, and Qatar,* Columbia University Press, 1997.
Çakır, C., *Tanzimat Dönemi Osmanlı Maliyesi,* 2nd ed., İstanbul, 2012.
Çelik, M., *Balkanlar'da Tanzimat: Midhat Paşa'nın Tuna Vilâyeti Valiliği (1864–1868),* İstanbul, 2010.
Ceyhan, E., *The Ottoman Origins of Modern Iraq: Political Reform, Modernization and Development in the Nineteenth-Century Middle East,* London/New York, 2011.
Davison, R. H., *Reform in the Ottoman Empire 1856–1876,* Princeton University Press, 1963.
Davison, R. H., *Nineteenth Century Ottoman Diplomacy and Reforms,* Istanbul, 1999.
Deringil, S., *The Well-Protected Domains: Ideology and the Legitimation of Power in the Ottoman Empire 1876–1909,* London/New York, 1998.
Devereux, R., *The First Ottoman Constitutional Period: A Study of the Midhat Constitution and Parliament,* Baltimore, 1963.
Hanioğlu, M. Ş., *A Brief History of the Late Ottoman Empire,* Princeton University Press, 2008.
Kurşun, Z., *Necid ve Ahsa'da Osmanlı Hâkimiyeti: Vehhabî Hareketi ve Suud Devleti'nin Ortaya Çıkışı,* Ankara, 1998.
Maksudyan, N., *Orphans and Destitute Children in the Late Ottoman Empire,* Syracuse University Press, 2014.
Masters, B., *The Arabs of the Ottoman Empire, 1516–1918: A Social and Cultural History,* Cambridge University Press, 2013.
Midhat, A. H., *The Life of Midhat Pasha,* London, 1903.

▶参照文献
岡本隆司『近代中国と海関』名古屋大学出版会 1999年
菊池秀明『広西移住民社会と太平天国』風響社 1998年
小島晋治『太平天国運動と現代中国』研文出版 1993年
近藤秀樹『曽国藩』人物往来社 1966年
外山軍治『太平天国と上海』高桐書院 1947年
宮崎市定『中国文明選　11　政治論集』朝日新聞社 1971年
横井勝彦『アジアの海の大英帝国――19世紀海洋支配の構図』同文舘出版 1988年
横井勝彦『大英帝国の「死の商人」』講談社 1997年
吉澤誠一郎「近代中国の租界」吉田伸之・伊藤毅編『伝統都市　2　権力とヘゲモニー』東京大学出版会 2010年
吉澤誠一郎「ネメシス号の世界史」『パブリック・ヒストリー』10号 2013年
ケネディ，トーマス・L（細見和弘訳）『中国軍事工業の近代化――太平天国の乱から日清戦争まで』昭和堂 2013年
スペンス，ジョナサン（三石善吉訳）『中国を変えた西洋人顧問』講談社 1975年
スペンス，ジョナサン（佐藤公彦訳）『神の子 洪秀全――その太平天国の建設と滅亡』慶應義塾大学出版会 2011年
Andrade, T., *The Gunpowder Age: China, Military Innovation, and the Rise of the West in World History,* Princeton, 2016.
Lin-Le, *Ti-ping tien-kwoh: The History of the Ti-ping Revolution, Including a Narrative of the Author's Personal Adventures,* 2 vols., London, 1866.〔リンドレー（増井経夫・今村与志雄訳）『太平天国――李秀成の幕下にありて』平凡社 1964〜65年〕
Platt, S. R., *Autumn in the Heavenly Kingdom: China, the West, and the Epic Story of the Taiping Cicil War,* New York, 2012.
羅爾綱『湘軍兵志』中華書局 1984年
羅爾綱『晩清兵志　1　淮軍志』中華書局 1997年
茅海建『苦命天子――咸豊皇帝奕詝』三聯書店 2006年
朱家溍「咸福宮的使用」『故宮博物院院刊』1982年 第1期

2章　岐路に立つタンズィマート

秋葉淳「タンズィマート初期改革の修正――郡行政をめぐる政策決定過程（1841〜42年）」『東洋文化』91 2011年
新井政美『トルコ近現代史――イスラム国家から国民国家へ』みすず書房 2001年
新井政美『オスマン帝国はなぜ崩壊したのか』青土社 2009年
粕谷元編『トルコにおける議会制の展開――オスマン帝国からトルコ共和国へ』東洋文

■参考文献

総論　改革と試練のなかの一八六一年

新井政美『憲法誕生——明治日本とオスマン帝国　二つの近代』河出書房新社 2015 年
岡部牧夫『海を渡った日本人』山川出版社 2002 年
木畑洋一『二〇世紀の歴史』岩波新書 2014 年
田辺太一(坂田精一訳・校注)『幕末外交談 1 』平凡社 1966 年
吉田金一『近代露清関係史』近藤出版社 1974 年
John L. Evans, *Mission of N.P.Ignat'ev to Khiva and Bukhara in 1858*, Newtonville, Ma., 1984.
John L. Evans, *The Russo-Chinese Crisis: N.P.Ignatiev's Mission to Peking, 1859–1860*, Newtonville, Ma., 1987.
Akdes N. Kurat, *Türkiye ve Rusya: XVIII. yüzyıl sonundan Kurtuluş Savaşına kadar Türk - Rus İlişkileri (1789–1919)*, Ankara, 1979.
Ч.Ч. Валиханов, Собрание сочинений в пяти томах, Алма-Ата, 1984.
Н.П.Игнатьев, Записки о русской политике на Востоке 1864–1887 гг., Издание подготовили О.В. Анисимов, К.А.Вах, Москва, 2015.
Е.Ю.Сергеев, Большая игра, 1856–1907: мифы и реалии российско-британских отношений в Центральной и Восточной Азии, Москва, 2012.
Россия-Средняя Азия, Том 1, Полтика и ислам в конце XVIII- начале XX вв., Москва, 2011.

1章　危機のなかの清朝

▶史料

高杉晋作「遊清五録」田中彰校注『日本近代思想体系　1　開国』岩波書店 1991 年
Great Britain, Parliamentary Papers, *Further Papers Relating to the Rebelion in China,* London, 1863, LXXIII [3104].
翁万戈編・翁以鈞校訂『翁同龢日記』中西書局 2012～13 年
張剣整理『翁心存日記』中華書局 2011 年
『曽国藩全集』岳麓書社 1985～94 年
顧廷竜・戴逸主編『李鴻章全集』安徽教育出版社 2008 年
中国第一歴史檔案館編『咸豊同治両朝上諭檔』広西師範大学出版社 1998 年
羅爾綱『李秀成自述原稿注』(増補本)中国社会科学出版社 1995 年〔菊池秀明訳「李秀成の供述書(抄)」並木頼寿責任編集『新編 原典中国近代思想史　1　開国と社会変容——清朝体制・太平天国・反キリスト教』岩波書店 2010 年〕
「辛酉政変」故宮博物院明清檔案部編『清代檔案史料叢編』第 1 輯 中華書局 1978 年

青島陽子(あおしま　ようこ)
1973年生まれ。東京大学大学院人文社会系研究科博士課程退学，博士(文学)
専攻　ロシア近現代史。神戸大学大学院国際文化学研究科准教授
〈主要著書・論文〉
「ペテルブルク——宮廷の絢爛と都市社会の喧騒」吉田伸之・伊藤毅編著『権力とヘゲモニー』(伝統都市2)(東京大学出版会，2010)
「大改革とグラスノスチ」中嶋毅編著『新史料で読むロシア史』(山川出版社，2013)
「ロシア帝国の「宗派工学」にみる帝国統治のパラダイム」池田嘉郎・草野佳矢子編著『国制史は躍動する——ヨーロッパとロシアの対話』(刀水書房，2015)
「農民を帝国臣民に鋳直す——帝政期ロシアの農村教師養成のポリティクス」『歴史学研究』第962号，2017年

麓　慎一(ふもと　しんいち)
1964年生まれ。北海道大学文学研究科博士課程単位取得退学，博士(文学)
専攻　国際関係史。新潟大学人文社会・教育科学系(教育学部)教授
〈主要著書〉
『近代日本とアイヌ社会』(日本史リブレット57)(山川出版社，2002)
『開国と条約締結』(吉川弘文館，2014)

北村暁夫(きたむら　あけお)
1959年生まれ。東京大学大学院人文科学研究科修士課程修了
専攻　イタリア近現代史，移民史。日本女子大学文学部教授
〈主要著書〉
『ナポリのマラドーナ——イタリアにおける「南」とは何か』(ヒストリア20)(山川出版社，2005)
『千のイタリア——多様と豊穣の近代』(NHK出版，2010)
『イタリア国民国家の形成——自由主義期の国家と社会』(編著)(日本経済評論社，2010)
『近代イタリアの歴史——16世紀から現代まで』(編著)(ミネルヴァ書房，2012)

著者紹介(執筆順)

小松久男(こまつ　ひさお)
1951 年生まれ。東京大学大学院人文科学研究科博士課程中退
専攻　中央アジア近現代史。東京外国語大学特別教授，東京大学名誉教授
〈主要著書〉
『革命の中央アジア――あるジャディードの肖像』(東京大学出版会，1996)
『新版世界各国史 4　中央ユーラシア史』(編著)(山川出版社，2000)
『イブラヒム，日本への旅――ロシア・オスマン帝国・日本』(刀水書房，2008)
『激動の中のイスラーム――中央アジア近現代史』(山川出版社，2014)
『中央ユーラシア史研究入門』(共編著)(山川出版社，2018)
『近代中央アジアの群像――革命の世代の軌跡』(世界史リブレット人 80)(山川出版社，2018)

吉澤誠一郎(よしざわ　せいいちろう)
1968 年生まれ。東京大学大学院人文科学研究科博士課程退学，博士(文学)
専攻　中国近代史。東京大学大学院人文社会系研究科教授
〈主要著書〉
『天津の近代――清末都市における政治文化と社会統合』(名古屋大学出版会，2002)
『愛国主義の創成――ナショナリズムから近代中国をみる』(岩波書店，2003)
『清朝と近代世界――19 世紀』(シリーズ中国近現代史 1)(岩波書店，2010)

佐々木　紳(ささき　しん)
1976 年生まれ。東京大学大学院人文社会系研究科博士課程修了，博士(文学)
専攻　トルコ近現代史。成蹊大学文学部准教授
〈主要著書〉
『オスマン憲政への道』(東京大学出版会，2014)

歴史の転換期９
1861年 改革《かいかく》と試練《しれん》の時代《じだい》

2018年10月20日　1版1刷　印刷
2018年10月25日　1版1刷　発行

編者―――小松久男
発行者――野澤伸平
発行所――株式会社 山川出版社
〒101-0047　東京都千代田区内神田1-13-13
電話　03(3293)8131(営業)　8134(編集)
https://www.yamakawa.co.jp/
振替　00120-9-43993
印刷所――図書印刷株式会社
製本所――株式会社ブロケード
装幀―――菊地信義

 ISBN978-4-634-44509-3

1861年の世界

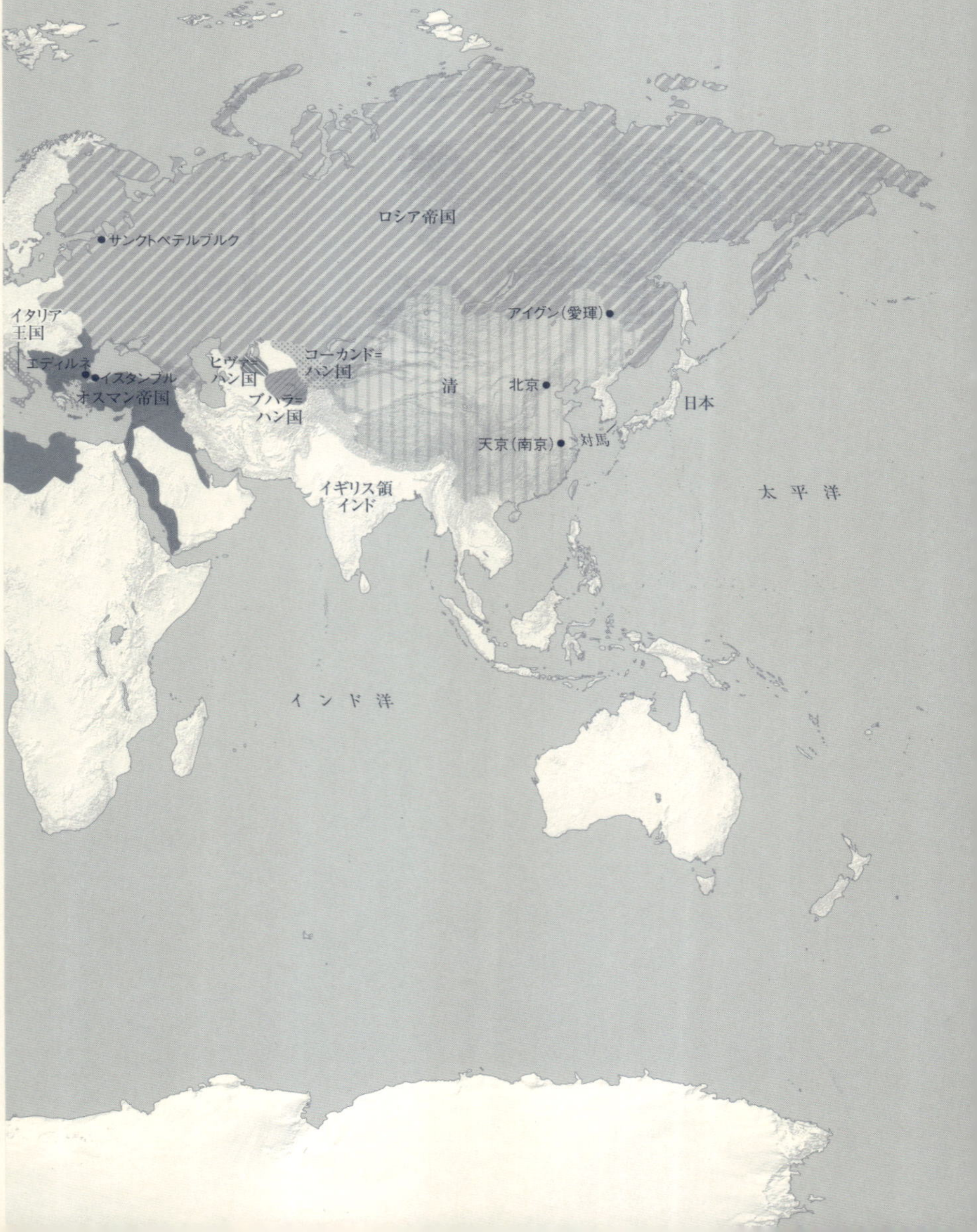

ロシア帝国
サンクトペテルブルク
イタリア王国
エディルネ
イスタンブル
オスマン帝国
ヒヴァ=ハン国
コーカンド=ハン国
ブハラ=ハン国
アイグン(愛琿)
清
北京
天京(南京)
対馬
日本
イギリス領インド
太平洋
インド洋